智能财务与会计系列

基于 Excel VBA 的财务自动化

张泽华 编著

电子工业出版社
Publishing House of Electronics Industry
北京·BEIJING

内 容 简 介

本书结合日常办公中的大量典型、实用案例，介绍了使用 VBA 实现 Excel 自动化操作的基本方法和关键技术。书中的案例以财务工作的实际需求为主，针对报表的分发、拆分、汇总、对账、发票凑数等多种具体工作场景提供了实现自动化操作的解决方案，其中的关键技术反映了编者在基于 VBA 的 Excel 自动化操作实务中的经验。本书以解决工作中的实际需要为导向，力求做到内容通俗易懂，只要读者具备基本的 Excel 操作知识，就能通过本书掌握基于 Excel VBA 的自动化操作技巧。本书提供电子课件、配套习题答案、上机练习指导、案例源代码，读者可登录华信教育资源网（https://www.hxedu.com.cn）注册后免费下载。为方便学习，本书还配备了部分操作的演示视频，读者扫描书中相应位置的二维码即可观看。

本书既可作为大中专院校及培训机构"财务自动化"类课程的教材，也可以作为职场办公人员，尤其是会计人员、统计人员提升 Excel 工作效率的学习用书。

未经许可，不得以任何方式复制或抄袭本书之部分或全部内容。
版权所有，侵权必究。

图书在版编目（CIP）数据

基于 Excel VBA 的财务自动化 / 张泽华编著. —北京：电子工业出版社，2022.8
ISBN 978-7-121-44152-3

Ⅰ. ①基… Ⅱ. ①张… Ⅲ. ①表处理软件－应用－财务管理 Ⅳ. ①F275-39

中国版本图书馆 CIP 数据核字（2022）第 151359 号

责任编辑：秦淑灵　　　　　　特约编辑：田学清
印　　刷：北京七彩京通数码快印有限公司
装　　订：北京七彩京通数码快印有限公司
出版发行：电子工业出版社
　　　　　北京市海淀区万寿路 173 信箱　　　邮编：100036
开　　本：787×1 092　1/16　印张：12.75　字数：302 千字
版　　次：2022 年 8 月第 1 版
印　　次：2023 年 11 月第 2 次印刷
定　　价：45.00 元

凡所购买电子工业出版社图书有缺损问题，请向购买书店调换。若书店售缺，请与本社发行部联系，联系及邮购电话：（010）88254888，88258888。
质量投诉请发邮件至 zlts@phei.com.cn，盗版侵权举报请发邮件至 dbqq@phei.com.cn。
本书咨询联系方式：qinshl@phei.com.cn。

前　言

　　本书主要写给希望通过 VBA 实现更多 Excel 自动化操作的读者。

　　本书具有以下特点。

　　（1）利用 VBA（Visual Basic for Applications）拓展 Excel 的功能以提高自动化程度。Excel 作为被广泛使用的办公软件，本身提供了内置函数、公式等多种工具，可以完成一定程度的自动化操作，但这些工具不足以支持复杂的计算，也无法应付比较复杂的应用场景。VBA 可以有效地自定义和扩展 Excel 的功能，为实现自动化操作提供了一种轻量级的、所见即所得的解决方案，能够更高效也更有针对性地提升工作效率。

　　（2）知识体系循序渐进，内容通俗易懂，以问题为导向。本书以会计、统计等办公人员自己开发自动化程序为出发点，因为他们最清楚自己工作中的自动化需求目标。本书各部分均基于工作中的实际场景来引出问题，以通俗易懂的语言分析问题并循序渐进、逐步引导读者运用 VBA 解决实际问题。即使没有任何程序设计基础知识的人员，也可以按照本书介绍的方法，设计出解决实际问题的自动化流程。

　　（3）书中介绍的关键技术反映了编者使用 VBA 实现 Excel 自动化操作的经验。本书不是简单地介绍 VBA 技术，而是结合各类典型的财务应用场景，重点介绍财务工作中自动化应用的 VBA 关键技术。这些关键技术凝聚了编者长期研究 Excel 自动化的经验，其中的案例代码既是良好的学习素材，也可以在简单的针对性改造后直接应用于相应的实际工作场景中。

　　（4）注意 VBA 与新兴自动化技术的融合应用。自动化技术在不断发展，但 VBA 并未被新的自动化技术替代，而是与之融合并焕发出更强大的生命力。本书以快速发展的财务机器人技术为例，介绍了 VBA 与其融合应用的实用场景及解决方案，对 VBA 的财务自动化应用场景进行了扩展。

　　本书共有 16 章，第 1~5 章主要介绍程序设计，以及与 VBA 有关的重要概念和基本知识；第 6~16 章主要介绍财务工作场景下的 VBA 应用案例，既包括对账、报表分发、数据拆分、数据汇总、发票凑数等典型的轻量级应用，也包括账簿查询、财务机器人集成这样的系统级应用。其中，第 16 章介绍了 VBA 调试技术，读者可以在案例学习过程中进行使用。

　　本书提供电子课件、配套习题答案、上机练习指导、案例源代码，读者可登录华信教育资源网（https://www.hxedu.com.cn）注册后免费下载。为方便学习，本书还配备了部分操作的演示视频，读者扫描书中相应位置的二维码即可观看。

　　本书在编写过程中得到了重庆邮电大学刘曜、刘跃等老师的热情帮助，同时硕士研究生刘维琦参与了部分章节的内容整理工作，在此对上述人员表示衷心的感谢。

编著者

目　　录

第1章　VBA 入门知识 1

 1.1　VBA 1
 1.2　子过程 1
  1.2.1　录制宏 2
  1.2.2　使用表单控件关联宏 4
  1.2.3　什么是宏 5
  1.2.4　什么是子过程 7
 1.3　For 循环：批量制作工资条 8
 1.4　For…Next 循环 11
  1.4.1　For…Next 循环的语法 11
  1.4.2　For…Next 循环的执行过程 12
  1.4.3　特殊的步长值 13
 思考与练习题 13

第2章　程序设计的基本知识 15

 2.1　VBA 的集成开发环境——VBE 15
  2.1.1　代码编辑区 15
  2.1.2　菜单栏 16
  2.1.3　工具栏 16
  2.1.4　工程资源管理器 16
 2.2　程序的基本要素 17
  2.2.1　基本数据类型 17
  2.2.2　常量与变量 18
  2.2.3　运算符 19
  2.2.4　交互函数 21
 2.3　程序控制结构 22
  2.3.1　循环结构 22
  2.3.2　分支结构 23
 思考与练习题 26

第3章　Excel VBA 的重要概念 27

 3.1　Excel 的对象 27
  3.1.1　VBA 代码与 VBA 对象 28
  3.1.2　对象的层次结构 28

    3.1.3 对象集合及对象的基本表示方法 30
    3.1.4 对象变量 31
  3.2 对象的属性、方法和事件 31
    3.2.1 对象的属性 33
    3.2.2 对象的方法 35
    3.2.3 如何区分属性与方法 36
    3.2.4 对象的事件 38
    3.2.5 对象常用的事件 38
  思考与练习题 39

第4章 VBA 操作主要对象 40

  4.1 操作应用程序对象 40
    4.1.1 获取文件全路径名称 40
    4.1.2 Application 对象常用属性 40
  4.2 操作工作簿对象 41
    4.2.1 新建工作簿 41
    4.2.2 打开工作簿 42
    4.2.3 关闭与保存工作簿 43
    4.2.4 激活工作簿 44
  4.3 操作工作表对象 44
    4.3.1 新建工作表 45
    4.3.2 删除工作表 45
    4.3.3 复制和移动工作表 46
    4.3.4 保护与隐藏工作表 47
    4.3.5 工作表的其他常用属性 47
  4.4 操作单元格对象 48
    4.4.1 引用单元格 48
    4.4.2 引用相关区域 52
    4.4.3 剪切、复制、粘贴 54
    4.4.4 修改、删除单元格 56
    4.4.5 Formula 与 FormulaR1C1 属性 57
  思考与练习题 60

第5章 函数 62

  5.1 工作表内置函数 62
  5.2 VBA 内置函数 63
  5.3 自定义函数 65
    5.3.1 设置自定义函数 65
    5.3.2 更新自定义函数值 70

　　　　5.3.3　自定义人民币转大写函数 71
　　思考与练习题 72

第 6 章　对账业务 73

　6.1　银企对账 73
　　　6.1.1　银企对账系统的设计 73
　　　6.1.2　银企对账系统的应用效果 76
　6.2　往来账勾对 78
　　　6.2.1　往来账勾对宏的设计 78
　　　6.2.2　往来账勾对宏的说明 79
　　　6.2.3　往来账勾对宏的应用效果 80
　　思考与练习题 81

第 7 章　统计报表的批量生成与分发 82

　7.1　根据模板批量生成日报表 82
　7.2　将日报表数据汇总 84
　7.3　将日报表按日期拆分为不同的文件 86
　7.4　根据模板批量生成部门日报表 87
　7.5　批量删除日报表 88
　7.6　分发工作表的填写范围保护 90
　7.7　为用户显示个性化工作表 91
　　思考与练习题 93

第 8 章　日记账数据拆分到多表 94

　8.1　去重名生成部门表 94
　8.2　拆分数据到部门表 96
　8.3　清空部门表已有记录 97
　8.4　使用筛选功能优化拆分数据 98
　8.5　按需选择拆分数据列 100
　　思考与练习题 103

第 9 章　跨文件汇总报表 104

　9.1　认识 Dir 函数 104
　9.2　判断分支机构上报文件是否存在 104
　9.3　获取文件夹内的所有文件 106
　9.4　跨文件操作的通用模板 107
　9.5　跨文件汇总部门日报表 108
　9.6　跨文件汇总所有报表 109
　　思考与练习题 110

第 10 章　数组及其财务应用 111
10.1　数组与非数组处理文件 111
10.2　认识数组 112
10.3　查找各分支机构销售收入最高的商品及销售额 115
10.4　记录拆分成借贷不同行 117
思考与练习题 118

第 11 章　发票凑数 120
11.1　基于数组的简易解决方案 120
11.2　发票凑数宏的设计 122
11.3　发票凑数宏的说明 124
11.3.1　调用 Sub 过程 124
11.3.2　递归 124
11.4　发票凑数宏的应用效果 126
思考与练习题 129

第 12 章　字典及其财务应用 130
12.1　认识字典 130
12.2　批量查找最近日期的价格 131
12.3　批量汇总客户累计发货数量 133
12.4　批量汇总客户按月累计发货数量 135
思考与练习题 138

第 13 章　窗体与控件 139
13.1　初识窗体与控件 139
13.2　用户窗体 143
13.2.1　创建用户窗体及给窗体添加对象 143
13.2.2　调整窗体中的对象 144
13.2.3　窗体的常用属性 145
13.2.4　窗体的常用事件和方法 146
13.3　控件 146
13.3.1　标签 146
13.3.2　文本框 147
13.3.3　命令按钮 148
13.3.4　列表框与复合框 149
13.3.5　复选框与单选按钮 151
思考与练习题 152

第 14 章 凭证处理与账簿查询 ... 153

14.1 本章概览 ... 153

14.2 凭证处理 ... 154

    14.2.1 窗体设计 ... 154

    14.2.2 VBA 代码 ... 156

    14.2.3 应用效果 ... 165

14.3 账簿查询 ... 167

    14.3.1 窗体设计 ... 167

    14.3.2 VBA 代码 ... 168

    14.3.3 应用效果 ... 178

思考与练习题 ... 179

第 15 章 VBA 与财务机器人 ... 180

15.1 财务机器人与 RPA 技术 ... 180

15.2 RPA 与 Excel VBA 技术的协同 ... 181

15.3 RPA 协同 VBA 案例：批量调整 Excel 文件格式并制图 ... 182

第 16 章 程序调试 ... 188

16.1 VBA 错误类型 ... 188

    16.1.1 编译错误 ... 188

    16.1.2 运行时错误 ... 188

16.2 VBA 调试 ... 190

    16.2.1 中断模式 ... 190

    16.2.2 设置断点 ... 190

    16.2.3 监视过程执行 ... 191

附录 A Excel 对象模型 ... 195

第 1 章　VBA 入门知识

1.1　VBA

Excel 是美国微软公司开发的一款电子表格软件，是其办公软件 Microsoft Office 的组件之一。Excel 具有出色的数据处理能力，在财务会计领域有着极为广泛的应用。只要使用其基础功能，就能有效地提升财务工作的效率。例如，在财务会计中，使用 Excel 的数据录入、公式填充、条件格式、查找替换、自动筛选、分类汇总、合并计算等功能来提高日常财务核算速度；在管理会计中，使用 Excel 的数据透视表、高级筛选、单变量求解、规划求解及模拟运算表等功能来提供管理决策支持。

事实上，Excel 的功能远不止这些，它还能为企业财务工作提供丰富的自动化功能，并成为企业信息管理体系的重要组成部分。财务工作体系的一个重要特征就是需要满足企业的财务信息管理需求。这一需求的满足对小型企业而言，在缺乏足够资金预算的情况下，利用 Excel 低成本构建个性化的信息管理系统是一个不错的选择；对大中型企业而言，虽然有能力购买商业化的财务管理信息系统，但仍然面临两个方面的主要问题：①商业化财务管理信息系统自身的数据处理能力往往不够强大，或对用户不够友好；②商业化财务管理信息系统需要与其他信息系统进行数据交互，如税务申报系统、银行查询系统等。这些系统之间通常是异构的，数据信息难以有效交互，需要进行大量重复性的二次处理，而利用 Excel 可以有效提高异构系统数据处理的效率。

在实际的财务工作中，人们经常会遇到大量的重复性操作。此时，可以使用 VBA 进行 Excel 的自动化处理，从而提高工作效率。VBA（Visual Basic for Applications）是一种实现自动化的编程语言，是应用程序开发语言 Visual Basic 的子集。与 Visual Basic 不同的是，VBA 不需要单独安装。因此，VBA 没有自己独立的工作环境，必须依附于某一个主应用程序，如 Excel。Excel 为 VBA 提供了工作环境和编译、链接系统。因此，我们可以通过编写 VBA 代码来有效地自定义和扩展 Excel 的功能。VBA 实现自动化的实质是把人工操作 Excel 的过程翻译成代码来操作 Excel。因此，针对一项工作任务，有效编写 VBA 代码进行自动化模拟的前提是，能够手动完成该项工作任务。此外，VBA 还提供了对话框及窗体等用户接口，这些接口与代码连接，使得用户能够更方便地实现自动化操作。

1.2　子　过　程

在 VBA 中，一段完整的可执行的语句就是过程。过程包括子过程和函数过程。其中，应用最频繁的是子过程。我们从录制宏（Macro）开始来理解 VBA 的子过程。

1.2.1 录制宏

我们用 Excel 2016 版本演示如何利用录制宏来提升 Excel 的自动化程度。

【案例 1】

打开配套文件"用宏录下 Excel 操作.xlsm",对前景公司的工资表进行如下操作:①删除【应发金额】列;②将【职务】列放在第 1 列;③筛选出实发金额大于 3000 元的员工。

1-1 录制宏

这些操作很简单,但如果要对几十甚至上百个表格重复类似的操作,就会严重降低我们的工作效率。下面我们来看用宏的方法是如何解决这个问题的。

在 Excel 工作簿中,选择【文件】→【选项】命令,显示如图 1-1 所示的对话框。选择【自定义功能区】选项,并勾选【开发工具】复选框,最后单击【确定】按钮,在 Excel 的功能区将会出现一个【开发工具】选项卡,如图 1-2 所示。

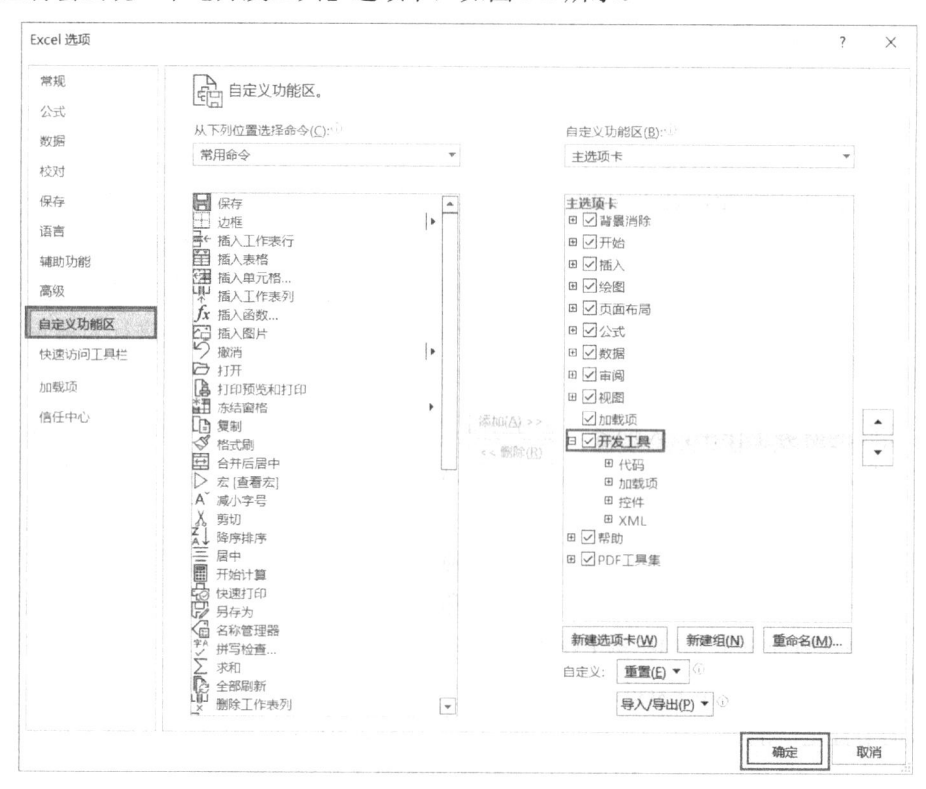

图 1-1 【Excel 选项】对话框

图 1-2 【开发工具】选项卡

打开 2020 年工作表，选择【开发工具】选项卡，在左上角单击【录制宏】按钮，设置任意宏名，这里将其命名为【宏 1】，单击【确定】按钮开始录制。注意，因为这时你的每次单击都会被录制为代码，所以不要随意单击。实现该操作任务的主要步骤如下。

（1）删除【应发金额】列。右击【应发金额】列，在弹出的快捷菜单中选择【删除】命令。结果如图 1-3 所示。

	A	B	C	D	E	F	G	H	I
1	工号	部门	姓名	职务	底薪	平时加班	节假日加班	扣除	实发金额
2	A001	办公室	罗林	经理	3500	500	250	180	4070
3	A002	办公室	赵刚	助理	3000		300	150	3150
4	A003	办公室	李凡	职工	2500	300		170	2630
5	A004	办公室	张远	职工	2600		288	135	2753
6	A005	办公室	冯伟	职工	2300	450	403	120	3033
7	A006	办公室	杨玉真	职工	2500	320		120	2700
8	A007	人力资源部	孙雯	经理	3450	300		90	3660
9	A008	人力资源部	华楠燕	助理	3150		100	135	3115
10	A009	人力资源部	赵红君	职工	2800	260		148	2912
11	A010	人力资源部	郑楠	职工	2750	230		150	2830
12	A011	人力资源部	李妙楠	职工	2300			120	2180
13	A012	人力资源部	沈妙	职工	2250	100		160	2190
14	A013	销售部	王惠君	经理	3200		150	130	3220
15	A014	销售部	陈云彩	助理	3100	300		110	3290
16	A015	销售部	吕芬花	职工	2500	100	80	90	2590
17	A016	销售部	杨云	职工	2600	120		80	2640
18	A017	销售部	严玉	职工	2550			150	2400
19	A018	销售部	王五	职工	2300		200	45	2455

图 1-3　删除【应发金额】列后的工作表

（2）将【职务】列放在第 1 列。单击【职务】列，按住【Shift】键，单击【职务】列的侧边框，将其拖动到第 1 列，然后松开【Shift】键。结果如图 1-4 所示。

	A	B	C	D	E	F	G	H	I
1	职务	工号	部门	姓名	底薪	平时加班	节假日加班	扣除	实发金额
2	经理	A001	办公室	罗林	3500	500	250	180	4070
3	助理	A002	办公室	赵刚	3000		300	150	3150
4	职工	A003	办公室	李凡	2500	300		170	2630
5	职工	A004	办公室	张远	2600		288	135	2753
6	职工	A005	办公室	冯伟	2300	450	403	120	3033
7	职工	A006	办公室	杨玉真	2500	320		120	2700
8	经理	A007	人力资源部	孙雯	3450	300		90	3660
9	助理	A008	人力资源部	华楠燕	3150		100	135	3115
10	职工	A009	人力资源部	赵红君	2800	260		148	2912
11	职工	A010	人力资源部	郑楠	2750	230		150	2830
12	职工	A011	人力资源部	李妙楠	2300			120	2180
13	职工	A012	人力资源部	沈妙	2250	100		160	2190
14	经理	A013	销售部	王惠君	3200		150	130	3220
15	助理	A014	销售部	陈云彩	3100	300		110	3290
16	职工	A015	销售部	吕芬花	2500	100	80	90	2590
17	职工	A016	销售部	杨云	2600	120		80	2640
18	职工	A017	销售部	严玉	2550			150	2400
19	职工	A018	销售部	王五	2300		200	45	2455

图 1-4　将【职务】列放在第 1 列后的工作表

（3）筛选出实发金额大于 3000 元的员工。按照日常操作，准确筛选出结果即可。结果如图 1-5 所示。

	A	B	C	D	E	F	G	H	I
1	职务	工号	部门	姓名	底薪	平时加班	节假日加班	扣除	实发金额
2	经理	A001	办公室	罗林	3500	500	250	180	4070
3	助理	A002	办公室	赵刚	3000		300	150	3150
6	职工	A005	办公室	冯伟	2300	450	403	120	3033
8	经理	A007	人力资源部	孙雯	3450	300		90	3660
9	助理	A008	人力资源部	华楠燕	3150		100	135	3115
14	经理	A013	销售部	王惠君	3200		150	130	3220
15	助理	A014	销售部	陈云彩	3100	300		110	3290

图 1-5 筛选实发金额后的工作表

至此，我们的数据处理步骤就结束了。接下来选择【开发工具】选项卡，单击【停止录制】按钮，宏 1 的操作就录制好了。我们打开 2019 年工作表，依次单击【开发工具】→【宏】→【宏 1】→【执行】按钮，如图 1-6 所示。

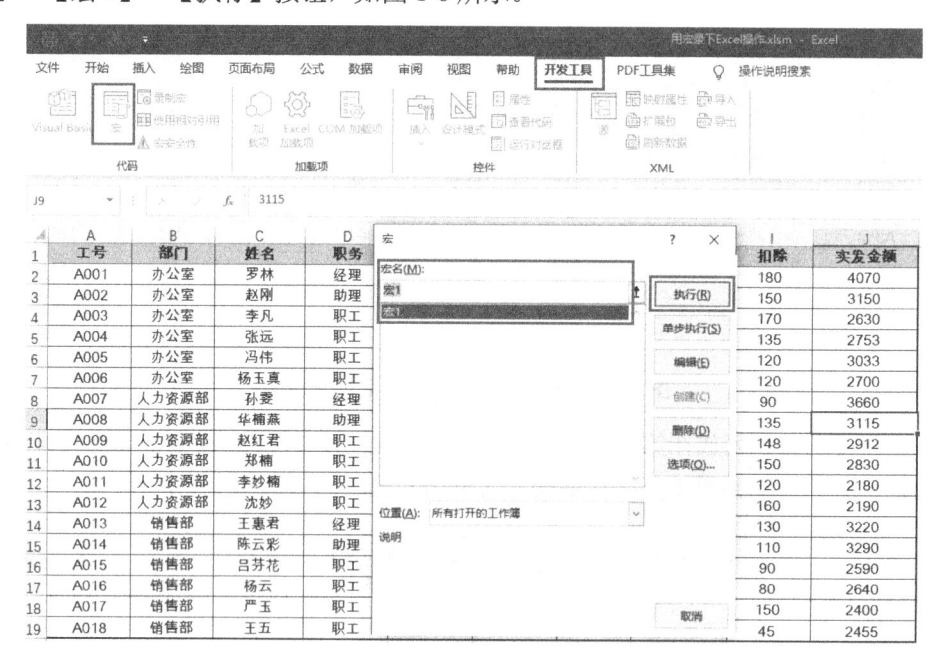

图 1-6 录制好的宏 1

可以看到，在 2020 年工作表中的操作在 2019 年工作表中被自动执行了一次。同理，对 2018 年工作表进行同样的操作也可以达到同样的效果，这种方式被称为录制宏和使用宏。

1.2.2 使用表单控件关联宏

1-2 使用表单控件关联宏

表单控件有命令按钮、文本框、列表框、选项按钮等。对于一些要完成不同任务和要得到不同结果的应用，在一个工作表中建立多个表单控件，并对每个控件指定不同的宏以完成不同的任务，是一种有效、便捷的运行宏的方法。

我们以案例 1 的宏为例，继续为其指定表单控件。插入命令按钮并为其指定宏的方法和步骤如下。

（1）依次单击【开发工具】→【插入】按钮，在表单控件中找到【按钮（窗体控件）】按钮，如图 1-7 所示。

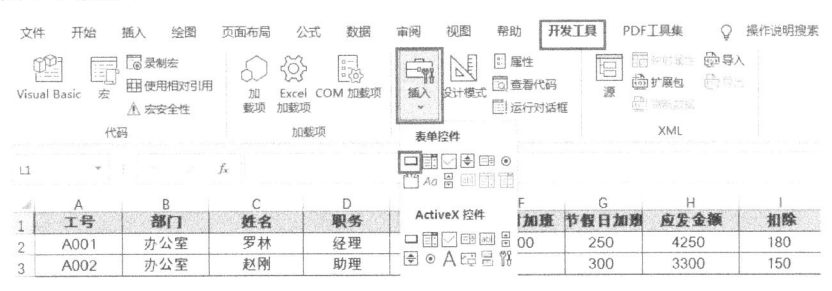

图 1-7　按钮控件

（2）单击【按钮（窗体控件）】按钮，然后将鼠标移动到工作表中要插入命令按钮的位置（当鼠标移动到工作表上时，鼠标箭头变为十字），单击并拖动鼠标，就会在该位置插入一个命令按钮，松开鼠标，系统会弹出【指定宏】对话框，如图 1-8 所示。

图 1-8　【指定宏】对话框

（3）在【指定宏】对话框中，选择要运行的宏，单击【确定】按钮，返回 Excel 工作表中。至此，插入命令按钮以及对此命令按钮指定宏的工作就完成了。

（4）在工作表中，命令按钮的默认名称为按钮 1，可以将其改为更为直观的名称，如改为数据整理，并设置字体及大小。还可以右击宏按钮，在弹出的快捷菜单中选择【设置控件格式】→【属性】命令，在打开的【属性】窗口中选中【大小、位置均固定】单选按钮，防止工作表的变动影响宏按钮的大小和位置。

（5）完成上述步骤后，就可以通过单击该按钮来启动和指定宏的运行。

1.2.3　什么是宏

宏是如何让 Excel 完成这些自动操作的呢？事实上，录制宏的过程就是 VBE 将我们对 Excel 表格的操作记录为可执行 VBA 代码的过程。这些录制的可执行 VBA 代码在哪里？选择【开发工具】选项卡，会弹出开发工具的功能区，如图1-9所示。单击最左边的【Visual Basic】按钮，就会弹出一个新的窗口，我们将其称为VBE窗口（Visual Basic Editor），如图1-10所示。

图1-9　开发工具的功能区

图1-10　VBE窗口

图1-10中的代码就是Excel将刚才那一组动作录制转化的VBA代码。运行宏其实就是给计算机下达指令，要求调用和执行这部分VBA代码。因此，宏本质上是调用VBA代码的一种方式。被其调用的代码保存在模块里，并以Sub开头，以End Sub结尾，在执行时从第1句逐行执行，直到End Sub结束。

需要注意的是，VBA代码无法被保存在后缀名为.xlsx的Excel文件中。如果是在该类文件中录制的宏，则需要将文件另存为后缀名为.xlsm的Excel文件，如图1-11所示，否则在关闭文件时宏将会丢失。

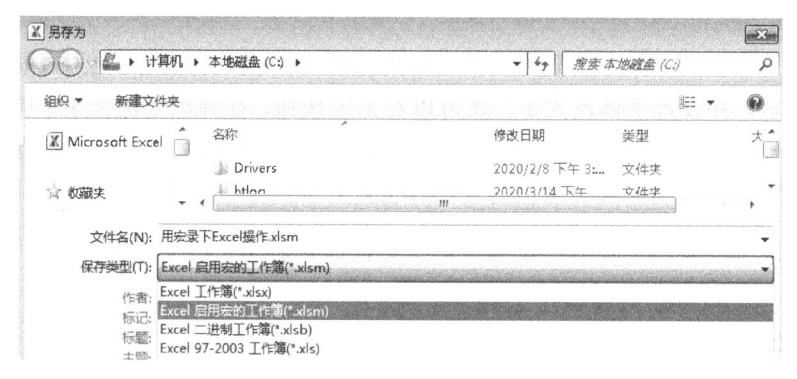

图1-11　将xlsx文件另存为xlsm文件

许多在Excel中进行的操作过程都可以通过录制宏来实现自动化，从而有效地提升

Excel 的工作效率。但是录制宏也具有一定的局限性，很多工作都无法通过录制宏来完成。例如：

（1）不可以建立公式或函数。

（2）没有判断或循环的功能。

（3）不能进行人机交互。

（4）无法显示和使用自定义的用户窗体。

（5）无法与其他软件或文件进行互动。

这些局限性使得我们需要编写自己的 VBA 代码。

提示：

① 在编写 VBA 代码时并不需要全部手写，很多代码都可以使用录制宏自动生成。

② 在使用宏时，要保证录制宏的工作表和应用宏的工作表的数据结构一模一样，因为宏是按照固定位置来操作的。

1.2.4 什么是子过程

通过 VBE 窗口可以看到用宏录制的 VBA 代码，这就是子过程，也被称为 Sub 过程。子过程的标准结构如下：

```
Sub 过程名()
    代码语句
End Sub
```

子过程总是以 Sub 过程名()开头，以 End Sub 结尾，其作用在于告诉 VBE 这是一个子过程，是必写项，任何时候都不能省略。中间的代码语句是子过程的主体部分，是执行指定动作的语句组合。子过程的运行过程就是指挥 Excel 程序执行指定动作的过程，但并不返回运行的结果。子过程是在模块中进行定义的，如图 1-12 所示。

图 1-12　子过程示例

需要说明的是：①一个模块中可以有多个相互无关的子过程。例如，在图 1-12 的模块中就有 3 个子过程，每个子过程之间用过程分隔线隔开。分隔线在我们新建另一个子过程时会自动生成。②以单引号"'"开头的语句是注释语句，不具有任何功能实现的作用，只是对程序进行说明。注释语句以注释符开头，即英文状态的单引号"'"，相当于告诉 VBE，请忽略后面的内容。虽然注释并不具有执行功能，但是在编写程序中养成良好的注释添加习惯十分重要。良好的注释可以使代码更具可读性，既方便了自己，也方便以后可能检查代码的其他人员。

1.3　For 循环：批量制作工资条

在使用 Excel 的过程中，大家一定遇到过需要重复多次执行的操作或计算。循环语句用于重复执行一系列代码，从而批量地执行任务。因为循环语句在实际工作中应用面极广，而且循环语句不能通过录制宏产生，所以必须潜心学习，掌握它的语法与结构。

我们接着用工资表作为例子，说明 For 循环是如何帮助我们解决重复操作的。

【案例 2】

打开配套文件"使用 For Next 循环.xlsm"。实践操作任务如下：①录制一个插入表头的宏；②用 For 循环改写宏代码。

1-3　For 循环：批量制作工资条

现在有一张前景公司的工资表，表中记录了所有人的工资信息，如图 1-13 所示。

	A	B	C	D	E	F	G	H	I	J
1	工号	部门	姓名	职务	底薪	平时加班	节假日加班	应发金额	扣除	实发金额
2	A001	办公室	罗林	经理	3500	500	250	4250	180	4070
3	A002	办公室	赵刚	助理	3000		300	3300	150	3150
4	A003	办公室	李凡	职工	2500	300		2800	170	2630
5	A004	办公室	张远	职工	2600		288	2888	135	2753
6	A005	办公室	冯伟	职工	2300	450	403	3153	120	3033
7	A006	办公室	杨玉真	职工	2500	320		2820	120	2700
8	A007	人力资源部	孙雯	经理	3450	300		3750	90	3660
9	A008	人力资源部	华楠蕊	助理	3150		100	3250	135	3115
10	A009	人力资源部	赵红君	职工	2800	260		3060	148	2912
11	A010	人力资源部	郑楠	职工	2750	230		2980	150	2830
12	A011	人力资源部	李妙楠	职工	2300			2300	120	2180
13	A012	人力资源部	沈妙	职工	2250	100		2350	160	2190
14	A013	销售部	王惠君	经理	3200		150	3350	130	3220
15	A014	销售部	陈云彩	助理	3100	300		3400	110	3290
16	A015	销售部	吕芬花	职工	2500	100	80	2680	90	2590
17	A016	销售部	杨云	职工	2600	120		2720	80	2640
18	A017	销售部	严玉	职工	2550			2550	150	2400
19	A018	销售部	王五	职工	2300		200	2500	45	2455

图 1-13　工资表

每到月底发工资时，人事部都要将这张工资表做成工资条，即在每条工资信息记录前添加表头，工资表就变成工资条了。然后将工资条打印在纸上，分发到不同的人手中，如图 1-14 所示。

	A	B	C	D	E	F	G	H	I	J
1	工号	部门	姓名	职务	底薪	平时加班	节假日加班	应发金额	扣除	实发金额
2	A001	办公室	罗林	经理	3500	500	250	4250	180	4070
3	工号	部门	姓名	职务	底薪	平时加班	节假日加班	应发金额	扣除	实发金额
4	A002	办公室	赵刚	助理	3000		300	3300	150	3150
5	工号	部门	姓名	职务	底薪	平时加班	节假日加班	应发金额	扣除	实发金额
6	A003	办公室	李凡	职工	2500	300		2800	170	2630

图 1-14 工资条

制作工资条的方法有很多。例如：①手动插入行。这种操作方法虽然简单，但员工越多效率越低。②使用宏的方式。录制一个插入工资条的宏，但每插入一次需要单击一次宏按钮，效率也只是比手动插入行的方式稍高一些。③使用 VBA 代码执行 For 循环。For 循环可以帮助我们重复执行插入表头的操作。

我们之前提到，在编写 VBA 代码时并不需要全部手写，很多代码都可以使用"宏"自动生成，那么 For 循环的代码由我们自己手写，其他负责插入表头操作的代码是否可以使用宏自动生成呢？答案是肯定的。接下来，我们学习 For 循环是如何手写出来的，如何让相同的插入表头的操作重复执行多次。实现该操作任务的主要步骤如下。

（1）录制一个插入表头的宏。

按照如下步骤进行操作。

① 打开配套文件"使用 For 循环.xlsm"，首先单击表头的 A1 单元格，选择【开发工具】选项卡，然后单击【使用相对引用】按钮，再单击【录制宏】按钮，在打开的【录制新宏】对话框中将宏命名为【工资条】，最后单击【确定】按钮。

② 选中第 1 行并右击，在弹出的快捷菜单中选择【复制】命令；或者选中第 1 行后直接按【Ctrl+C】组合键。

③ 选中第 3 行并右击，在弹出的快捷菜单中选择【插入复制的单元格】命令。

④ 再次单击 A1 单元格，然后单击【停止录制】按钮。

打开 VBE 窗口，单击【模块 1】节点，就可以看到录制所得的 VBA 代码，如图 1-15 所示。

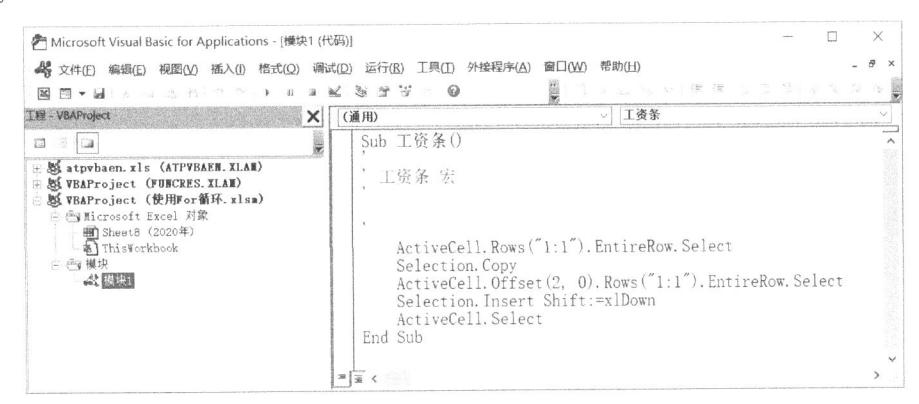

图 1-15 录制所得的 VBA 代码

现在深入了解一下录制所得的 VBA 代码，我们可以看到宏最前面的 Sub 工资条()和最后面的 End Sub，表示工资条宏从 Sub 工资条()开始到 End Sub 结束，中间的 VBA 代码代表插入表头的动作。此时关闭该界面，选中工资条表头位置可以发现，我们每单击一次工资条宏，就会在当前位置下的第 3 行执行一次插入表头的动作。回顾一下，我们在录制宏的过程中，鼠标指针被放在 A1 单元格的位置，接下来我们分别选择了第 1 行和第 3 行。需要思考的是，录制的代码会认为我们选择的是绝对的第 1 行和第 3 行，还是会认为我们选择的是相对当前选中位置"所在的行"和"其下第 3 行"呢？显然，我们的操作证明了，在代码录制时选择的是第 2 种解释。原因是我们在录制时单击了【使用相对引用】按钮，若没有单击【使用相对引用】按钮，则录制的代码就会选择第 1 种解释。

（2）用 For 循环改写宏代码。

虽然运行宏可以自动插入表头，但每插入一次就需要单击一次运行宏。如果需要将表头插入几十次或上百次，那么手动单击的工作效率显然很低。此时，我们需要一个机制帮我们做这样重复性的动作，该机制被称为 For 循环。在录制所得的 VBA 代码中增加 For 循环机制，如图 1-16 所示。

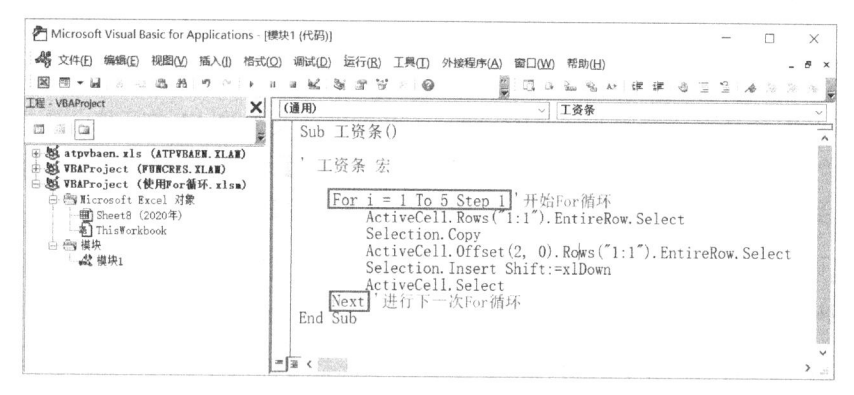

图 1-16　用 For 循环改写后的 VBA 代码

单击【运行】按钮，如图 1-17 所示。注意，在运行工资条代码之前要确保选中表头的 A1 单元格，否则不能得到预期的结果。

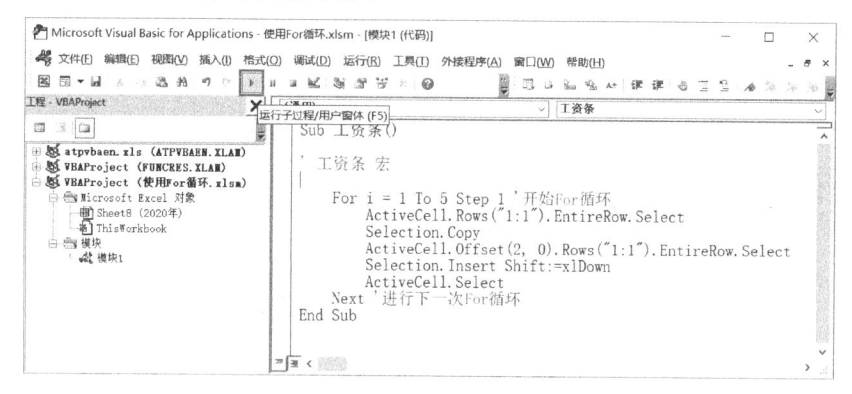

图 1-17　【运行】按钮

运行效果如图 1-18 所示。

	A	B	C	D	E	F	G	H	I	J
1	工号	部门	姓名	职务	底薪	平时加班	节假日加班	应发金额	扣除	实发金额
2	A001	办公室	罗林	经理	3500	500	250	4250	180	4070
3	工号	部门	姓名	职务	底薪	平时加班	节假日加班	应发金额	扣除	实发金额
4	A002	办公室	赵刚	助理	3000		300	3300	150	3150
5	工号	部门	姓名	职务	底薪	平时加班	节假日加班	应发金额	扣除	实发金额
6	A003	办公室	李凡	职工	2500	300		2800	170	2630
7	工号	部门	姓名	职务	底薪	平时加班	节假日加班	应发金额	扣除	实发金额
8	A004	办公室	张远	职工	2600		288	2888	135	2753
9	工号	部门	姓名	职务	底薪	平时加班	节假日加班	应发金额	扣除	实发金额
10	A005	办公室	冯伟	职工	2300	450	403	3153	120	3033
11	工号	部门	姓名	职务	底薪	平时加班	节假日加班	应发金额	扣除	实发金额
12	A006	办公室	杨玉真	职工	2500	320		2820	120	2700
13	A007	人力资源部	孙雯	经理	3450	300		3750	90	3660
14	A008	人力资源部	华楠燕	助理	3150		100	3250	135	3115
15	A009	人力资源部	赵红君	职工	2800	260		3060	148	2912

图 1-18 运行效果

只要执行一次程序，Excel 就能在工作簿中插入 5 个表头。这是因为 For…Next 循环让插入表头的代码重复执行了 5 次。

那么，For…Next 循环是如何控制程序，让相同的代码重复执行 5 次的呢？如果让相同的代码重复执行 10 次、20 次，那么程序应该怎样写呢？

1.4　For…Next 循环

循环是任何程序进行结构控制的重要组件。可以这么说，在处理循环上，计算机操作相对于手动操作的处理效率更高。重复操作的处理，大部分可以用循环实现。

1.4.1　For…Next 循环的语法

For…Next 循环不仅是使用最为灵活的循环结构，而且是使用最多的一种循环结构。For…Next 循环语句的语法格式为：

```
For 计数器 = 初值 to 终值 [Step 步长值]
    循环体(要重复执行的操作或计算)
Next
```

1．计数器

计数器是用于统计循环次数的变量。循环次数的变量为数值型变量，它可以从某个值变成另一个值，变化的两个相邻数值之间的差值由步长值决定。每执行一次循环体，计数器的值就在原来的基础上增加步长值，直到计数器的值不在初值和终值的区间范围内，VBA 代码才终止执行循环体部分。因此，步长值可以决定该循环执行了几次，即该循环的循环次数可以确定。

2. 初值

用于设置循环变量的初始取值，为数值型变量。

3. 终值

用于设置循环变量的最后取值，为数值型变量。

4. 步长值

在这里，步长值可以为正整数、负整数或没有。如果步长值为正整数，则初值必须小于终值；如果步长值为负整数，则初值必须大于终值；步长值可以不写，如果不写，则默认步长值为 1。注意，步长值不能为 0。

在案例中，VBA 根据 For i= 1 To 5 Step 1 语句中的 3 个数字确定重复执行代码的次数。在这行代码中，i 是计数器，数字 1、5、1 分别是计数器的初值、终值和改变的步长值。

5. 循环体

For 和 Next 之间的代码称为循环体。循环体可以包含任意多行代码，执行任意多行的操作和计算。每进行一次循环，循环体就被执行一次。

提示：

① For…Next 循环必须以 Next 结尾。Next 表示当前循环结束，即将执行下一轮循环。

② 循环结构可以嵌套，即在一个循环结构中可以有其他循环结构。

③ For…Next 循环用于已知需要执行多少次循环的情况。当不知道需要执行多少次循环时，使用其他循环结构比较合适。其他循环结构后面会提到。

1.4.2　For…Next 循环的执行过程

VBA 执行 For i= 1 To 5 Step 1 语句的过程如图 1-19 所示。

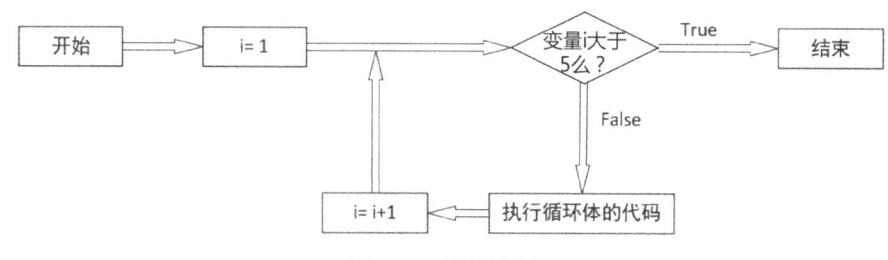

图 1-19　执行过程 1

如果 For 语句的第 1 行是 For i= 3 To 13 Step 2，则 VBA 会执行循环体部分的代码 6 次，具体的执行过程如图 1-20 所示。

图 1-20　执行过程 2

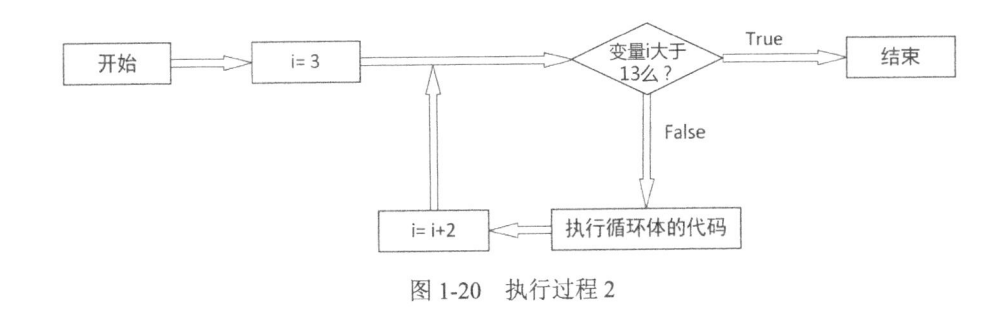

1.4.3　特殊的步长值

我们通常将计数器的终值设置为一个大于初值的数。当然，也可以将终值设置为小于初值的数，例如：

```
For i= 5 To 1 Step -1
    …
Next
```

如果终值是一个小于初值的数，则 Step 后的步长值应设置为一个负整数。

面对这样的代码，VBA 每执行一次循环体，变量 i 就增加步长值 -1，直到变量 i 的值小于终值 1，VBA 才会终止执行 For 语句，退出循环。具体的执行过程如图 1-21 所示。

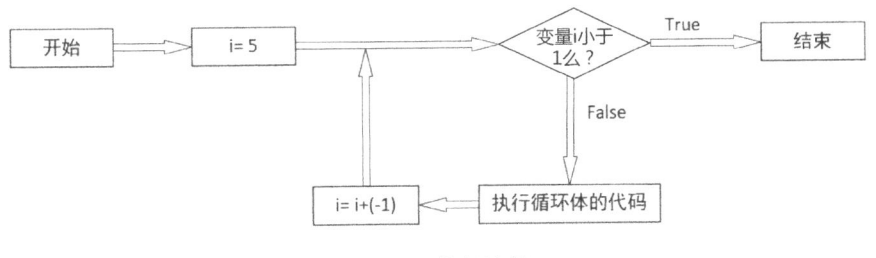

图 1-21　执行过程 3

提示：

当计数器的终值大于初值时，步长值应设置为正整数；当计数器的终值小于初值时，步长值应设置为负整数。否则程序不会执行。

思考与练习题

1. 动手练习：首先关闭所有已打开的 Excel 程序，然后新建并打开一个 Excel 文件，在该文件的 B3:M5 区域内填入任意数字，并在该文件内录制宏，宏的名字为 format。录制以下操作。

（1）设置 A1:M1 区域为合并居中，行高为 30，内容垂直居中，字号为 20。

（2）设置 A2:M2 区域的填充色为淡蓝色。

（3）设置 B3:M5 区域的数字格式为"会计专用"。

（4）在 A6 单元格中输入"Total:"，在第 6 行上对 B 到 M 列的每列进行求和。

（5）设置 A6:M6 区域的字体加粗，上边框线为双线。

（6）在 L8 单元格中输入"Grand Total:"，在 M8 单元格中对第 6 行进行求和。

（7）设置第 8 行的字体加粗。

（8）设置所有列，自动适应列宽。

2. 请根据表中数据生成折线图，如图 1-22 所示，将操作过程用宏录制下来。

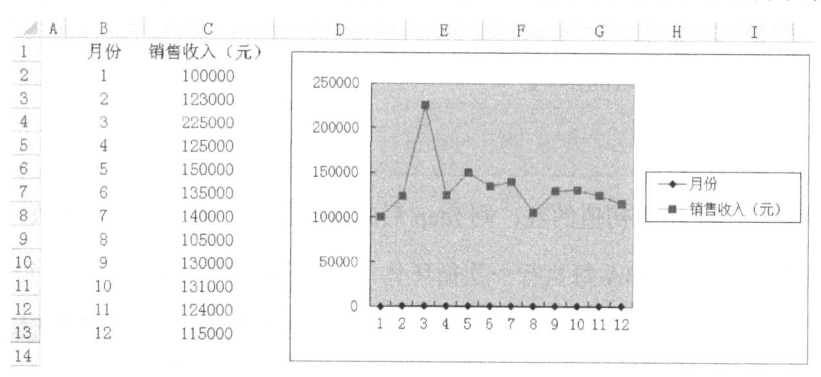

图 1-22　折线图

3. 在 VBA 代码中，Cells(1,1)=1 的意思是工作表中第 1 行第 1 列单元格的值为 1，Cells(2,1)=2 的意思是工作表中第 2 行第 1 列单元格的值为 2。请编写一段宏代码，使得工作表中第 1 行到第 100 行的值分别为 1，2，3，…，100。

第 2 章　程序设计的基本知识

通过宏录制、运行与 For 循环的练习，我们已经能够设计简单的 VBA 代码，进行自动化操作了，但若要完成更加复杂的任务，则还需要掌握程序设计的基本知识。

2.1　VBA 的集成开发环境——VBE

大部分编程语言都有自己的集成开发环境（Integrated Development Environment，IDE）。集成开发环境为用户提供代码编写功能、分析功能、调试功能，如语法高亮、语句自动补全、参考资料等，VBA 也不例外。Excel VBA 的集成开发环境又被称为 VBE（Visual Basic Editor），其窗口依托于 Excel 软件。也就是说，在 VBE 窗口中可以编写 VBA 代码、创建用户窗体、查看/修改对象属性、调试程序。程序运行的过程相当于通过代码给计算机下达指令的过程。计算机只有明白代码的意思，才能执行程序给它下达的指令。因为 VBE 是 Excel 中 VBA 代码的编译器，所以 VBE 承载了这个编译的过程。VBE 窗口如图 2-1 所示。

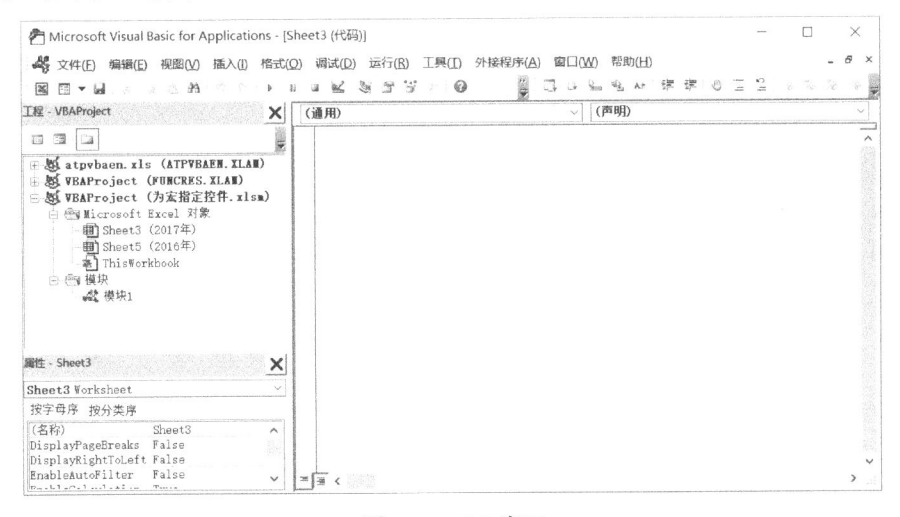

图 2-1　VBE 窗口

在 VBE 窗口中，有很多工具、按钮和命令，以及有关的窗口。下面介绍其中的一些主要部分。

2.1.1　代码编辑区

代码编辑区就是显示及编辑 VBA 代码的窗口，是 VBE 主要的功能之一。打开工作簿或工作表对象以及模块的代码窗口后，可以查看其对应的 VBA 代码，并且在它们之间进行复制和粘贴的动作。代码编辑区如图 2-2 所示。

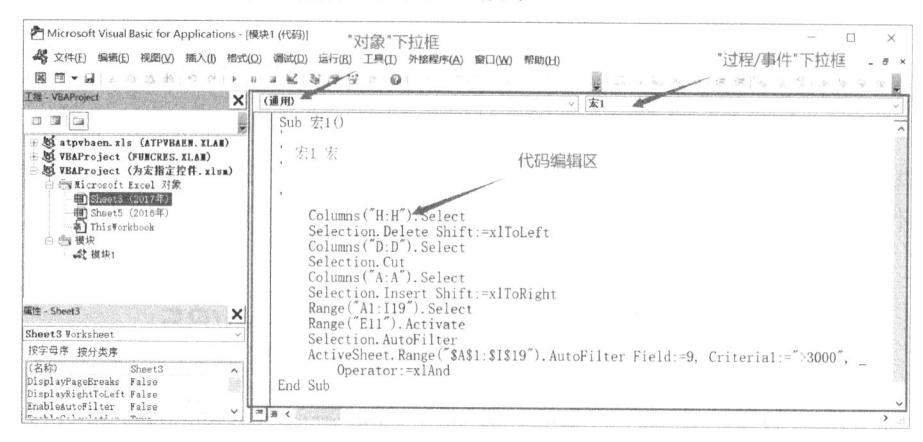

图 2-2 代码编辑区

2.1.2 菜单栏

VBE 窗口的菜单栏如图 2-3 所示，可根据需要选择不同菜单中的各种命令。

图 2-3 菜单栏

2.1.3 工具栏

为了用户使用方便，VBE 窗口将菜单栏中一些常用的菜单命令，以工具按钮的形式罗列在工具栏中。因此，工具栏实际上就是菜单命令的快捷调用按钮集合，在默认情况下一般只有【标准】工具栏，如图 2-4 所示。其中，第 3 个是【保存】按钮，第 10 个是【运行】按钮，这些是我们比较常用的按钮。

图 2-4 【标准】工具栏

2.1.4 工程资源管理器

工程资源管理器是存放对象的容器，包含了当前在 Excel 中打开的所有 Excel 对象，包括工作簿、工作表、模块、窗体、加载宏等。其中，每个工作簿被认为是一个工程。一个新建工作簿的工程资源管理窗口默认只有一个工作簿对象（ThisWorkbook）和若干个工作表对象（如 Sheet1、Sheet2、Sheet3 等）。ThisWorkbook 代表当前打开的 Excel 工作簿，而每个 Sheet 则对应代表当前工作簿中的每张工作表。Microsoft Excel 对象允许我们在编写代码时与这些对象进行关联。例如，专用于某工作簿或某工作表的事件程序代码都被放置在 ThisWorkbook 或对应的工作表对象中。如何对工作簿或工作表对象设计事件程序，将在后续章节中进行介绍。

在工程资源管理器中还可以手动添加模块、窗体和类模块对象。其中，在模块中存放全局变量、自定义函数及不与特定对象模块相关联的 Sub 过程。这些是 VBE 窗口中使用最为频繁的部分。添加模块的方法是：选择【插入】菜单中的【模块】命令。添加的模块默认名为"模块 1""模块 2"等。双击【模块 1】节点，即可进入"模块 1"的代码编辑区，如图 2-5 所示。

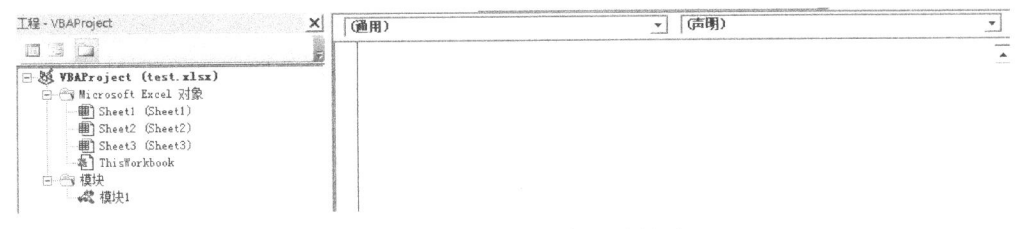

图 2-5 "模块 1"的代码编辑区

图 2-5 中的窗口都可以被单独关闭，也可以被拖动到 VBE 窗口的任何地方。我们还可以调整它们的大小。

2.2 程序的基本要素

在进一步学习 VBA 代码设计之前，需要先了解构成程序的基本要素。程序是与计算机沟通的语言，由特定的语法和关键字构成，其基本构成要素有常量、变量、表达式、语句和函数等。

2.2.1 基本数据类型

数据是程序的基本处理对象。在运行程序时，需要计算和汇总的数据会占用一定的内存空间，而不同类型的数据所需要的内存空间大小并不一样。因此，VBA 对数据进行了分类。这样程序在运行过程中需要用到某个数据时，就可以根据数据的类型为其分配对应大小的内存空间，这不仅有利于节约内存的存储空间，还有利于规范使用数据。在 VBA 中，常见的基本数据类型包括数值型、字符串型、日期型和布尔型，如表 2-1 所示。

表 2-1 VBA 中常见的基本数据类型

基本数据类型		关键字	存储空间	用途
数值型	整型	Integer	2 字节	存放整数，范围-32 768~32 767
	长整型	Long	4 字节	存放整数，范围-2 147 483 648~2 147 483 647
	单精度浮点型	Single	4 字节	存放实数，范围-3.402 823E38~3.402 823E38
	双精度浮点型	Double	8 字节	存放实数，范围-1.797 693 134 862 32E30 ~ 1.797 693 134 862 32E308
	货币型	Currency	8 字节	存放财务数据，范围-922 337 203 685 477.580 8~922 337 203 685 477.580 7

续表

基本数据类型	关键字	存储空间	用途
字符串型	String	字符串长度	存放由若干个字符组成的字符串
日期型	Date	8 字节	存放日期值和时间值
布尔型	Boolean	2 字节	包括 True 和 False 两个值，表示逻辑真和逻辑假

2.2.2 常量与变量

根据数据的值在程序运行过程中是否可以变化，可将其划分为常量和变量。其中，常量的值在程序运行过程中始终不变，如 123 是整型常量，321.234 是浮点型常量，abc 是字符串型常量，2020/10/01 是日期型常量，True 和 False 是布尔型常量。如果我们需要经常使用一个常量，那么可以为其设定一个标识符，以简化书写。这种标识符被称为符号常量。符号常量在使用前必须用 Const 语句进行声明，其语法格式为：

```
Const 符号常量名=符号常量的值
```

例如：

```
Const Pi=3.1415926      '声明一个常量 Pi，其值为 3.1415926
```

VBA 还提供了较多已经由系统定义的符号常量，通常以 vb 或 xl 为前缀，如 vbred 表示红色，xlWorkBook 表示一个 Excel 文件。

与常量不同，变量的值在程序运行过程中是可以改变的。但需要注意的是，变量存储的数据类型一般不能改变。因此，在使用变量之前应该进行声明，即指定变量的名称及可存储的数据类型。在 VBA 中，一般使用 Dim 语句对变量进行显式声明，而且可同时声明多个变量，其语法格式为：

```
Dim 变量名1 As 数据类型1，变量名2 As 数据类型2
```

例如：

```
Dim x As Integer,str As String    '声明一个整型变量 x，一个字符串型变量 str
```

VBA 允许在使用变量之前不进行变量声明或不指定数据类型。如果不进行变量声明，那么 VBA 会自动对变量进行隐式声明，将变量设置为 Variant 类型，即可变型变量。可变型变量是一种特殊的变量。在第一次被赋值时，VBA 会自动识别可变型变量赋值的数据类型，并对其进行类型转换。类型转换后的变量就不再是可变型变量，也不能改变成其他类型的数值。

虽然 VBA 并不强制要求对变量进行显式声明，但是在程序设计中主动对变量进行显式声明是一个良好的习惯。隐式声明有时会给程序运行带来错误。

在录制宏时，可以产生 Sub 过程代码，但是永远不可能产生变量。例如，此前使用 For

循环改写的宏代码，因为 i 是从 1 计数到 5，所以 i 是整数型。如果要显式声明变量，则代码如下：

```
Sub 工资条()
' 工资条 宏
    Dim i As Integer
    For i = 1 To 5 Step 1 ' 开始 For 循环
        ActiveCell.Rows("1:1").EntireRow.Select
        Selection.Copy
        ActiveCell.Offset(2, 0).Rows("1:1").EntireRow.Select
        Selection.Insert Shift:=xlDown
        ActiveCell.Select
    Next ' 进行下一次 For 循环
End Sub
```

提示：

①变量名必须以字母（或汉字）开头，不能包含空格、句号、感叹号、特殊字符（如@、&、$和#等）；②变量名最长不超过255个字符。

2.2.3 运算符

数据之间进行运算需要使用运算符。在 VBA 中，常见的运算包括数值运算、比较运算和布尔运算。在执行相关运算时，需要分别用到算术运算符、比较运算符和逻辑运算符。下面介绍常用的运算符。

1. 算术运算符

算术运算符用来执行算术运算，运算结果是数值型的数据。常见的算术运算符如表 2-2 所示。

表 2-2 算术运算符

+	−	*	/	\	^	Mod
相加	相减或取负	相乘	相除	整除	指数	求模

其中，除法运算符"/"返回的是两数相除的商，如 5/2=2.5；整除运算符"\"返回的是两数相除的商的整数部分，如 5\2=2；求模运算符"Mod"返回的是两数相除的商的余数部分，如 5 Mod 2 =1，经常用于判断奇偶性。

2. 比较运算符

比较运算符用于执行比较运算，如比较两个数的大小。返回值只能是布尔型数据 True 或 False。常见的比较运算符如表 2-3 所示。

表 2-3 比较运算符

=	<>	<	<=	>	>=	Like
等于	不等于	小于	小于或等于	大于	大于或等于	匹配

其中，Like 用于比较两个字符串是否匹配。如果字符串 1 和字符串 2 匹配，则返回 True，否则返回 False。Like 在应用中常结合通配符使用。常见的通配符包括 3 个，如表 2-4 所示。

表 2-4 通配符

*	?	#
代替任意多个字符	代替任意一个字符	代替任意一个数字

例如，表达式"北京市朝阳区" Like "*市*"的返回值是 True，"北京市朝阳区" Like "?市?"的返回值是 False，"成绩 99" Like "成绩##"的返回值是 True。

3. 逻辑运算符

逻辑运算符用于执行逻辑运算，参与逻辑运算的数据为逻辑型数据。运算返回的结果只能是逻辑值 True 或 False。常见的逻辑运算符如表 2-5 所示。

表 2-5 逻辑运算符

And	逻辑与。当两个条件的值都为 True 时返回 True，否则返回 False
Or	逻辑或。当两个条件中任意一个的值为 True 时返回 True，否则返回 False
Not	逻辑非。当条件的值为 True 时返回 False，否则返回 True
Xor	逻辑异或。当两个条件的结果不相同时，返回 True，否则返回 False
Eqv	逻辑等价。当两个条件的结果相同时，返回 True，否则返回 False
Imp	逻辑蕴含。仅当第 1 个条件值为 True，第 2 个条件值为 False 时，返回 False，否则返回 True

如果 A=True，B=False，则 A And B=False，A Or B=True，Not A=False，A Xor B=True，A Eqv B=False，A Imp B=False。

4. 连接运算符

VBA 提供的一个较常用的连接运算符是"&"，其作用是将其左右的数据连接成一个字符串，如"abc"&"cde"的结果是"abccde"。注意，连接运算符"&"无论左右两侧是何种类型的数据，都会执行连接运算并将结果转换为字符串。注意，当连接的是变量时，变量与"&"之间需要空一格，声明的变量不需要加英文引号""，而字符串需要加英文引号""。

5. 运算符优先级

运算符有以上几种类型，如果同时出现在表达式中时，就涉及运算的先后顺序。运算符优先级由高到低的顺序如表 2-6 所示。优先级相同的运算符，在表达式中出现时，按从左向右的顺序运算。如果要更改求值的顺序，则可以将公式中要先计算的部分用括号括起来。

第 2 章 程序设计的基本知识

表 2-6 运算符优先级

1	2	3	4	5	6	7	8	9	10	11	12
()	^	−	*、/	\	Mod	+、−	&	=、<>、<、<=、>、>=、Like	And	Or	Not
括号	指数	求相反数	乘除	整除	求模	加减	连接	比较	与	或	非

例如，(5+2)*3 的返回值是 21，Not (2>1)的返回值是 False，2*2 > 5−3 的返回值是 True。

2.2.4 交互函数

程序在执行的过程中，经常需要和计算机进行交互，并以对话框的形式进行数据的输入或显示。因此，VBA 提供了数据输入/输出的交互函数。

1. MsgBox 函数

MsgBox 函数用于输出一个对话框。该函数在编程调试及输出结果方面具有十分重要的意义。利用 MsgBox 函数，可以验证前文的运算符例子。例如，在 VBE 窗口的代码编辑区中输入以下代码：

```
Sub 理解 MsgBox()
    MsgBox ("北京市朝阳区" Like "*市*")
    MsgBox ("(5+2)*3 = " & (5 + 2) * 3)
End Sub
```

2-1 交互函数：Msgbox 函数

程序运行后将依次弹出如图 2-6 所示的对话框。

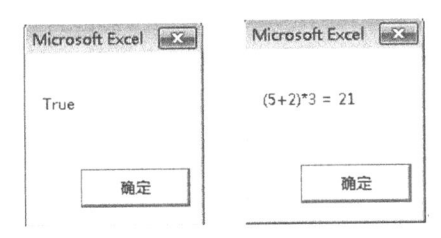

图 2-6 运行 MsgBox 函数弹出的对话框

2. InputBox 函数

InputBox 函数将打开的输入对话框作为输入数据的界面，提示并等待用户输入数据。在用户完成输入操作后，返回所输入的内容给程序，返回值默认为字符串。例如，在 VBE 窗口的代码编辑区中输入以下代码：

```
Sub 理解 InputBox()
    Password = InputBox("请输入密码：")
    MsgBox ("你输入的密码是：" & Password)
End Sub
```

2-2 交互函数：InputBox 函数

其中，括号内的"请输入密码："，是在程序运行后弹出的输入对话框中显示的明文信息。在手动输入 123 后，123 作为 InputBox 函数的返回值将被传递给变量 Password，并在随后弹出的对话框中显示出来，如图 2-7 所示。

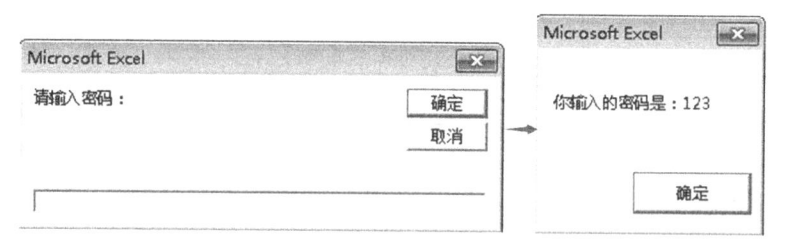

图 2-7 输入密码后弹出的对话

2.3 程序控制结构

程序是代码的有序序列。程序的执行过程，就是按一定顺序执行程序中的代码的过程。而程序控制结构，指的就是控制代码执行顺序的结构方式。程序控制结构主要有 3 种，即顺序结构、循环结构和分支结构。其中，顺序结构按语句出现的先后顺序执行，这是最常见也是最简单的结构。编程语言并不提供专门的控制流语句来表达顺序控制结构，而是用程序语句的自然排列顺序来表达顺序控制结构。

2.3.1 循环结构

程序有时需要反复执行某些代码，在这种情况下就需要使用循环结构。循环结构主要包括 For 循环和 Do 循环两种类型，而 For 循环又包括 For...Next 和 For Each...Next 两种类型。由于 For...Next 循环已经在 1.4 节中进行了介绍，因此这里只介绍 For Each...Next 循环和 Do 循环。

1. For Each...Next 循环

For Each...Next 循环是针对一个数组或集合中的每个元素重复执行的一组语句。

For Each...Next 循环与 For...Next 循环在语法格式上极其相似，在功能上也基本相同，而且在大多数情况下可以用 For...Next 循环完成 For Each...Next 循环的工作。只有在处理对象集合时，For Each...Next 循环才具有较多的优势，使用起来也更加方便。

在实际工作中，For Each...Next 循环主要用于遍历对象集合。For Each...Next 循环的语法格式如下：

```
For Each 变量1 In 集合名称或数组名称
    语句块1
Next
```

For Each...Next 循环通过变量来遍历集合或数组中的每个元素。无论集合或数组中有多少个元素，它总是从第 1 个元素开始，到最后一个元素结束，然后退出循环。

2. Do 循环

Do 循环有两种语法格式：

```
Do <While|Until> 循环条件
    循环体
Loop
```

或

```
Do
    循环体
Loop <While|Until> 循环条件
```

两种语法格式的区别在于进行循环条件判断的时间不同。上面的格式是先判断是否符合条件，只有符合条件时才进入循环体；下面的格式是先进入循环体，再根据是否符合循环条件来判断是否再次循环。因此，二者唯一的区别是，上面的格式可能一次都不执行循环体，而下面的格式至少执行一次循环体。

While 和 Until 用于引导循环条件。其中，While 又称当型循环，Until 又称直到型循环。

当型循环在循环条件成立，即其值为 True 时执行循环体；直到型循环在循环条件不成立，即其值为 False 时执行循环体，直到循环条件为 True 时才结束循环。

3. 退出循环

有时在循环的过程中，需要强制终止循环，并退出循环结构。因此，可以使用 Exit 语句来退出循环，如使用 Exit For 语句退出 For 循环，使用 Exit Do 语句退出 Do 循环。需要注意的是，在存在循环嵌套的情况下，Exit 语句只能退出本层循环，而不能退出所有层级的循环。此外，退出循环一般是因为在循环过程中，变量值发生了变化并满足了一定的预设条件，所以常与 If 语句结合使用。

2.3.2 分支结构

在程序运行过程中，通常需要对条件进行判断，根据条件结果的不同来选择不同的代码执行，这种情况就需要使用分支结构。其中，最常用的是 If 语句，其主要包括以下几种结构。

① 单分支结构：If...Then 结构。

② 双分支结构：If...Then...Else 结构。

③ 多分支结构：由多个 If...Then...Elseif 结构组成的复杂判断结构。

1. If...Then 结构

If...Then 结构是最简单的条件语句，为单分支结构，其语法格式为：

```
If  条件表达式  Then  语句块1
```

或

```
If  条件表达式  Then
    语句块 1
End If
```

其中，条件表达式可以是关系表达式、逻辑表达式或算术表达式。若条件表达式的值为 True，则执行语句块 1，否则跳过语句块 1。If...Then 结构的判断逻辑如图 2-8 所示。

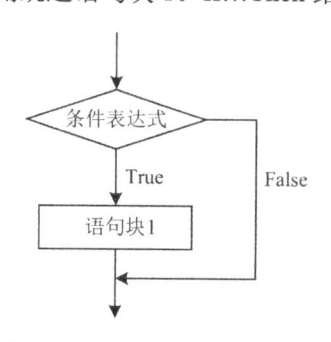

图 2-8 If...Then 结构的判断逻辑

下例是用于检查用户密码的，当密码不正确时，显示警告信息。语句为：

```
If strpassword <> "1234" Then MsgBox "密码不正确!"
```

也可以写成

```
If strpassword <> "1234" Then
    MsgBox ("密码不正确!")
End If
```

2. If...Then...Else 结构

该结构为双分支结构，可以处理两个条件下的任务，其语法格式为：

```
If  条件表达式  Then
    语句块1
Else
    语句块2
End If
```

If...Then...Else 结构的作用是当表达式的值为 True 时，执行 Then 后面的语句块 1，否则执行 Else 后面的语句块 2。If...Then...Else 结构的判断逻辑如图 2-9 所示。

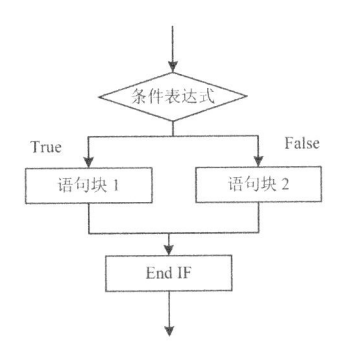

图 2-9　If...Then...Else 结构的判断逻辑

3. If...Then...Elseif 结构

很多时候，需要判断的条件不止两个，那么需要使用可以处理两个以上条件的多分支结构，其语法格式为：

```
If  条件表达式 1  Then
    语句块 1
Elseif 条件表达式 2  Then
    语句块 2
Elseif 条件表达式 3  Then
    语句块 3
    …
Else
    语句块 n
End If
```

其中，Elseif 条件语句可以有多个。If...Then...Elseif 结构的判断逻辑如图 2-10 所示。

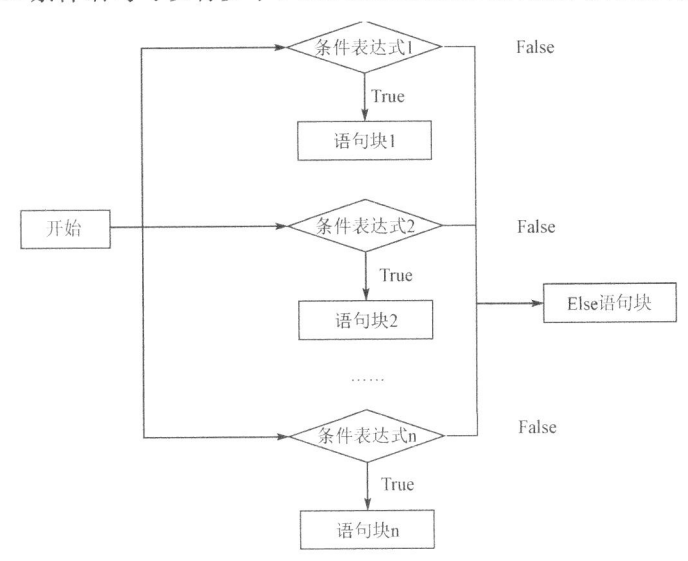

图 2-10　If...Then...Elseif 结构的判断逻辑

思考与练习题

1. 什么是 IDE？IDE 的功能是什么？什么是 VBE？VBE 的功能是什么？

2. 什么是工程资源管理器？工程资源管理器包含哪些内容？在默认情况下，一个 Excel 文件的工程资源管理器中包含哪些对象？

3. VBA 有哪些基本数据类型？这些基本数据类型的基本特点是什么？

4. 设计一个 VBA 程序，由用户输入一个数字，判断该数字是否能被 2、3、5 整除，并将判断结果用弹出对话框的形式告诉用户。

5. 分别用 For 循环和 Do 循环编写一个 VBA 程序，计算 1~100 的自然数之和。

第 3 章　Excel VBA 的重要概念

Excel VBA 可以被看作面向对象的程序设计语言。在现实世界中，对象是指具体的事物，是人们在观察问题和解决问题时考虑的客体，如老虎、大象等。将这一概念映射到程序设计中，对象是由程序定义并由程序对其进行操作的客体。对象是面向对象程序设计的核心。Excel VBA 实现自动化操作的过程，可以被看作通过可执行语句操作 Excel 对象的过程。

3.1　Excel 的对象

在 VBA 中，我们并不需要自己定义对象。VBE 环境已经建立了 Excel 对象模型，并提供了 100 多个对象。掌握 VBE 环境中的所有对象既不容易，也无必要，只需要掌握财务工作中常用的对象即可。对于没有掌握的部分，在需要时可以通过微软公司的 Excel 对象模型文档对其用法进行查询。那么，VBA 中有哪些常见的对象呢？考虑一下用户针对 Excel 的操作，在多数情况下都是打开、关闭工作簿，增加、删除工作表，输入、清除单元格内容等操作，这些其实都是在操作 Excel 的对象。打开工作簿，工作簿就是对象；复制工作表，工作表就是对象；删除行，行就是对象；清除单元格，单元格就是对象；复制单元格区域，单元格区域就是对象。这些对象是我们在 Excel 中进行操作的客体。我们可以使用 VBA 代码对其进行操作和控制。

【案例 1】

打开配套文件"理解对象的作用.xlsm"。实践操作任务如下：在 A2 单元格中写入"银行存款"。实现该操作任务的主要步骤如下。

3-1　Excel 的对象

（1）编写 Sub 过程"理解对象"。

按第 1 章的操作打开 VBE 窗口，新建模块，将下面的 VBA 代码粘贴到代码编辑区中：

```
Sub 理解对象()
    '在A2单元格中写入"银行存款"
    Application.Workbooks("理解对象的作用.xlsm").Worksheets("Sheet1").Range("A2")="银行存款"
End Sub
```

（2）运行 Sub 过程。

单击工具栏中的【运行】按钮，运行 Sub 过程"理解对象"，如图 3-1 所示。可以看到 Sub 过程运行结果——"银行存款"已经被写入 A2 单元格中，如图 3-2 所示。

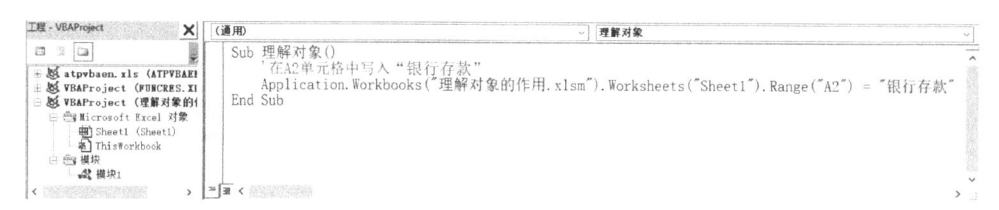

图 3-1 Sub 过程"理解对象"

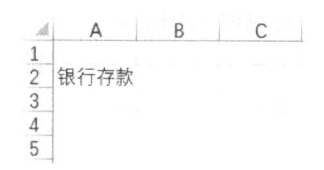

图 3-2 Sub 过程运行结果

在下一节中,我们从对象的角度来看 VBA 代码是如何将"银行存款"写入 A2 单元格中的。

3.1.1 VBA 代码与 VBA 对象

我们来看一下案例 1 中的 VBA 代码与 VBA 对象到底是什么关系。

我们的电脑中可能有多个 Excel 工作簿(文件),一个工作簿中可能有多张工作表,一张工作表中有多个单元格。如果想把"银行存款"写入 A2 单元格中,则需要使用 VBA 代码来指明,我们要将数据写入哪个工作簿中的哪张工作表的 A2 单元格中。

因此,在引用 A2 单元格对象时,VBA 代码描述如案例 1 所示:

```
'在 A2 单元格中写入"银行存款"
Application.Workbooks("理解对象的作用.xlsm").Worksheets("Sheet1").Range("A2")="银行存款"
```

其中,Application 代表 Excel 应用程序(Application 对象),它是 VBA 对象的顶层;Workbooks("理解对象的作用.xlsm")代表名称为"理解对象的作用.xlsm"的工作簿对象(Workbook 对象),用来确定对该 Excel 文件而不是其他文件进行操作;Worksheets("Sheet1")代表工作表对象(Worksheet 对象),用来确定对指定文件中名称为 Sheet1 的工作表进行操作;Range("A2")代表单元格对象(Range 对象),用来确定对指定工作表中的 A2 单元格写入"银行存款"。

因此,学会用 VBA 代码准确定位某个对象很重要。只有将对象所处的层次结构描述清楚,VBA 才能引用正确的对象。

3.1.2 对象的层次结构

计算机中的文件存储路径具有层次结构关系,当我们查找某个文件时,需要逐级指定路径,如 D:\User\test\example.xlsx 表示 D 盘中 User 文件夹内 test 文件夹内的 example.xlsx

文件。Excel 的对象模型也有类似的层次结构关系，也就是根对象包含子对象，而子对象可能又包含自己的子对象。在访问对象时，应该从根对象开始，逐级访问其子对象，直到访问到需要的对象为止。

Excel 中最为常见的对象模型层次结构如图 3-3 所示。Excel 应用程序中有多个工作簿对象，工作簿中包含多个工作表对象，而工作表中又包含多个单元格对象。

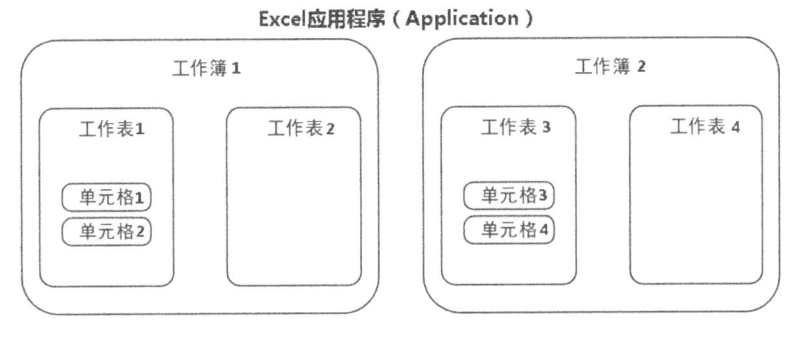

图 3-3 Excel 的对象模型层次结构

而对象模型的层级关系，在访问末级的单元格对象时，需要以类似文件地址的方式逐级定位、引用，如表 3-1 所示。依次访问【Application 对象】→【Workbook 对象】→【Worksheet 对象】→【Range 对象】，不同层级的对象之间用英文句号"."连接，这样才能准确定位到我们需要操作的目标对象，如案例 1 的代码所示。

表 3-1 对象模型的层级关系

VBA 对象层级	文件地址层级
Application 对象	D 盘
Workbook 对象	User 文件夹
Worksheet 对象	test 文件夹
Range 对象	example.xlsx 文件

文件地址在一定条件下可以被省略。例如：如果当前位置是在 User 文件夹中，则可以用\test\example.xlsx 来定位目标文件。与此类似，Excel VBA 对象的层级定位在一定条件下也可以被省略。因为 VBA 在管理 Workbook 和 Worksheet 时，都会有一个 ActiveWorkbook 和 ActiveSheet，它们会记录下当前活动的对象。省略的是 VBA 操作的对象，即当前活动的对象。如果需要操作的工作簿对象是当前运行的"理解对象的作用.xlsm"文件，则语句可以直接写成 Worksheets("Sheet1").Range("A2")="银行存款"。如果当前打开使用的工作表是 Sheet1，则语句还可以进一步简化成 Range("A2")="银行存款"。需要注意的是，对象层级的省略一定要谨慎，错误的省略容易导致对象的定位错误。

有时也可以使用 With 语句来避免重复指出对象的名称。With 语句的语法格式为：

```
With 对象名称
    语句
End With
```

例如：

```
With Worksheets("Sheet1")
    .Range("A2")="银行存款"
    .Range("A3")="应收账款"
End With
```

该语句通过 With 引用了一个对象 Worksheets("Sheet1")后，接下来的操作均是针对该对象来执行的，因此该语句等价于：

```
Worksheets("Sheet1".Range("A2")="银行存款"
Worksheets("Sheet1".Range("A3")="应收账款"
```

3.1.3 对象集合及对象的基本表示方法

对象集合是对相同类型的对象的统称。在 Excel 中，某一层级的多个对象可以组成一个集合。例如，多个 Excel 文件组成了 Workbooks 集合，某文件中的多个工作表组成了 Worksheets 集合。对象集合一般用英文复数形式表示，而对象则用英文单数形式表示。基于对象集合的概念，可以对 Workbook 和 Worksheet 对象采用两种基本的表示方法。

第一种基本表示方法的语法格式为：对象集合("对象名")。例如，案例 1 用 Worksheets("Sheet1")表示在所有工作表中，名称为 Sheet1 的工作表；用 Workbooks("理解对象的作用.xlsm")表示在所有 Excel 工作簿中，名称为"理解对象的作用.xlsm"的工作簿。注意，这里的工作簿名称需要有扩展名后缀。

第二种基本表示方法的语法格式为：对象集合(对象索引号)。例如，Worksheets(1)、Worksheets(2)、Workbooks(1)、Workbooks(2)。其中，对象索引号是对象在所属集合中的排列序号，与对象的名称无关。如图 3-4 所示，因为表 1 和表 2 两个工作表在工作表集合中的默认排序是 1 和 2，所以它们可以分别表示为 Worksheets(1)和 Worksheets(2)。若按第一种基本表示方法，则可以分别表示为 Worksheets("表 1")和 Worksheets("表 2")。

图 3-4　工作表集合中的默认排序

Application 对象是 Excel 主程序，具有唯一性，因此没有集合概念，直接表示即可。

而 Range 对象作为最常用的对象,表示方法更为丰富。这里先了解其最基本的表示方法,即 Range("列号行号")。例如,Range("A1")表示 A1 单元格,Range("A1:B5")表示 A1:B5 区域。其余表示方法将在后续内容中进行详细介绍。

3.1.4 对象变量

我们已经学习了 Excel VBA 的变量,了解了如何使用变量来存放数值、字符串、日期、逻辑值等数据。但实际上,变量除了可以表示这些基本数据类型,还可以表示工作簿、工作表、单元格区域、图表、图片等对象。这些用变量表示的对象就是对象变量。

对象变量的设置与基本数据类型变量的设置略有不同,一般需要如下两个步骤。

第 1 步:使用声明语句将变量指定为对象类型。如果不将变量指定为对象类型,则默认变量为 Variant 类型。对象变量的声明格式如下:

```
Dim 变量名 As 对象型变量
```

第 2 步:实例化变量,给对象变量赋值。格式如下:

```
Set 对象变量=具体对象
```

例如,定义一个变量 rng 为单元格区域对象,并将 rng 变量实例化为具体的某个单元格区域。VBA 代码如下:

```
Dim rng As Range                '定义一个单元格区域对象变量
Set rng=Range("A1:C2")          '使用 Set 关键字赋值该变量为单元格区域 A1:C2
```

需要注意的是,当执行完上述 Dim 语句时,计算机会为 rng 对象变量在内存中专门划分一块空间,并将该空间命名为 rng。在程序结束前,最好手动释放这块内存空间,防止内存资源被无效对象变量占用而导致运行速度变慢。手动释放对象变量内存空间的语句如下:

```
Set 对象变量名=Nothing
```

其中,Nothing 是 VBA 的保留关键字,即 VBA 中规定有特殊意义的词。用户不能将其作为变量名或过程名使用。

3.2 对象的属性、方法和事件

在 3.1 节中,我们学习了对象的概念、层次结构及基本表示方法,从而了解了如何对对象进行定位表达。但要对对象进行自动化操作,还需要了解对象的属性、方法和事件。

【案例 2】

打开配套文件"理解属性、方法、事件.xlsm"。实践操作任务如下:编写 VBA 代码,实现①将 Sheet1 工作表的名字更改为【库存数量】;②删除 A5 与 B5 单元格的商品和数量;③在【库存数量】工作表后增加一个 Sheet2 工作表,并重命名为【商品详情】;④单击【库存数量】工作表,弹出【你好!】对话框。实现该操作任务的主要步骤如下。

3-2 对象的属性、方法、事件

(1) 编写 Sub 过程"步骤 1 至步骤 3"。

按第 1 章的操作打开 VBE 窗口,新建模块,将下面的 VBA 代码粘贴到代码编辑区中:

```
Sub 步骤1至步骤3()
    '更改Sheet1工作表的名字
    Sheet1.Name = "库存数量"
    '删除A5与B5单元格的商品和数量
    Range("A5:B5").Delete
    '在【库存数量】工作表后增加一个Sheet2工作表,并重命名为【商品详情】
    Worksheets.Add after:=Worksheets("库存数量")
    ActiveSheet.Name = "商品详情"
End Sub
```

Sub 过程"步骤 1 至步骤 3"的 VBE 窗口如图 3-5 所示。

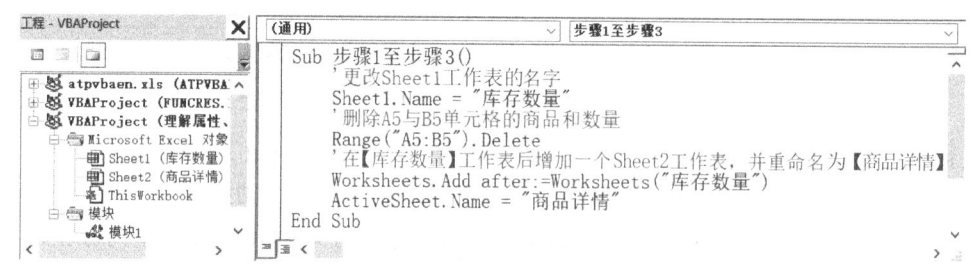

图 3-5 Sub 过程"步骤 1 至步骤 3"

(2) 编辑事件代码。

在 VBE 窗口中,先双击【Sheet1(库存数量)】节点,再单击【对象】下拉按钮,选择【Worksheet】选项,然后单击【过程/事件】下拉按钮,选择【Activate】选项。在完成这些操作后,会自动生成 Worksheet_Activate 事件,表示当 Sheet1 工作表被激活时就自动执行该事件中的代码。最后在事件中插入显示"你好!"的 VBA 代码。例如:

```
'Sheet1工作表激活事件
Private Sub Worksheet_Activate()
    MsgBox ("你好!")
End Sub
```

Sheet1 工作表激活事件如图 3-6 所示。

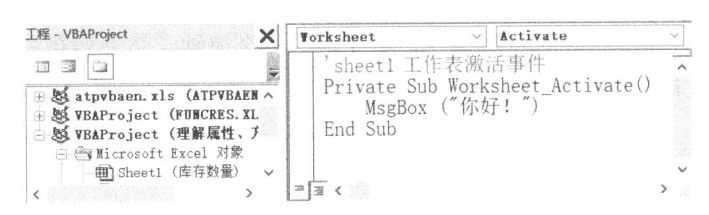

图 3-6 Sheet1 工作表激活事件

（3）运行 Sub 过程。

单击常用工具栏中的【运行】按钮，运行 Sub 过程"步骤 1 至步骤 3"，可以看到 Sheet1 工作表的名字被重命名为【库存数量】，其中，A5 与 B5 单元格中的【商品品种代号】和【库存数量（件）】信息被删除了，如图 3-7 所示。同时在【库存数量】工作表后增加了一张工作表并重命名为【商品详情】，如图 3-8 所示。

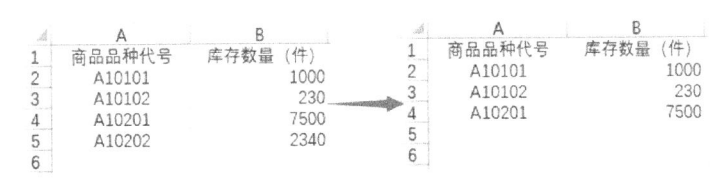

图 3-7 删除 A5 与 B5 单元格的信息

图 3-8 增加工作表并重命名

先切换到【商品详情】工作表，然后单击【库存数量】工作表，就会弹出显示"你好！"的对话框，如图 3-9 所示。

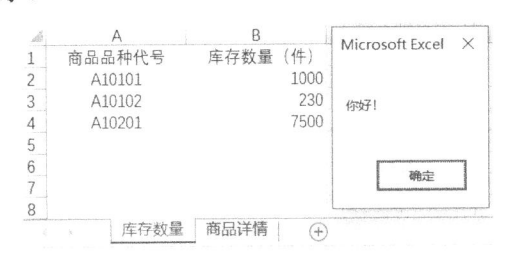

图 3-9 【库存数量】工作表激活事件运行结果

此时，案例 2 中的任务都完成了。其实，看似简单的几行代码，却涉及对象的属性、方法和事件等概念。这些概念构成了 Excel VBA 程序设计的基础，是读者必须先了解的。

3.2.1 对象的属性

属性是对象的一种特征。每个对象都可能有多个属性。例如，苹果是有颜色、重量的，颜色是苹果的一个属性，重量则是苹果的另一个属性。与此类似，A2 单元格有字体样式、填充颜色等特征，因此，字体样式是 A2 单元格的一个属性，填充颜色则是 A2 单元格的另一个属性。如果要更改一个对象的特征，则可以更改其对应的属性值。

VBA 代码一般通过赋值语句的方式来设置对象的属性值。对象和属性之间用英文符号"."连接，对象在前，属性在后，其格式为：

```
对象.属性 = 属性值
```

在案例 2 中，我们对工作表对象的 Name 属性进行了更改操作：

```
'更改Sheet1工作表的名字
  Sheet1.Name = "库存数量"
```

其中，Name 是 Sheet1 工作表对象（Worksheet 对象）的一个属性，代表工作表的标签名称，即在 Excel 工作界面中看到的工作表名称。执行完该语句后，在 VBE 窗口中，Sheet1 和 Worksheets("库存数量")都可以指代该工作表。区别在于，在工作表界面上只显示【库存数量】的工作表名称，如图 3-10 所示。工作表对象的这两种表达方式将在第 4 章进一步说明。

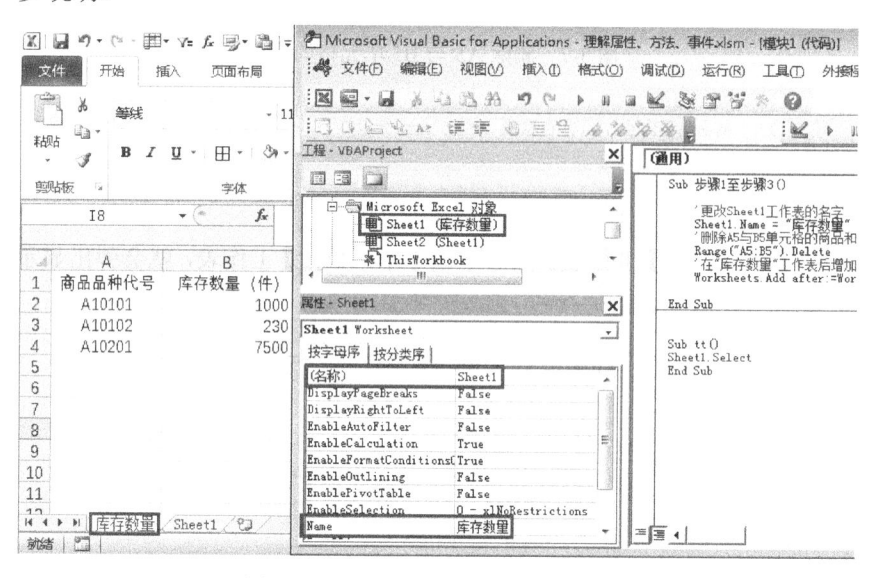

图 3-10 工作表界面显示工作表名称

对于可读、可写的属性，可以通过等号为属性赋值，如上文工作表对象的 Name 属性。当然，对象的某些属性是只读属性。对于只读属性，我们只能获得该属性的值，而不能设置它。如果对只读属性赋值，则会弹出"不能给只读属性赋值"的错误提示。

属性有一个容易混淆的问题，即有些对象是其他对象的属性。例如，字体可以是单元格对象的属性，但字体本身也可以作为一种对象存在。字体本身有字号（如二号、三号）、样式（如粗体、斜体）等属性。

在 VBA 中，每个对象都有若干个属性。因此，属性的总体数量远超对象的数量。常用的对象及属性如表 3-2 所示。我们并不需要记忆和掌握所有的属性，先对常用的属性及其含义进行整体了解，然后在之后的章节中掌握案例中常见的属性即可。其余的属性可在需要时查阅微软公司的在线文档"Excel VBA"。

表 3-2 常用的对象及属性

对象	属性	含义	对象	属性	含义
Workbook	Count	打开的工作簿数量	Range	FormulaR1C1	R1C1 引用样式的公式
Workbook	Name	工作簿的名称	Range	Formula	A1 引用样式的公式
Workbook	Path	工作簿文件的路径	Range	Value	单元格的值
Worksheet	Name	工作表的名称	Range	Row	单元格所在的行号
Worksheet	Count	工作表的数量	Range	Column	单元格所在的列号

3.2.2 对象的方法

方法是作用于对象的操作。每个对象都可能有多个方法。如果说属性由于是对象的特征，因此是名词形式，那么方法可以被看作动词形式，如创建、删除、关闭、插入、激活、计算、复制、查找等。如果需要对单元格执行复制操作，则可以对 Range 对象使用 Copy 方法；如果需要对工作表执行选中操作，则可以对 Worksheet 对象使用 Select 方法；如果需要对工作簿执行保存操作，则可以对 Workbook 对象使用 Save 方法。

对象和方法之间用英文符号"."连接，对象方法的调用格式为：

对象.方法【参数列表】

如选中 A1 单元格，编写 VBA 代码为：

Range ("A1") .Select

其中，Select 是方法，表示要执行的是选中操作。Range ("A1")表示当前活动在工作表的 A1 单元格中，该单元格是要执行 Select 操作的对象。注意，调用方法的语句本身是有完整句意的动宾结构，因此，无须再编写成赋值语句，这与设置对象属性值的方式不同。

在案例 2 中，我们调用了两个方法：

```
' 删除 A5 与 B5 单元格的商品和数量
Range("A5:B5").Delete
' 在【库存数量】工作表后增加一个 Sheet2 工作表，并重命名为【商品详情】
Worksheets.Add after:=Worksheets("库存数量")
```

其中，Delete 是 Range 对象的一个方法，表示删除指定的单元格区域对象；Add 是 Worksheet 对象的一个方法，表示在工作表集合对象中增加一张工作表。需要注意的是，Worksheets.Add 在语法结构上是完整的，但在语义表达上并不完整，因为它表示"在工作表集合中增加一张工作表"，但增加的工作表在集合中的哪个位置并没有进行说明。此时，这样的语句仍然可以执行，但对于未明确的执行信息，VBE 将以系统默认值的方式进行补充，如 Worksheets.Add 的执行结果为在工作簿的第一排序位新建一张工作表。如果需要将新建的工作表放在指定位置，则需要用参数赋值的方式对方法所需的信息进行补充。参数赋值的方式用英文符号":="表示。例如，在案例 2 中，after:=Worksheets("库存数量")表示增加的新工作表的位置在【库存数量】工作表的后面。

在 VBA 中，所有对象的方法加起来有近万个，但常用的方法并不多，主要对应我们在 Excel 文件中进行的一些常见操作，如删除、新建、关闭、保存、复制等。我们并不需要记忆和掌握所有的方法，可以先对财务自动化工作中较为常用的方法进行整体了解，对象的常用方法如表 3-3 所示。

表 3-3 对象的常用方法

对象	方法	含义	对象	方法	含义
Workbook	Activate	激活工作簿	Range	Select	选定单元格区域
Workbook	Add	新建一个工作簿	Range	Copy	复制单元格区域
Workbook	Open	打开一个工作簿	Worksheet	Activate	激活工作表
Workbook	Save	保存工作簿	Worksheet	Add	新建工作表
Workbook	SaveAs	另存为工作簿	Worksheet	Select	选定工作表
Workbook	Close	关闭工作簿	Worksheet	Delete	删除工作表
Range	Delete	删除单元格区域	Worksheet	Copy	复制工作表
Range	ClearContents	清除单元格区域内容			

3.2.3 如何区分属性与方法

对象的属性和方法都是写在对象名称后面的，并且都使用点"."作为分隔符，例如：

```
Range("A1").Value
Range("A1").Select
```

其中，Value 是 Range("A1")的属性，表示返回保存在 A1 单元格中的数据。而 Select 是 Range("A1")的方法，表示选中 A1 单元格的操作。

属性和方法都位于对象名称的后面，并且都使用点"."作为分隔符，那么如何进行区分呢？

其实，在大多数场合并没有必要准确地区分它们。但如果想知道某个代码的关键字是属性还是方法，那么可以通过 VBA 的帮助信息进行了解。在 VBE 窗口的【帮助】菜单中选择【Microsoft Visual Basic for Applications 帮助(H) F1】命令，如图 3-11 所示。进入微软官方文档界面，并在搜索框中进行搜索，如图 3-12 所示。

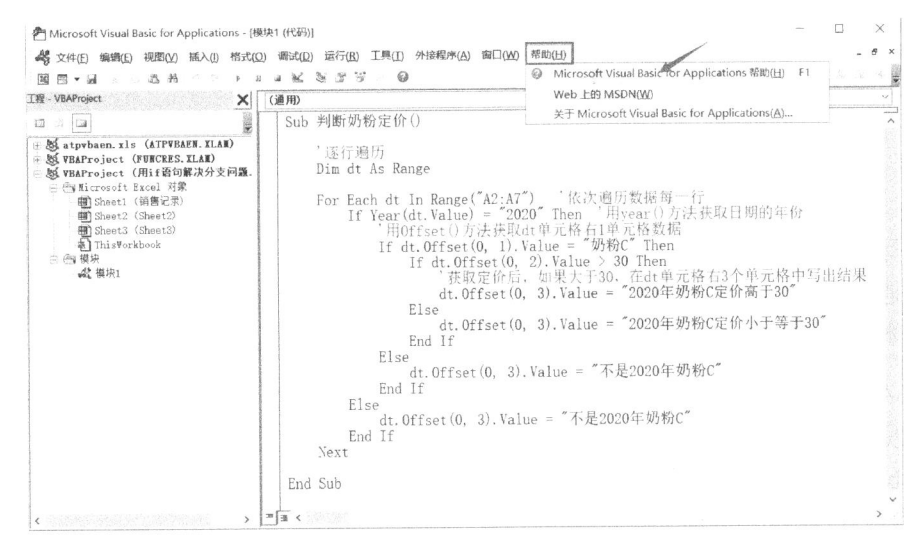

第 3 章　Excel VBA 的重要概念

图 3-11　VBE 窗口的【帮助】菜单

图 3-12　微软官方文档界面

除此之外，还有一种便捷的方法可以区分属性和方法。当在 VBE 窗口的代码编辑区中输入代码时，如果在某个对象的后面输入点"."，VBE 窗口就会自动显示一个属性与方法列表框，列表框中带类似橡皮擦图标的选项是方法，带灰色手形图标的选项是属性，如图 3-13 所示。

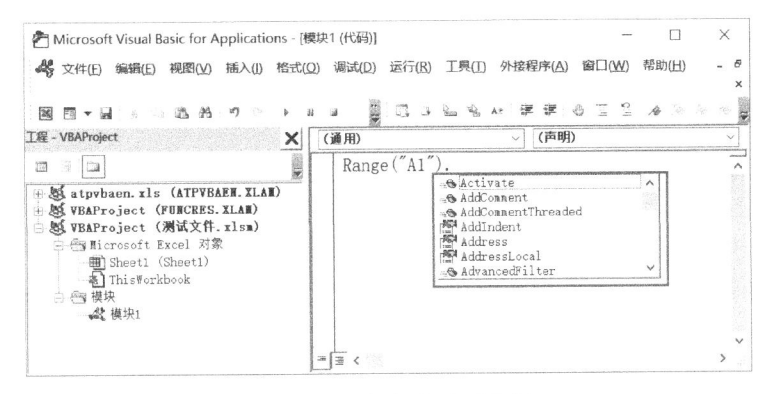

图 3-13　属性与方法列表框

例如，Activate 前的图标是类似橡皮擦的，说明它是 Range 对象的方法。Address 前的图标是灰色手形的，说明它是 Range 对象的属性。

3.2.4 对象的事件

编写的宏过程通常需要手动启动，但有时我们需要它们自动启动。当然，宏过程的自动启动是有条件的，否则容易失控。在 VBA 中，这样的条件一般会被设置为特定的事件，即当主体对象的特定事件发生后，就会触发宏过程的自动启动。

VBA 可以响应许多事件，而这些事件是由用户或系统本身触发的。对对象而言，事件就是发生的事情或消息。系统为每个对象预先定义好了一系列的事件。例如，Click（单击）、DblClick（双击）等。

例如，当更改工作簿或更改工作簿中的工作表时，将触发工作簿事件。当激活工作表或更改工作表中的单元格时，将触发工作表事件。

当用户对一个对象发出一个动作时，在该对象上可能同时发生多个事件。例如，单击鼠标，在该对象上同时发生 Click、MouseDown 和 MouseUp 事件。在编写程序时，并不要求用户对这些事件过程都编写代码，只需用户对感兴趣的事件过程编写代码即可。没有编写代码的为空事件过程，系统将不处理该事件过程。

在案例 2 中，我们选择了工作表对象，并使用了其中的 Worksheet_Activate 事件，即工作表激活事件：

```
' Sheet1 工作表激活事件
Private Sub Worksheet_Activate()
    MsgBox ("你好！")
End Sub
```

因为该事件是在 Sheet1 工作表中生成的，所以只有当 Sheet1 工作表被激活时，VBA 才会自动执行该事件中用于显示"你好！"的代码——MsgBox ("你好！")。

用户通过在对应的事件下编写代码来响应事件。当触发某个事件时，就会自动执行这些代码。例如，在案例 2 中单击 Sheet1 工作表，Sheet1 工作表就被激活了，并自动执行 Sheet1 工作表对象的 Worksheet_Activate 事件中的代码。

3.2.5 对象常用的事件

在 VBA 中，对象的事件都是预设好的，且种类较多。读者先大体理解对象的事件是什么即可，关于如何编写事件程序将在后续章节中进行讲解。下面列出一些常用的事件，让读者对其有一个初步了解。

1．Activate 事件

当对象被激活时发生该事件。

2．Click 事件

当用户在一个对象上单击并释放鼠标按键时发生该事件。

3．DblClick 事件

当用户在一个对象上单击并释放鼠标按键后，再次单击并释放鼠标按键时发生该事件。

4．Load 事件

当加载窗体时发生该事件。

5．MouseDown 事件

当用户在拥有焦点的对象上单击时发生该事件。

思考与练习题

1．在 Excel 中有哪些常见的对象？它们之间的层次结构是什么样的？

2．基于对象集合的概念，可以对 Workbook 和 Worksheet 对象采用两种基本的表示方法，试举例说明。

3．对象变量与其他变量在使用上有什么不同？

4．简述对象的属性、方法和事件。

第 4 章　VBA 操作主要对象

本章主要介绍 VBA 对 Excel 主要对象的操作，重点在于对应用程序（Application）、工作簿（Workbook）、工作表（Worksheet）及单元格（Range）这几个重要对象的基础操作方法和属性进行讲解，并且每个对象都有各自特有的属性或操作方法。掌握好这些内容，我们就有能力进行一些程序设计，并完成各种自动化操作。

4.1　操作应用程序对象

在 Excel 对象模型层次结构顶端的是 Application 对象，它代表 Excel 应用程序本身。在 VBA 中，操作的对象都源于 Application 对象。即使我们在引用对象时没有明确指定其为 Application 对象，但默认指定的就是 Application 对象。Application 对象有许多属性、方法和事件，用来设置、控制 Excel 应用程序，获取计算机配置信息等。

4.1.1　获取文件全路径名称

有时在程序设计中需要由用户选择文件，并由程序获取该文件的全路径名称，这种情况下就可以使用 GetOpenFilename 方法。执行该方法，将弹出【打开】对话框，在选择文件后将返回文件的全路径名称，并不会直接打开文件。例如：

```
Sub 利用GetOpenFilename方法获取文件名()
    Dim myFileName As String
    myFileName = Application.GetOpenFilename
    Range("A2") = myFileName
End Sub
```

4-1　获取文件全路径名称

执行该代码后，将弹出【打开】对话框，待用户选择文件后，返回该文件的全路径名称，并写入当前工作表的 A2 单元格中。

4.1.2　Application 对象常用属性

VBA 为 Application 对象提供了很多属性。其中，最为常用的是快捷访问一些 Excel 对象的属性，如表 4-1 所示。

表 4-1　快捷访问 Excel 对象的属性

属性	说明	属性	说明
ActiveCell	当前活动单元格	Worksheets	在活动工作簿中的所有 Worksheet 对象

属性	说明	属性	说明
ActiveSheet	当前活动工作簿中的活动工作表	Sheets	当前活动工作簿中的所有 Sheet 对象
AciveWindow	当前活动窗口	Rows	当前工作表中的所有行
ActiveWorkbook	当前活动工作簿	Columns	当前工作表中的所有列
ThisWorkbook	运行当前宏代码的工作簿	Cells	当前工作表中的所有单元格
Workbooks	当前所有打开的工作簿	Selection	当前活动工作簿中的所有选中的对象
WorksheetFunction	调用工作表函数		

除此之外，还有一些过程级的 Application 对象属性也较为常用，即只能在子过程或函数内部使用的属性，包括：

（1）DisplayAlerts 属性，显示各种 DisplayAlerts 窗口，默认值为 True。

（2）ScreenUpdating 属性，用于设置过程运行时的屏幕即时刷新，默认值为 True。

（3）EnableEvents 属性，用于设置是否启用事件，默认值为 True。

4.2 操作工作簿对象

在 Excel 中，无论是数据还是图表都是以工作表的形式存储在工作簿中的。Workbooks 是 Workbook 对象的集合，包含 Excel 中所有当前打开的 Workbook 对象，代表 Excel 工作簿。本节将重点介绍工作簿的一些常用属性和方法。值得指出的是，在学习这些属性和方法时，可以通过使用宏录制器将对应的文件操作过程录制下来，从获得的代码中寻找答案。

4.2.1 新建工作簿

新建一个工作簿，就是在 Workbooks 集合中增加一个成员。在一个集合中增加成员，通常可以使用该集合的 Add 方法。

4-2 新建工作簿

1. 创建空白工作簿

新建一个空白工作簿可以直接调用 Workbooks 集合的 Add 方法，而不用设置任何参数。例如：

```
Workbooks.Add
```

在执行该代码后，Excel 将新建一个空白工作簿，而新建的工作簿将成为活动工作簿。

2. 以指定模板创建工作簿

如果要将某个现有的文件当作模板来新建工作簿，那么可以通过 Add 方法的 Template

参数进行设置,例如:

```
Workbooks.Add Template:="D:\新建文件夹\备忘工作簿.xlsm"
```

也可以省略参数名称 Template,将代码编写为:

```
Workbooks.Add " D:\新建文件夹\备忘工作簿.xlsm "
```

上述代码中的参数是一个表示现有 Excel 文件的名称字符串(包含路径和扩展名),应当被写在一对英文半角双引号之间。VBA 中的文本字符串都应当被写在英文半角双引号之间。执行这行代码后,Excel 将以"D:\新建文件夹\备忘工作簿.xlsm"这个文件为模板新建工作簿。新建的工作簿路径与模板文件路径"D:\新建文件夹\备忘工作簿.xlsm"完全相同。

4.2.2 打开工作簿

使用宏录制器将打开 Excel 工作簿文件的过程录制下来,获得的代码如下:

```
Sub 打开文件()
' 打开文件宏
    ChDir "D:\"
    Workbooks.Open Filename:="D:\示例文件.xlsm"
    Windows("工作簿1").Activate
End Sub
```

在录制所得的宏中,此 VBA 代码表示打开 D 盘根目录下名为"示例文件.xlsm"的工作簿。

通过分析这段代码可以看出,Open 是 Workbooks 集合的方法,Filename 是 Open 方法的参数,写在英文半角双引号之间的字符串是 Filename 参数的值,用于指定需要打开的文件的全路径名称。因此,使用 Workbooks 集合的 Open 方法打开工作簿的代码结构为:

```
Workbooks.Open Filename:= "含路径的名称"
```

更改 Filename 参数的值,即可更改打开的工作簿。如果要打开 D 盘根目录下的"固定资产统计.xlsx"工作簿,则代码为:

```
Workbooks.Open Filename:= "D:\固定资产统计.xlsx"
```

除了 Filename 参数,Open 方法还有 14 个参数。这些参数用来决定以何种方式打开指定的文件(如设置以只读方式打开工作簿文件)。但这些参数的使用并不频繁,读者可以在需要时借助 VBA 的帮助功能了解这些参数的用法。

4.2.3 关闭与保存工作簿

1. 使用 Close 方法关闭工作簿

1) 关闭打开的所有工作簿

如果要关闭打开的所有工作簿,那么可以使用 Workbooks 集合的 Close 方法,将代码编写为:

```
Workbooks.Close                    '关闭打开的所有工作簿
```

2) 关闭打开的某个工作簿

如果只关闭打开的某个工作簿,那么可以使用该工作簿对象的 Close 方法。例如:

```
Workbooks("工作簿3").Close          '关闭名称为工作簿 3 的工作簿
Workbooks(3).Close                 '关闭打开的第 3 个,即索引号是 3 的工作簿
```

3) 设置关闭工作簿时保存更改

使用 Close 方法关闭工作簿,如果工作簿被更改过而没有被保存,那么 Excel 会弹出对话框并询问是否保存更改。如果不想让 Excel 弹出对话框,那么可以设置 Close 方法的参数,确定在关闭工作簿前是否保存更改。例如:

```
Workbooks("工作簿1").Close savechanges:=True   '关闭并保存对工作簿的更改
```

将 savechanges 参数的值设为 True,VBA 会在关闭工作簿前先保存工作簿。如果不想保存工作簿,则将参数的值设为 False。

也可以省略参数名称 savechanges,将代码编写为:

```
Workbooks("工作簿1").Close True
```

2. 使用 Save 方法单独执行保存操作

在关闭工作簿前,我们可以先单独执行保存操作,可以使用 Workbook 对象或 Workbooks 集合的 Save 方法。例如:

```
ThisWorkbook.Save                  '保存代码所在的工作簿
Workbooks("工作簿1").Save           '保存名称为工作簿 1 的工作簿
```

使用 Save 方法保存工作簿,与手动选择【文件】→【保存】命令或按【Ctrl+S】组合键的效果相同。

3. 使用 SaveAs 方法将工作簿另存为新文件

如果是首次保存新建的工作簿,或者想将一个现有的工作簿另存为一个新文件,则应该使用 SaveAs 方法。使用 SaveAs 方法另存为一个文件,与手动选择【文件】→【另存

为】命令的效果相同。

将代码所在的工作簿通过另存为的方式保存到 D 盘根目录下。文件名称为"文件另存.xlsm",代码为：

```
ThisWorkbook.SaveAs Filename:="D:\文件另存.xlsm"
```

Filename 参数用于指定文件保存的全路径名称。

4.2.4 激活工作簿

虽然可以同时打开多个工作簿文件，但是同一时刻只能有一个工作簿是活动的。如果想让不活动的工作簿变为活动的工作簿，则可以使用 Workbooks 集合的 Activate 方法激活它。例如：

```
Workbooks("工作簿1").Activate          '让工作簿1成为活动工作簿
```

需要说明的是，只有在对象可见时，才会发生 Activate 事件。例如，对窗体对象而言，除非使用 Show 方法，否则，使用 Load 方法加载的窗体对象是不可见的。也就是说，使用 Load 方法加载的窗体对象不会发生 Activate 事件。

4.3 操作工作表对象

首先，我们来看两个相似的集合对象：Worksheets 与 Sheets。

通常所指的工作表如图 4-1 所示，但是还有图表工作表，如图 4-2 所示。

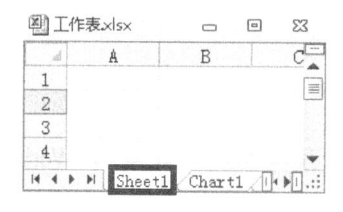

图 4-1 通常所指的工作表   图 4-2 图表工作表

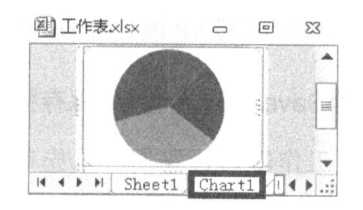

Worksheets 集合包含工作簿中所有的 Worksheet 对象，即图 4-1 所示的工作表。每个工作表即一个 Worksheet 对象。然而，Sheets 集合不仅包含工作簿中所有的 Worksheet 对象，还包含 Chart 对象，即图 4-2 所示的图表工作表，以及对话框工作表、宏表等。右击任意工作表标签，在弹出的快捷菜单中选择【插入】命令，会弹出如图 4-3 所示的【插入】对话框。其中列出了可选的表类型。

虽然 Worksheets 与 Sheets 集合有区别，但是两者都可以用于表示具体的工作表，如 Worksheets(1)和 Sheets(1)都表示图 4-1 中名称为 Sheet1 的工作表。需要注意的是，Sheets 集合中的成员要么是 Worksheet 对象，要么是 Chart 对象或宏表对象等。

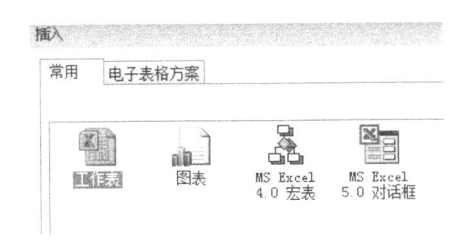

图 4-3　【插入】对话框（局部）

4.3.1　新建工作表

1. 在活动工作表前新建一张工作表

直接调用 Worksheets 集合的 Add 方法，在活动工作表前插入一张新工作表。例如：

```
Worksheets.Add                              '在活动工作表前插入一张新工作表
```

2. 在指定位置新建一张工作表

如果想在指定位置插入工作表，则可以通过 Add 方法的 before 或 after 参数进行设置。例如：

```
Worksheets.Add before:=Worksheets(1)        '在第 1 张工作表前插入一张新工作表
Worksheets.Add after:=Worksheets(1)         '在第 1 张工作表后插入一张新工作表
```

before 或 after 参数用来指定插入工作表的位置，只能选用一个。

3. 新建指定数量的工作表

如果要同时插入多张工作表，则可以通过 Add 方法的 Count 参数来指定。例如：

```
Worksheets.Add Count:=3                     '在当前活动工作表前插入 3 张新工作表
```

Count 参数可以省略。如果省略该参数，则 Excel 会默认插入一张新工作表。

4.3.2　删除工作表

使用 Worksheets 集合的 Delete 方法可以从 Worksheets 集合中删除工作表。例如：

```
Worksheets("Sheet1").Delete                 '删除名称为 Sheet1 的工作表
```

与手动删除工作表一样，如果删除的工作表中包含数据，则在用 Delete 方法删除工作表时，Excel 会弹出一个警告对话框。

只有单击该对话框中的【删除】按钮，Excel 才会执行删除工作表的操作。要禁止该对话框出现，必须将 Application 对象的 DisplayAlerts 属性设置为 False。在执行完删除操作后，应将 DisplayAlerts 属性设置为 True。具体代码如下：

```
Application.DisplayAlerts = False        '关闭警告对话框
Worksheets("Sheet1").Delete
Application.DisplayAlerts = True         '开启警告对话框
```

4.3.3 复制和移动工作表

1. 将工作表复制到新工作簿中

使用 Worksheets 集合的 Copy 方法可以复制工作表。如果不给 Copy 方法设置参数，则 Excel 会将指定的工作表复制到一个新工作簿中。例如：

```
Worksheets(1).Copy                       '将第 1 张工作表复制到新工作簿中
```

在执行这行代码后，Excel 会将活动工作簿中的第 1 张工作表复制到一个新工作簿中。复制所得的工作表名称与原工作表名称完全相同，并且新工作簿中只包含复制所得的工作表。

2. 将工作表复制到指定位置

可以通过设置 before 或 after 参数将工作表复制到本工作簿的指定位置。例如：

```
'将第 3 张工作表复制到第 1 张工作表之前
Worksheets(3).Copy before:=Worksheets(1)
'将第 2 张工作表复制到第 3 张工作表之后
Worksheets(2).Copy after:=Worksheets(3)
```

before 或 after 参数使 VBA 明白，应该把复制所得的工作表放在什么位置。两个参数不能同时使用，只能使用其中一个。

3. 使用 Move 方法移动工作表

Worksheets 集合的 Move 方法用于执行移动工作表的操作。More 方法的用法与 Copy 方法类似，可以通过设置 before 或 after 参数将工作表移动到目标位置，或不设置 Move 方法的参数，将工作表移动到新工作簿中。例如：

```
'将第 3 张工作表移动到第 1 张工作表之前
Worksheets(3).Move before:=Worksheets(1)
'将第 2 张工作表移动到第 3 张工作表之后
Worksheets(2).Move after:=Worksheets(3)
Worksheets(1).Move                       '将第 1 张工作表移动到新工作簿中
```

与 Copy 方法类似，如果使用 Move 方法移动工作表，则移动后的工作表将自动切换为活动工作表，并且可以使用 ActiveSheet 对象引用它。

4.3.4 保护与隐藏工作表

1. 保护工作表

使用 Worksheets 集合的 Protect 方法，可以对工作表进行保护。例如：

```
'将名称为 Sheet1 的工作表进行保护，并将保护密码设置为 123
Worksheets("Sheet1").Protect Password:=123
```

2. 隐藏工作表

将工作表隐藏起来，也能起到一定的保护工作表的作用，可以使用 Worksheets 集合的 Visible 属性显示或隐藏指定的工作表。

如果想要隐藏活动工作簿中的第 1 张工作表，则可以使用下面 3 行代码中的任意一行：

```
Worksheets(1).Visible = False              '隐藏活动工作簿中的第 1 张工作表
Worksheets(1).Visible = xlSheetHidden      '隐藏活动工作簿中的第 1 张工作表
Worksheets(1).Visible = 0                  '隐藏活动工作簿中的第 1 张工作表
```

4.3.5 工作表的其他常用属性

1. Name 属性

Name 属性返回一个 String 值，代表工作表界面显示的名称。注意区分工作表的 Name 和 Codename，如图 4-4 所示。表 1 是工作表的 Name，可以在工作表界面中手动修改；Sheet1 是工作表的 Codename，无法在工作表界面中手动修改，只能在 VBE 窗口的属性窗口中修改。此外，以下对表 1 的几种引用方式是等价的：Sheets(1)、Worksheets(1)、Sheets("表 1")、Worksheets("表 1")和 Sheet1。

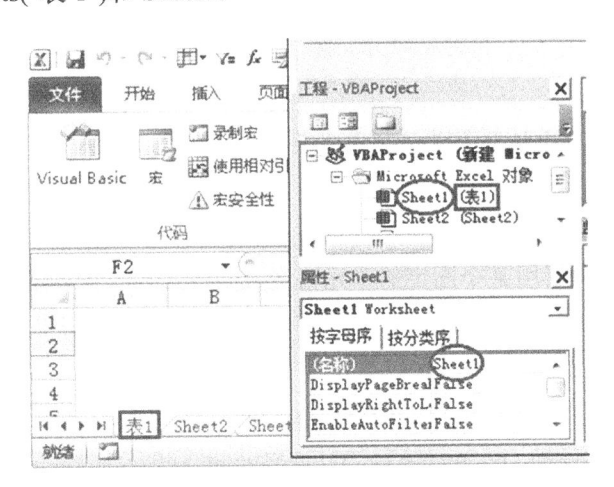

图 4-4　工作表的 Name 与 Codename

2. Count 属性

Count 属性返回指定集合中对象的数目。该属性的作用在于，当我们需要对工作表进行 For 循环遍历时，可以使用它确定工作表的个数，即确定 For 循环的终值。因为有时工作表的个数具有不确定性，所以对于难以事先确定工作表个数的情况，可以使用 Sheets.Count 或 Worksheets.Count 表示工作簿中的工作表个数。

4.4 操作单元格对象

Worksheet 对象的下一层是 Range 对象，Range 对象可以是某一行、某一列、某个单元格，或者多个相邻或不相邻的单元格区域对象。使用 Range 对象可以更好地控制 Excel 工作表中的上述对象。

Range 对象是 VBA 中使用最频繁的对象。了解 Range 对象的属性和方法的使用，对灵活运用 VBA 开发应用程序是非常重要的。

4.4.1 引用单元格

在 Excel VBA 中，可以使用 Worksheet 对象的 Range 对象引用单元格，这是引用单元格最常用的一种方法。另一种方法是使用 Cells 属性引用单元格，因为 Cells 属性的参数更适合使用变量，所以也需要进行了解。

4-4 引用单元格

1. 使用 Range 对象引用单元格

使用对象 Range 引用单元格的方式为：将单元格的地址作为参数，并加入双引号。例如：

```
Range("A1")      '表示 A1 单元格
Range("C25")     '表示 C25 单元格
```

注意：Range 参数中的双引号必须是在英文半角状态下输入的，否则会产生错误。

2. 使用 Range 对象引用单元格区域

使用 Range 对象引用某个固定的单元格区域的方式为：将表示单元格地址的字符串（如 A1 样式）设置为 Range 对象的参数，即可引用该地址表示的单元格区域。例如：

```
Sub 引用单个固定区域()
    '在活动工作表的 A1:C5 区域内输入 100
    ActiveSheet.Range("A1:C5").Value = 100
End Sub
```

其中，Range("A1:C5")表示引用 A1:C5 组成的单元格区域，如图 4-5 所示。

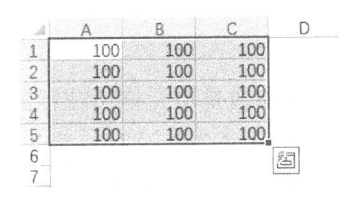

图 4-5　引用 A1:C5 组成的单元格区域

3. 使用 Range 对象引用多个不连续的单元格区域

如果要引用多个不连续的单元格区域，则可以将 Range 对象的参数设置为一个用逗号分隔，并由多个单元格地址（如 A1 样式）组成的字符串。例如：

```
Sub 引用多个不连续的单元格区域()
    Range("A1:A4,B6:E10,C2:F4").Select    '选中多个不连续的单元格区域
End Sub
```

注意：无论有多少个区域，参数只是一个字符串。在参数中，各个区域的地址间用逗号分隔。执行上述代码的效果如图 4-6 所示。

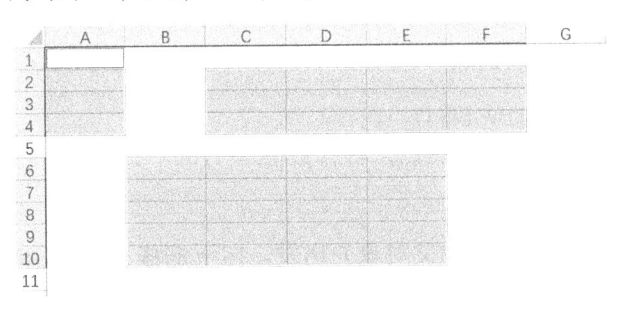

图 4-6　引用多个不连续的单元格区域

4. Range 对象的嵌套使用

除了上面的 3 种方法，Range 对象还支持使用单元格作为参数引用单元格区域。以下为 Range 对象嵌套引用的案例：

```
Range(Range("A1"), Range("D2"))  '表示引用 A1:D2 区域，包含 8 个单元格
Range(Range("A4"), Range("A100")) '表示引用 A4:A100 区域，包含 97 个单元格
```

5. 使用 Cells 属性引用单元格

Worksheet 对象拥有 Cells 属性，该属性可以通过单元格所在的行号、列号或单元格的索引号引用单元格。如果要在活动工作表中第 3 行与第 4 列交叉的 D3 单元格中输入 20，则可以将代码编写为：

```
Sub 使用Cells属性引用单元格()
    '在第 3 行与第 4 列交叉的 D3 单元格中输入 20
    ActiveSheet.Cells(3, 4).Value = 20
```

End Sub

Cells 属性有两个参数。第 1 个参数是单元格所在行的行号,第 2 个参数是单元格所在列的列号。执行上述代码的效果如图 4-7 所示。

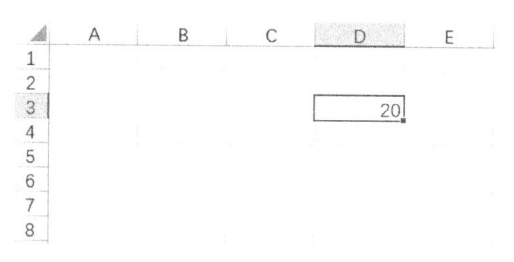

图 4-7 引用 D3 单元格

6. 使用 Offset 属性引用相对位置的单元格

Range 对象的 Offset 属性可以返回引用单元格相对位置的单元格区域。Offset 属性有两个参数,分别用来设置返回的单元格区域相对于指定单元格,在垂直和水平方向上偏移的行数和列数。例如,要在活动工作表的 B2 单元格下方第 3 行和右边第 4 列交叉的单元格中输入 100,代码可以编写为:

```
Sub 引用相对位置的单元格()
    Range("B2").Offset(3, 4).Value = 100
End Sub
```

从 B2 单元格(Offset 属性的父对象)出发,向下偏移 3 行(Offset 属性的第 1 个参数),再向右偏移 4 列(Offset 属性的第 2 个参数),得到的 F5 单元格既是 Offset 属性返回的结果,也是要输入数据的单元格。执行上述代码的效果如图 4-8 所示。

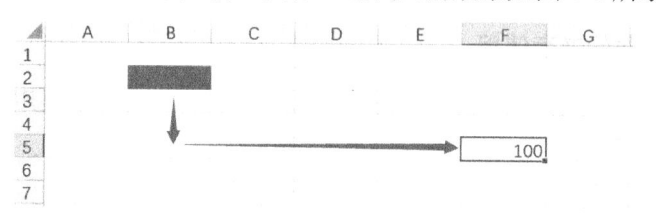

图 4-8 引用相对位置的单元格

Offset 属性的参数可以设置为正整数、负整数或 0。Excel VBA 通过参数绝对值的大小确定偏移的行数和列数,通过参数中数值的符号确定偏移的方向。如果 Offset 属性的参数值为正数,则表示向下或向右偏移;如果参数值为负数,则表示向上或向左偏移;如果参数值为 0,则表示不偏移。例如:

```
Sub 引用相对位置的单元格()
    Range("D7:F8").Offset(-5, -2).Value = 200
End Sub
```

第 1 个参数是-5，表示应在 D7:F8 区域的基础上向上偏移 5 行。第 2 个参数是-2，表示应该在 D7:F8 区域的基础上向左偏移两列。因此，Offset 属性返回的是 B2:D3 区域。执行上述代码的效果如图 4-9 所示。

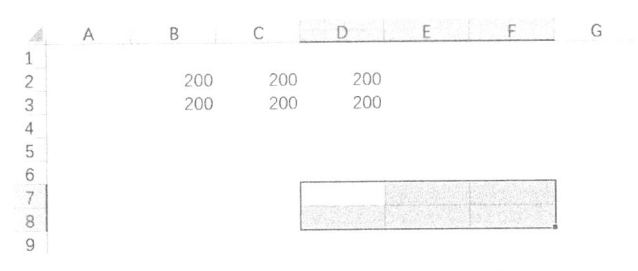

图 4-9　引用相对位置的单元格区域

Offset 属性返回区域的行/列数，与它的父对象区域的行/列数相同。返回的结果可以是一个单元格，也可以是单元格区域。记住 Offset 属性并灵活使用，能极大地方便向指定位置的单元格内写入数据。

7. 使用 Resize 属性调整引用区域的大小

Resize 属性用于调整引用区域的大小。该属性有两个参数，分别用来设置以单元格区域的第 1 个单元格（左上角）为起点，同时向右和向下扩展对应的行数与列数。Resize 属性返回的 Range 对象代表调整后的区域。例如，Range("A1").Resize(3, 2)等价于 Range("A1:B3")，Range("A1:C4").Resize(2, 2)等价于 Range("A2:B2")。可以具体调整引用区域大小，如图 4-10 所示。

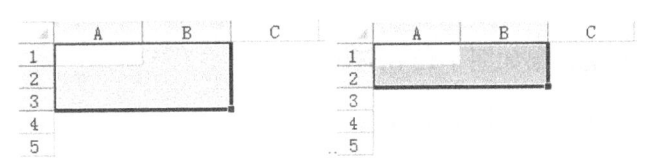

图 4-10　调整引用区域大小

8. 使用 End 属性获取区域最后的单元格

End 属性返回一个 Range 对象，该对象代表包含源区域的区域尾端的单元格。End 属性与其 4 个参数 xlUp、xlDown、xlToLeft、xlToRight 一起，等同于按 End+向上方向键、End+向下方向键、End+向左方向键和 End+向右方向键。基于 End 属性的这一特点，可以利用它来返回工作表中最后一个非空单元格，也可以使用它来构建动态的单元格数据范围。如图 4-11 所示，在工作表中，只有 A1:C6 是数据区域。此时，获取该工作表中 B 列最后一个非空单元格的行号的常用技巧是，使用表达式 Range("B65536").End(xlUp).Row。其中，B65536 是工作表中 B 列的最后一个单元格。因此，Range("B65536").End 将返回 B6 单元格。Row 属性的作用是返回所在 B6 单元格的行号。与 Row 属性有关的另一个属性是 Column，其作用是返回所在单元格的列号。

图 4-11　获取区域最后的单元格

4.4.2　引用相关区域

1. 引用整行单元格

在 VBA 中，Worksheet 对象的 Rows 属性返回工作表中的所有行组成的集合。例如：

```
ActiveSheet.Rows.Select          '选中活动工作表中的所有行
```

如果要引用工作表中的指定行，则可以通过行的名称（行号）或索引号来指定。例如：

```
ActiveSheet.Rows("3:3").Select   '选中活动工作表中的第 3 行
ActiveSheet.Rows("3:5").Select   '选中活动工作表中的第 3 行到第 5 行
ActiveSheet.Rows(3).Select       '选中活动工作表中的第 3 行
```

也可以使用 Range 对象的 EntireRow 属性，返回该 Range 对象的指定行或若干行。例如：

```
Range("A1:A3").EntireRow.Select   'A1 到 A3 单元格所在的整行被选中
```

执行这行代码后的结果如图 4-12 所示。

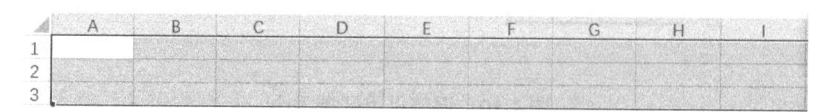

图 4-12　引用 A1 到 A3 单元格所在的整行

2. 引用整列单元格

使用 Worksheet 对象的 Columns 属性，返回 Worksheet 对象中的指定列。其用法与 Rows 属性的用法类似。例如：

```
ActiveSheet.Columns.Select           '选中活动工作表中的所有列
ActiveSheet.Columns("F:G").Select    '选中活动工作表中的 F 列到 G 列
ActiveSheet.Columns(6).Select        '选中活动工作表中的第 6 列
```

如果使用 Range 对象的 EntireColumn 属性，则返回该 Range 对象的指定列或若干列。例如：

```
Range("A1:C1").EntireColumn.Select  'A1 到 C1 单元格所在的整列被选中
```

执行这行代码后的结果如图 4-13 所示。

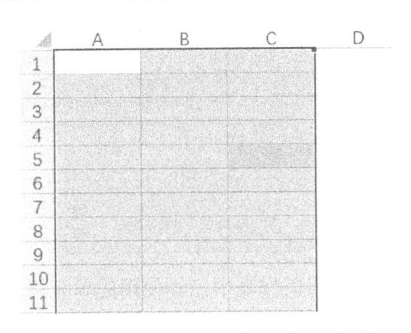

图 4-13　引用 A1 到 C1 单元格所在的整列

3. 引用工作表中已经使用的单元格区域

Worksheet 对象的 UsedRange 属性返回工作表中已经使用的单元格围成的矩形区域。例如：

```
Sub 引用工作表中已经使用的单元格区域()
    ActiveSheet.UsedRange.Select    '引用活动工作表中已经使用的单元格区域
End Sub
```

执行上述代码的效果如图 4-14 所示。

图 4-14　引用工作表中已经使用的单元格区域 1

无论这些区域中是否存在空行、空列或空单元格，UsedRange 属性总是返回工作表中已经使用的单元格围成的最小矩形区域，如图 4-15 所示。

图 4-15　引用工作表中已经使用的单元格区域 2

工作表只使用了 B2 和 D4 两个单元格。UsedRange 属性返回的是围成这两个单元格的最小矩形区域——B2:D4，尽管这个区域内包含空行、空列和空单元格。

需要注意的是，UsedRange 属性返回的是所有已经使用的单元格围成的最小矩形区域，已经使用的单元格不仅包含已写入的数据，还包含插入过批注的单元格和设置过格式（包括添加底纹、边框，调整行高）的单元格，如图 4-16 所示。

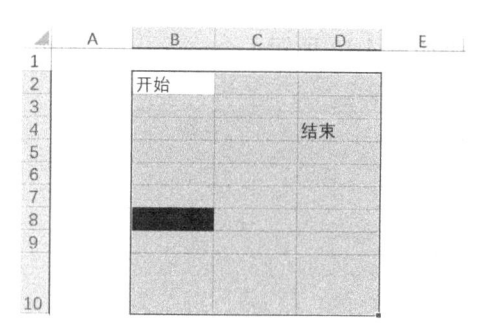

图 4-16　引用工作表中已经使用的单元格区域 3

在图 4-16 中，虽然 B8 单元格被添加过底纹，第 10 行被调整过行高，但是它们都包含在 UsedRange 属性返回的单元格区域中。如果工作表是一张新工作表，则 UsedRange 属性返回的是 A1 单元格。

4.4.3　剪切、复制、粘贴

1. 使用 Copy 方法复制单元格或单元格区域

Range 对象的 Copy 方法用于执行复制单元格的操作。例如，将 A1 单元格复制到 E1 单元格中，代码可以编写为：

```
Sub 复制单元格()
    Range("A1").Copy Destination:=Range("E1")
End Sub
```

A1 是要复制的单元格，E1 是要执行粘贴操作的目标单元格。其中，Destination 是参数名称，在编写代码时可以将其省略。Copy 方法使 Excel 明白，这行代码执行的是复制单元格的操作。执行上述代码的效果如图 4-17 所示。

图 4-17　使用 Copy 方法复制单元格

因为参数名称 Destination 可以被省略，所以复制单元格的代码可以编写成如下结构：

```
Range("原单元格地址").Copy Range("要复制到的目标单元格地址")
```

在使用 Copy 方法复制单元格区域时，无论要复制的单元格区域包含多少个单元格，都可以指定一个单元格作为目标单元格区域的左上角单元格。例如：

```
Sub 复制单元格区域()
    Range("A1:E8").Copy Range("G1")
End Sub
```

执行上述代码的效果如图 4-18 所示。

图 4-18　使用 Copy 方法复制单元格区域

2. 使用 Cut 方法剪切单元格

Range 对象的 Cut 方法用于执行剪切单元格的操作。其用法与 Copy 方法类似。例如：

```
Range("A1:E5").Cut Destination:=Range("G1")    '把A1:E5区域剪切到G1:K5区域
Range("A1").Cut Range("G1")                    '把A1单元格剪切到G1单元格
Range("A1:E5").Cut Range("G1")                 '把A1:E5区域剪切到G1:K5区域
```

3. 选择性粘贴单元格中的内容

如果需要粘贴单元格中的数值、格式等内容之一，则可以通过 Range 对象的 PasteSpecial 方法执行选择性粘贴命令来实现。

如果需要将 A1:E10 区域中的数值复制到以 H1 单元格为左上角的单元格区域中，而不复制格式等其他内容，则代码可以编写为：

```
Sub 选择性粘贴数值()
    Range("A1:E10").Copy
    Range("H1").PasteSpecial Paste:=xlPasteValues
End Sub
```

Paste 是 PasteSpecial 方法的一个参数，用于设置要粘贴的已复制区域中的信息。将参数设置为 xlPasteValues，表示只粘贴已复制区域中的数值。事实上，xlPasteValues 参数对应的就是我们在进行手动选择性粘贴操作时，【选择性粘贴】对话框中的【数值】单选按钮，如图 4-19 所示。如果想知道该对话框中其他单选按钮的 VBA 参数的写法，读者可以自己录制宏来试验一下。

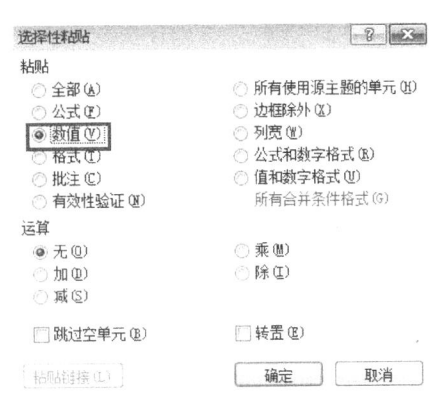

图 4-19　【选择性粘贴】对话框的【数值】单选按钮

4.4.4 修改、删除单元格

1. 修改单元格中保存的数据

Range 对象的 Value 属性用于返回或设置指定区域的数据。例如：

```
Sub 在A1单元格中输入数据()
    Range("A1").Value = "固定资产"
End Sub
```

在执行上述代码后，Excel 会在活动工作表的 A1 单元格中输入“固定资产”。

Range 对象的 Value 属性也可以在多个单元格中批量输入数据。例如：

```
Sub 在多个单元格中批量输入数据()
    Range("A1:D5").Value = "银行存款"
End Sub
```

在执行上述代码后，Excel 会在活动工作表 A1:D5 区域中输入“银行存款”。

Value 是 Range 对象的默认属性，在代码中有时可以被省略。例如：

```
Range("A1") = "银行存款"          ' 在A1单元格中输入字符串"银行存款"
Range("C5") = Range("B1")         ' 将B1单元格中保存的数据写入C5单元格中
```

2. 删除指定的单元格

Range 对象的 Delete 方法用于删除单元格。例如：

```
Sub 删除单元格()
    Range("B4").Delete            ' 删除B4单元格
End Sub
```

在执行上述代码后，VBA 会将当前活动工作表中的 B4 单元格删除。在删除 B4 单元格后，B4 单元格下方的同列单元格将自动上移，效果如图 4-20 所示。

	A	B	C	D
1	序号	商品码	库存量	销售量
2	1	SP-001	154	94
3	2	SP-002	265	125
4	3	SP-003	484	357
5	4	SP-004	144	142
6	5	SP-005	177	101
7	6	SP-006	885	854
8	7	SP-007	354	324

	A	B	C	D
1	序号	商品码	库存量	销售量
2	1	SP-001	154	94
3	2	SP-002	265	125
4	3	SP-004	484	357
5	4	SP-005	144	142
6	5	SP-006	177	101
7	6	SP-007	885	854
8	7		354	324

图 4-20　删除 B4 单元格后同列单元格自动上移

如果是手动删除单元格，则 Excel 会弹出图 4-21 所示的【删除】对话框，让我们选择删除单元格的操作方式。当代码没有给 Delete 方法编写参数时，Delete 方法会默认 xlUp 参数，即【下方单元格上移】单选按钮。读者可以自己录制宏，试验一下其他几个单选按钮的 VBA 参数的写法。

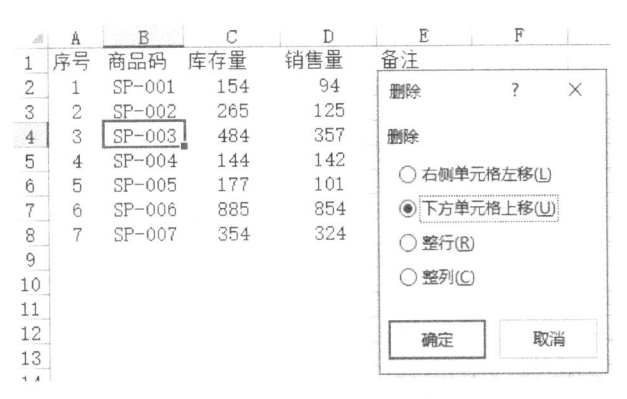

图 4-21 【删除】对话框

如果只是想删除某个单元格中的数据，并不想让整体数据出现上移或下移的情况，则可以使用 ClearContents 方法。例如：

```
Sub 删除单元格数据()
    Range("B3:C3").ClearContents        '删除 B3:C3 区域内的数据
End Sub
```

此代码只会删除 B3:C3 区域内的数据，并不会导致 B4:C4 区域上移或下移。

4.4.5 Formula 与 FormulaR1C1 属性

当需要获取或设置单元格的公式时，可以使用 Range 对象的 Formula 或 FormulaR1C1 属性。事实上，这两种属性的作用一样，即如果指定的单元格包含常量，则属性返回常量；如果指定的单元格为空，则属性返回一个空字符串；如果指定的单元格包含公式，则属性将该公式作为字符串返回，并与在编辑栏中显示时保持相同的格式（包括等号）。既然这两种属性的作用一样，那么想了解它们的区别，就需要知道 Excel 的两种引用样式。

1. A1 与 R1C1 引用样式

Excel 有两种引用样式，分别是 A1 与 R1C1。Excel 的默认设置为 A1 引用样式，也就是我们熟悉的行以数字表示，列以字母表示。

如果使用 R1C1 引用样式，则行和列都以数字表示。如果想使用 R1C1 引用样式表示工作表左上角的单元格，则可以打开【Excel 选项】对话框，并勾选【R1C1 引用样式】复选框，如图 4-22 所示。

A1 与 R1C1 引用样式分别如图 4-23 和图 4-24 所示。

在下面的工作表中，我们使用了计算公式。其中，E 列=C 列*D 列，F 列=E 列*单元格 I2，G 列=E 列-F 列，单元格 G8=单元格区域 G2:G7 之和。

使用 A1 引用样式的公式如图 4-25 所示。

图 4-22 【Excel 选项】对话框

图 4-23 A1 引用样式

图 4-24 R1C1 引用样式

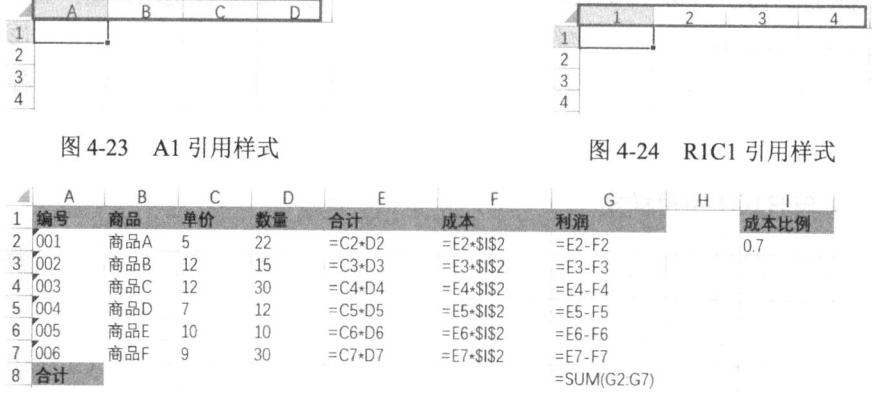

	A	B	C	D	E	F	G	H	I
1	编号	商品	单价	数量	合计	成本	利润		成本比例
2	001	商品A	5	22	=C2*D2	=E2*$I$2	=E2-F2		0.7
3	002	商品B	12	15	=C3*D3	=E3*$I$2	=E3-F3		
4	003	商品C	12	30	=C4*D4	=E4*$I$2	=E4-F4		
5	004	商品D	7	12	=C5*D5	=E5*$I$2	=E5-F5		
6	005	商品E	10	10	=C6*D6	=E6*$I$2	=E6-F6		
7	006	商品F	9	30	=C7*D7	=E7*$I$2	=E7-F7		
8	合计						=SUM(G2:G7)		

图 4-25 使用 A1 引用样式的公式

通常，我们在单元格中输入公式后，按住该单元格右下角的实心方块下拉即可复制公式。例如，在 E2 单元格中输入公式"=C2*D2"，按住该单元格右下角的实心方块下拉至 E7 单元格，Excel 会自动调整单元格的相对引用，并快速得出 E 列中的结果。在 F 列、G 列中，公式的下拉复制也类似。但 I 列中的 I2 单元格不变，因为我们使用了绝对引用，即在行或列前添加"$"符号。

使用 R1C1 引用样式的公式如图 4-26 所示。

	1	2	3	4	5	6	7	8	9
1	编号	商品	单价	数量	合计	成本	利润		成本比例
2	001	商品A	5	22	=RC[-2]*RC[-1]	=RC[-1]*R2C9	=RC[-2]-RC[-1]		0.7
3	002	商品B	12	15	=RC[-2]*RC[-1]	=RC[-1]*R2C9	=RC[-2]-RC[-1]		
4	003	商品C	12	30	=RC[-2]*RC[-1]	=RC[-1]*R2C9	=RC[-2]-RC[-1]		
5	004	商品D	7	12	=RC[-2]*RC[-1]	=RC[-1]*R2C9	=RC[-2]-RC[-1]		
6	005	商品E	10	10	=RC[-2]*RC[-1]	=RC[-1]*R2C9	=RC[-2]-RC[-1]		
7	006	商品F	9	30	=RC[-2]*RC[-1]	=RC[-1]*R2C9	=RC[-2]-RC[-1]		
8	合计						=SUM(R[-6]C:R[-1]C)		

图 4-26 使用 R1C1 引用样式的公式

可以看出，在第 5 列、第 6 列、第 7 列中，每列中的公式都是相同的。也就是说，整列都可以使用同样的公式。

在 R1C1 引用样式中，字母 R 代表行，字母 C 代表列，字母后面的方括号代表相对引用。

字母 R 后面的方括号中的数字代表相对于当前单元格移动的行数，负数表示向上移动，正数表示向下移动，如 R[-6]表示相对于当前单元格向上移动 6 行。字母 C 后面的方括号中的数字代表相对于当前单元格移动的列数，负数表示向左移动，正数表示向右移动，如 C[3]表示相对于当前单元格向右移动 3 列。也可以同时使用字母 R 与字母 C，如在 D5 单元格中输入 "=R[1]C[-1]"，引用的单元格为 C6。

如果字母 R 或字母 C 后面就是数字，没有方括号，则表示引用为绝对单元格。例如，在 D5 单元格中输入 "=R3C2"，则引用的单元格为 B3。

如果字母 R 或字母 C 后面既没有方括号也没有数字，则表示引用与当前单元格相同的行或列。

2. Formula 和 FormulaR1C1 属性

在 VBA 中，同样有 A1 与 R1C1 引用样式的表示方法。Formula 属性是以 A1 引用样式表示的，FormulaR1C1 属性则是以 R1C1 引用样式表示的。Formula 属性以字符串形式返回 A1 引用样式的公式到单元格中。FormulaR1C1 属性以字符串形式返回 R1C1 引用样式的公式到单元格中。

我们仍然以上面的例子来说明 R1C1 引用样式的公式相对于 A1 引用样式的公式有什么优势。

在我们了解了 A1 和 R1C1 引用样式，以及 Formula 和 FormulaR1C1 属性后，就可以使用 VBA 程序计算单元格区域中的合计、成本及利润。

使用 A1 引用样式的公式，程序代码如下：

```
Sub 使用A1引用样式的公式()
    '在E2单元格中输入公式
    Range("E2").Formula = "=C2*D2"
```

```
        '在 F2 单元格中输入公式
        Range("F2").Formula = "=E2*$I$2"
        '在 G2 单元格中输入公式
        Range("G2").Formula = "=E2-F2"
        '将 E2:G2 区域内的公式扩展至 E3:G7 区域内
        Range("E2:G2").Copy Destination:=Range("E3:G7")
        '汇总 G 列中的数据
        Range("G8").Formula = "=SUM(G2 :G7)"
    End Sub
```

使用 R1C1 引用样式的公式,程序代码如下:

```
    Sub 使用 R1C1 引用样式的公式()
        '在 E 列中计算合计
        Range("E2:E7").FormulaR1C1 = "=RC[-2]*RC[-1]"
        '在 F 列中计算成本
        Range("F2:F7").FormulaR1C1 = "=RC[-1]*R2C9"
        '在 G 列中计算利润
        Range("G2:G7").FormulaR1C1 = "=RC[-2]-RC[-1]"
        '汇总 G 列中的数据
        Range("G8").FormulaR1C1 = "=SUM(R[-6]C:R[-1]C)"
    End Sub
```

可以看出,相对于 A1 引用样式,在某一区域中使用 R1C1 引用样式的公式更简洁,通用性更强,也更稳定,不会因为单元格的变化而修改公式。

思考与练习题

1. 什么是 Application 对象?Application 对象的 Worksheets 和 Sheets 属性有什么区别?ActiveWorkbook 和 ThisWorkbook 属性有什么区别?

2. 请用 VBA 代码表示以下描述。

(1) 关闭名称为【测试】的工作簿。

(2) 保存代码所在的工作簿。

(3) 选择名称为【1月】的工作表。

(4) 删除第 2 张工作表。

(5) 新建一张工作表,并放在最后的位置。

3. 请用两种或两种以上的方法对以下内容进行引用。

(1) A1 单元格。

（2）A1:C3 区域。

（3）第 2 行。

（4）第 2 列。

4. 请编写一个 Sub 过程，将当前工作簿中的所有工作表的名称写入第 1 张工作表的 A 列中。

5. 某工作表的数据如图 4-27 所示，请编写 VBA 代码，分别实现 D1 单元格数据与 A 列每个单元格数据的加、减、乘、除运算。

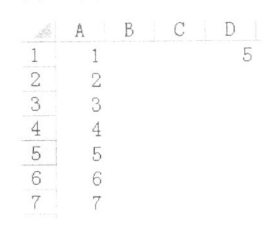

图 4-27 某工作表的数据

第 5 章 函　　数

在程序设计语言中，可以将一段需要经常使用的代码封装起来，并在需要使用时直接调用，这段被封装的代码就是函数。在使用函数时，经常需要输入一些参数，函数会将这些参数代入封装好的代码中进行处理，并返回函数值。因此，用户无须关注函数内的代码，只需要提供参数，就可以获得按函数既定规则处理并生成的返回值。

在 VBE 环境下内建了很多函数，可以在代码中直接调用的函数被称为内置函数。内置函数分为工作表内置函数和 VBA 内置函数两大类型。灵活使用内置函数不仅可以缩短程序开发的时间，还可以加快程序执行的速度。

5.1　工作表内置函数

工作表内置函数简称工作表函数，指的是可以在 Excel 工作表界面直接使用的函数，即在工作表界面中单击【公式】→【插入函数】按钮后调用的函数。在 VBA 代码中使用 Excel 工作表函数时，主要通过两种方式来调用：第一种方式为使用 Application 对象调用，使用特点是在函数名前添加 WorksheetFunction 的前缀；第二种方式为使用字符串直接在单元格中写入函数。

5-1　工作表内置函数

例如，在"工作表函数.xlsm"工作簿中的 B 列存放前景公司的货物库存数量，现使用 VBA 代码调用工作表函数，求出最大库存数量和最小库存数量，并将结果依次输出到 D2 与 D4 单元格中。库存数量如图 5-1 所示。

	A	B	C	D
1	商品品种代号	库存数量（件）		最大库存数量（件）
2	A10101	1000		
3	A10102	230		最小库存数量（件）
4	A10103	200		
5	A10201	7500		
6	A10202	2340		
7	A10203	3710		

图 5-1　库存数量

1. 使利用 Application 对象调用工作表函数

在程序中使用工作表函数时，不能直接调用函数，而是要使用 Application 对象调用函数。

例如，为了将最大库存数量和最小库存数量输出到 D2 与 D4 单元格中，可以使用以下代码来实现：

```
Sub Application调用()
    Range("D2") = WorksheetFunction.Max(Range("B2:B1000"))
    Range("D4") = WorksheetFunction.Min(Range("B2:B1000"))
End Sub
```

在调用工作表函数时,下面的 3 种方式是等效的:

```
Range("D2") = Application.WorksheetFunction.Max(Range("A1:A100"))
Range("D2") = Application.Max(Range("A1:A100"))
Range("D2") = WorksheetFunction.Max(Range("A1:A100"))
```

2. 使用字符串处理的方法调用工作表函数

除了使用 Application 对象调用工作表函数,还可以使用字符串处理的方法调用工作表函数。例如,将最大库存数量和最小库存数量输出到 D2 与 D4 单元格中,还可以使用以下代码来实现:

```
Sub 字符串调用()
    Range("D2") = "=max(B2:B1000)"
    Range("D4") = "=min(B2:B1000)"
End Sub
```

运行 Sub 过程"Application 调用"或"字符串调用",将在 D2 与 D4 单元格中显示计算结果,如图 5-2 所示。

	A	B	C	D
1	商品品种代号	库存数量(件)		最大库存数量(件)
2	A10101	1000		7500
3	A10102	230		最小库存数量(件)
4	A10103	200		200
5	A10201	7500		
6	A10202	2340		
7	A10203	3710		

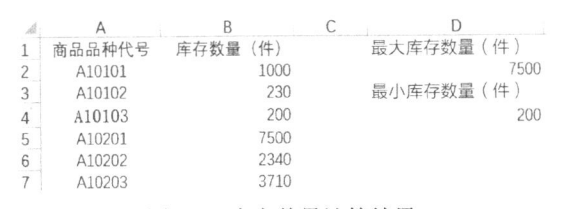

图 5-2 库存数量计算结果

5.2 VBA 内置函数

除了调用工作表函数,VBA 自身也内置了很多函数以供调用,如 2.2.4 节所述的交互函数就是 VBA 内置函数。因为是 VBA 自身内置的函数,所以在调用时,可以采用"VBA.函数名"这种格式,或者直接调用函数名。例如,如果我们想知道当前的时间,则可以直接调用 Time 函数,代码如下:

```
Sub NowTime()
    MsgBox("当前系统时间是:" & Time())
End Sub
```

因为 Time 函数没有参数,所以在其后面添加一对空括号。当然,也可以省略这对空括号，效果是一样的。Time 函数返回当前系统时间。

运行上述代码的效果如图 5-3 所示。

VBA 为我们准备了许多内置函数。每个内置函数能完成的计算各不相同。根据需要，合理地使用函数完成某些计算，可以有效地减少编写代码的工作量，降低编程的难度。虽然函数很多，但是我们并不需要很精准地记住它们。如果只记得某个函数的大致拼写，则在编写代码时，只需在代码编辑区中输入"VBA."，就可以在系统显示的函数列表框中选择需要调用的函数，如图 5-4 所示。

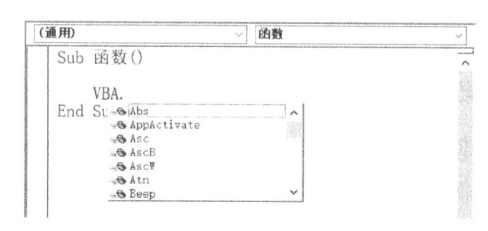

图 5-3 代码运行效果　　　　图 5-4 函数列表框

下面将一些常见的 VBA 内置函数按功能进行了分类。例如，数学函数、转换函数、字符串处理函数、日期函数等，读者可以先进行简单的了解。其中，一些常用的函数在后续案例中会进行比较详细的介绍。

数学函数如表 5-1 所示。

表 5-1 数学函数

函数名	含义	示例	结果
Abs(N)	取绝对值	Abs(-5)	5
Exp(N)	以 e 为底的指数函数	Exp(3)	20.086
Log(N)	自然对数	Log(10)	2.3
Rnd(N)	产生随机数	Rnd	产生 0~1 之间的数
Sqr(N)	平方根	Sqr(9)	3

转换函数如表 5-2 所示。

表 5-2 转换函数

函数名	含义	示例	结果
Int(N)	转换为小于或等于 N 的最大整数	Int(3.5)	3
Str(N)	将数值转换为字符串	Str(123.45)	"123.45"

字符串处理函数如表 5-3 所示。

表 5-3 字符串处理函数

函数名	含义	示例	结果
Len(C)	返回字符串长度	Len("ABCDEFG")	7

续表

函数名	含义	示例	结果
Left(C,N)	返回字符串左边的 N 个字符	Left("ab42",2)	"ab"
Right(C,N)	返回字符串右边的 N 个字符	Right("ab42",2)	"42"
Ltrim(C)	去掉字符串左边的空格	Ltrim(" aBc ")	"aBc "
Rtrim(C)	去掉字符串右边的空格	Rtrim(" aBc ")	" aBc"

日期函数如表 5-4 所示。

表 5-4 日期函数

函数名	含义	示例	结果
Now()	返回系统日期与时间	Now()	2021/11/1 10:15:20
Date()	返回系统日期	Date()	2021/11/1
Time()	返回系统时间	Time()	10:15:20
Year(S)	返回年份	Year("10/27/2021 13:45:24")	2021
Month(S)	返回月份	Month("10/27/2021 13:45:24")	10
Day(S)	返回日	Day("10/27/2021 13:45:24")	27

5.3 自定义函数

Excel 提供了丰富、实用的工作表函数和 VBA 内置函数，但我们有时会有一些特殊需求，而当这些函数不能满足时，我们就可以自行定义一个具有特殊功能的函数，即自定义函数。设置自定义函数可以满足个性化的需求，对自动化设计非常有用。

5.3.1 设置自定义函数

设置自定义函数，只需在编写宏代码的模块表上编写如下格式的函数程序即可：

```
Function 函数名(变量)
...
End Function
```

自定义函数一旦被设置，就可以像 Excel 的内置函数一样被调用。

下面通过两个示例来说明如何设置自定义函数。

1. 自动产生科目名称

当我们向记账凭证中输入数据时，可以一栏一栏地输入。例如，先输入科目编号，再输入科目名称。但如果在输入科目编号后，能自动产生科目名称显然更好。这可以通过设计一个 Excel 自定义函数来实现。

5-2 设计自定义函数：自动产生科目名称

首先,我们在"会计核算系统.xlsm"工作簿中为前景公司设计一个记账凭证,如图5-5所示。

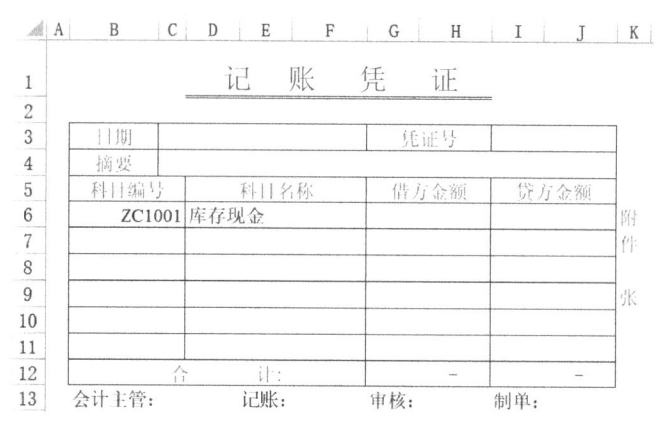

	A	B	C	D	E	F	G	H	I	J	K
1					记	账	凭	证			
2											
3		日期					凭证号				
4		摘要									
5		科目编号		科目名称			借方金额		贷方金额		
6		ZC1001		库存现金							附
7											件
8											
9											张
10											
11											
12			合		计:			—		—	
13	会计主管:		记账:			审核:		制单:			

图5-5 记账凭证

其次,我们在"会计核算系统.xlsm"工作簿中设置【会计科目表】工作表,并输入科目编号和科目名称,如图5-6所示。

	A	B
1	科目编号	科目名称
2	ZC1001	库存现金
3	ZC1002	银行存款
4	ZC1601	固定资产
5	ZC1602	累计折旧
6	FZ2001	短期借款
7	SQ4001	实收资本
8	SQ400101	实收资本—A
9	SQ400102	实收资本—B
10	SQ4103	本年利润
11	SY6602	管理费用

图5-6 【会计科目表】工作表

接下来,我们来了解如何设置自定义函数km,从而实现在记账凭证的【科目编号】列输入内容后自动在【科目名称】列产生科目名称的功能。

在系统模块中编写自定义函数km,代码如下:

```
Function km(科目编号)
'Function km(科目编号)表示这是一个名称为km的自定义函数,变量为科目编号
    Found = False
    '设置Found为False
    If 科目编号 = "" Then
        km = ""
        '执行以上两行程序,如果科目编号为空,即用户未输入科目编号,则km函数值为空
    Else
    '否则执行以下程序
        x = 1
```

```
        Do While Not (IsEmpty(Sheets("会计科目表").Cells(x, 1).Value))
            x = x + 1
        Loop
        For t = 2 To x - 1
            If 科目编号 = Sheets("会计科目表").Cells(t, 1) Then
                Found = True
                Exit For
            End If
        Next t
        '以上 10 行代码表示在【会计科目表】工作表中的第 1 列依次查找输入的科目编号
        '如果找到该科目编号,则 Found 就由 False 变为 True
        If Found = True Then
            km = Sheets("会计科目表").Cells(t, 2)
            'km 函数值为【会计科目表】工作表中坐标为(t, 2)单元格的值
            '即科目编号对应的科目名称
        Else
            km = "科目编号错"
            'km 函数值为"科目编号错"
        End If
        '执行以上 5 行程序,在【会计科目表】工作表的第 1 列中如果找到了
        '输入的科目编号,则显示对应的科目名称,否则显示"科目编号错"字样
    End If
End Function
```

在设置完自定义函数 km 后,在记账凭证的【科目名称】栏调用自定义函数 km,如图 5-7 所示。

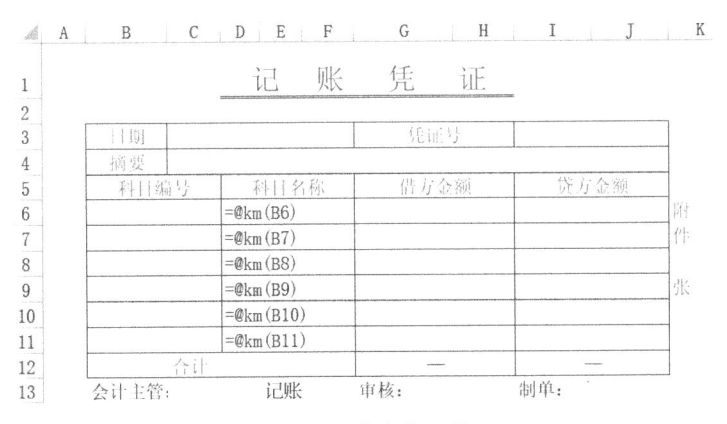

图 5-7 调用自定义函数 km

这样,只要在【科目编号】栏中输入科目编号,就可以自动产生科目名称了。例如,输入库存现金的科目编号"ZC1001",即可自动显示"库存现金"字样,如图 5-8 所示。

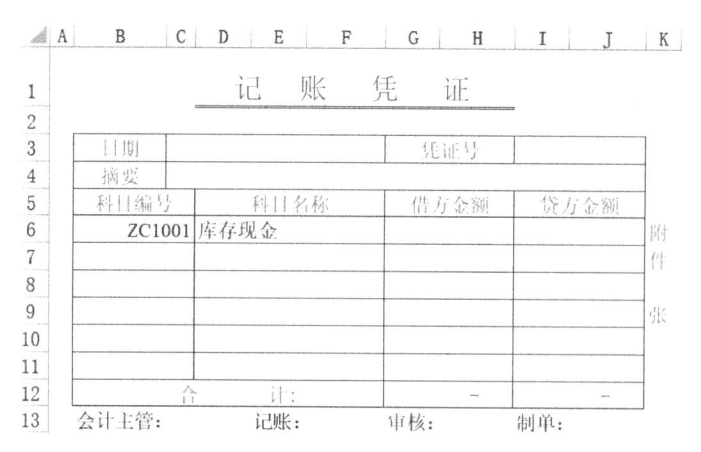

图 5-8 输入科目编号产生科目名称

2. 定义报表

设置自定义函数 km 使我们实现了在输入科目编号后自动产生科目名称的功能。在接下来的内容中，我们将再次体会到自定义函数的重要作用。

在 Excel 中，如何方便、高效地定义报表是一个难题。例如，在 Excel 的一个"存货管理.xlsm"工作簿的【库存数量】工作表中，包含如图 5-9 所示的数据。

图 5-9 【库存数量】工作表

5-3 设计自定义函数：定义报表

如果要在"存货管理.xlsm"工作簿中名称为【盘存报表】的工作表的 D2 单元格中反映代号为 A10201 的商品库存数量，则一般会在 D2 单元格中输入公式"=库存数量!B4"或"=库存数量!$B$4"。然而在定义报表时，由于原始数据所在单元格的地址与报表内容无关，因此这种通过与原始数据所在单元格建立联系来获取报表数据的方法容易出错。同时，当某一原始数据所在单元格的地址发生变动时，可能导致其他原始数据所在单元格的地址发生相应变动，从而需要重新定义报表。这一问题可以通过设置以数据特征为变量的 Excel 自定义函数来解决。

下面沿用前面的示例，说明如何通过设置以数据特征（商品品种代号）为变量的自定义函数来定义报表。设置以商品品种代号为变量的自定义函数 KCSL（KCSL 取自"库存数量"拼音的第 1 个字母），在"存货管理.xlsm"工作簿的模块表上编写如下 VBA 代码：

```
Function KCSL(商品品种代号)
    x = 1
    Do While Not (IsEmpty(Sheets("库存数量").Cells(x, 1).Value))
```

```
            x = x + 1
        Loop
    ' 以上 4 行代码用于确定【库存数量】工作表中第 1 列从第 1 行起到第 1 个空行的行
    ' 数 x
        Found = False
    ' 设置 Found 为 False
        For t = 2 To x - 1
            If 商品品种代号 = Sheets("库存数量").Cells(t, 1) Then
                Found = True
                Exit For
            End If
        Next t
    ' 以上 6 行代码用于在【库存数量】工作表的第 1 列从第 2 行起到第 x-1 行中查找函
    ' 数变量定义的商品品种代号。如果找到了商品品种代号,则 Found 由 False 变为
    ' True;否则 Found 仍为 False
        If Found = True Then
            KCSL = Sheets("库存数量").Cells(t, 2)
            ' 以上两行代码表示如果找到了函数变量定义的商品品种代号(Found 为 True)
            ' 那么函数值为【库存数量】工作表的第 2 列与函数变量定义的商品品种代号所在行
            ' 共同决定的单元格值,即函数变量定义的商品品种代号对应的商品库存数量
        Else
            KCSL = "商品品种代号错"
            ' 如果未找到商品品种代号(Found 仍为 False),则显示"商品品种代号错"字样
        End If
End Function
```

在【盘存报表】工作表的 D2 单元格中定义一个以 A10201 为变量值的自定义函数 KCSL,即输入"=KCSL("A10201")"。按【Enter】键后,D2 单元格显示商品品种代号为 A10201 的商品库存数量"7500",如图 5-10 所示。如果输入的商品品种代号不存在,则会给出"商品品种代号错"的提示。

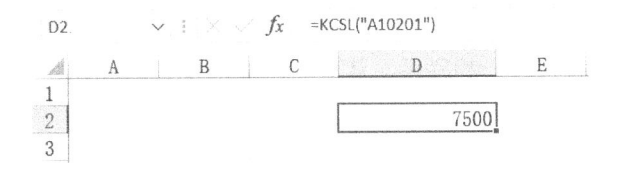

图 5-10 商品品种代号为 A1020 的商品库数量

注意:在图 5-10 中,自定义函数 KCSL 的变量值是直接给出的,而上一节自定义函数 km 的变量值是由函数所在单元格以外的另一个单元格提供的。在系统设置中,变量值采取哪种方式给出,要根据实际情况来定。

当然,也可以在【盘存报表】工作表的 D2 单元格中输入以下内容:

```
KCSL("A10201")+KCSL("A10202")+KCSL("A10203")
```

上述内容用于反映商品品种代号为 A10201、A10202 和 A10203 的商品库存数量之和。事实上，自定义函数 KCSL 可以在"存货管理.xlsm"工作簿的任意位置进行调用。

前面介绍了通过与原始数据所在单元格建立联系来获取报表数据的方法，但该方法存在以下缺陷。

（1）由于原始数据所在单元格的地址与报表内容无关，因此在定义报表时容易出错。

（2）某一原始数据所在单元格的地址发生变动，可能导致整个报表需要重新定义，以建立报表数据与新的原始数据所在单元格地址之间的关系。

例如，在【库存数量】工作表（见图 5-9）的商品品种代号【A10102】与【A10201】之间插入一个新的商品品种代号【A10103】（假定库存数量为 200 件），如图 5-11 所示。

	A	B
1	商品品种代号	库存数量（件）
2	A10101	1000
3	A10102	230
4	A10103	200
5	A10201	7500
6	A10202	2340
7	A10203	3710

图 5-11 插入新的商品品种代号

这样，商品品种代号为 A10201 的商品后的所有商品库存数量的单元格地址均发生了变化，因此与之相对应的报表定义均需要重新修改。由于商品品种随时可能发生增加和删除的情况，因此需要频繁地变动报表定义。当然，相应的工作量是很大的。

我们使用自定义函数定义报表的方法可以完全解决上述问题。从示例中自定义函数 KCSL 的设置可以看出，无论商品品种如何进行增加与删除，函数都可以自动检索出与商品品种代号相对应的库存数量，因此，当商品品种代号地址由于增加和删除操作发生变动时，无须重新定义报表。同时，为了表示 KCSL 函数反映某商品的库存数量，取"库存数量"拼音的第 1 个字母为名（给自定义函数 KCSL 贴上了"库存数量"的标签）。至于是哪种商品，则以函数定义的商品品种代号来确定。这样，反映库存数量的自定义函数 KCSL 与数据特征（商品品种代号）相联系，从而可以按报表有关内容方便、准确地定义报表。

5.3.2 更新自定义函数值

需要注意的是，自定义函数值不能自动更新，这一点与 Excel 内置函数不同。例如，将【库存数量】工作表上商品品种代号为 A10201 的商品库存数量更改为 8000 后，【盘存报表】工作表上定义函数"=KCSL("A10201")"的 D2 单元格的数值却不能以新的数值"8000"替代，仍为原来的数值"7500"。

要解决自动更新自定义函数值的问题,可以在【盘存报表】工作表的 D2 单元格中重新输入函数 "=KCSL("A10201")",按【Enter】键后,D2 单元格将显示新的数值 8000。但是,当报表上定义的自定义函数比较多时,逐一更新自定义函数值的方法显然是很麻烦的。一个好的解决方法是在"存货管理.xlsm"工作簿的模块表上设置一个宏,当定义了自定义函数的报表工作表(宏代码中为【盘存报表】工作表)为当前工作表时,只要执行该宏,报表上所有的自定义函数值就会立即更新,代码如下:

```vb
Sub 更新自定义函数值()
    Columns("IS:IS").Select
    '选定 IS 列
    Selection.Cut
    '剪切
    Columns("IT:IT").Select
    '选定 IT 列
    ActiveSheet.Paste
    Range("A1").Delete
    '粘贴
End Sub
```

宏代码中的剪切和粘贴操作是对当前工作表最右方的 IS 和 IT 列进行的,其目的是避开工作表上的数据,以免破坏它们。事实上,选择任意两列进行剪切和粘贴操作都能达到同样的效果。

解决自动更新自定义函数值问题的另一种方法是在函数体的第 1 行加上 Application.Volatile 语句,将函数定义为易失性函数。易失性函数是 Excel 中的一种运算函数,使用易失性函数后,会引发工作表的重新计算,如工作表函数中的 now( )、rand( )、today( )等都是易失性函数。

5.3.3 自定义人民币转大写函数

在处理财务业务时,经常需要将数字转换为中文大写形式。Excel 提供的格式转换工具只能将小数点前的数字转换为大写形式,而无法将小数点后的数字转换为大写形式。这一问题可以通过设置自定义函数来解决,代码如下:

```vb
Function RMBC(Num)
    y = Int(Round(100 * Abs(Num)) / 100)
    j = Round(100 * Abs(Num) + 0.00001) - y * 100
    f = Round((j / 10 - Int(j / 10)) * 10)
    A = IIf(y < 1, "", Application.Text(y, "[DBNum2]") & "元")
    b = IIf(j > 9.4, Application.Text(Int(j / 10), "[DBNum2]") & "角", IIf(y < 1, "", IIf(f > 0.4, "零", "")))
    c = IIf(f < 1, "整", Application.Text(Round(f,0), "[DBNum2]") & "分")
```

```
        RMBC = IIf(Abs(Num) < 0.005, "", IIf(Num < 0, "负" & A & b & c,
A & b & c))
        End Function
```

该函数的运算规则主要与将小写形式转换为大写形式的会计规则有关，虽然相关语法并不困难，但是相关规则较为冗长，因此，这里不做详细解释，读者可以结合会计规则对代码进行理解。函数应用效果如图 5-12 所示。

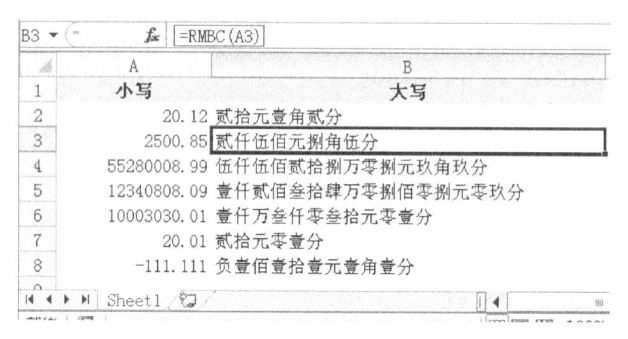

图 5-12　函数应用效果

思考与练习题

1. 在 VBA 中，如何调用工作表函数？如何调用 VBA 内置函数？

2. 什么是自定义函数？自定义函数的基本格式是什么样的？

3. 与 VBA 内置函数相比，自定义函数在使用中有什么主要问题？可以采用什么方法解决这些问题？

4. 请编写一个自定义函数，如果输入参数是"男"，则返回"先生"；如果输入参数是"女"，则返回"女士"。

5. 请编写一个自定义函数，将 420203198808089201 格式的身份证号码中的生日信息提取出来，并以 1988/8/8 的格式返回。

第 6 章 对 账 业 务

6.1 银 企 对 账

企业的资金结算业务大部分都需要通过银行进行,但是由于企业与银行的账务处理和入账时间难以同步,往往会出现双方账簿记录不一致的情况,即所谓的"未达账项"。为了能够准确掌握银行存款的实际余额,了解实际可以动用的货币资金数额,防止因记账时间差异而带来的决策失误,企业必须定期将企业银行存款日记账与银行出具的银行对账单进行核对,并编写银行存款余额调节表。

在实际工作中,企业与银行对账是一项经常性的业务。如果采用原始的手工方法逐笔勾挑,当数据量较大时,则会非常麻烦。使用本节介绍的银企对账系统,可以方便地完成银企对账,从而提高对账效率。

6.1.1 银企对账系统的设计

银企对账主要根据企业自身的企业银行存款日记账与银行出具的银行对账单进行核对。对账的方法就是在银行对账单余额与企业账面余额的基础上,各自加上对方已收账项数额和本单位未收账项数额,各自减去对方已付账项数额和本单位未付账项数额,以调整双方余额,使其一致。

6-1 银企对账系统的设计

创建一个"银企对账系统.xlsm"文件,选定【银企对账】工作表,同时存放【企业银行存款日记账记录】【银行对账单记录】【银行存款余额调节表】,如图 6-1 所示。

	A	B	C	D	E	F	G	H	I
1	企业银行存款日记账记录		银行对账单记录				银行存款余额调节表		
2	收入	付出	存入	支出		项目	金额	项目	金额
3						企业银行存款日记账期末余额		银行对账单期末余额	
4						加:银行已收款入账,企业未入账的金额	=SUM(C3:C10000)	加:企业已收款入账,银行未入账的金额	=SUM(A3:A10000)
5						减:银行已付款入账,企业未入账的金额	=SUM(D3:D10000)	减:企业已付款入账,银行未入账的金额	=SUM(B3:B10000)
6						调节后的企业银行存款日记账余额	=G3+G4-G5	调节后的银行对账单余额	=I3+I4-I5
7									

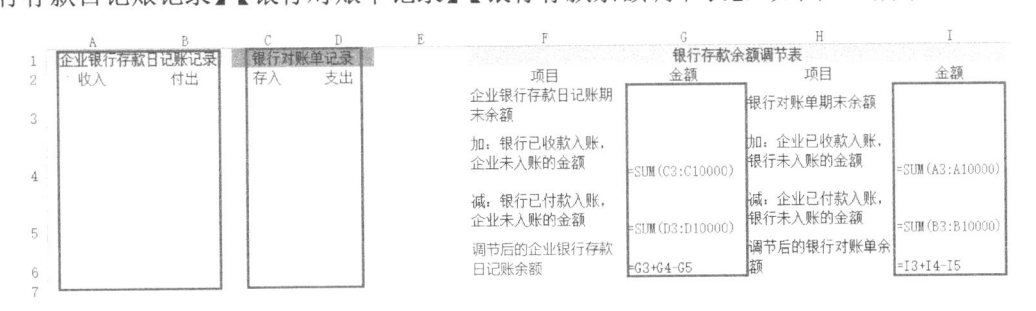

图 6-1 【银企对账】工作表

在图 6-1 中,G4 单元格中的 SUM 函数用于对 C 列中 C3:C10000 区域内的数据求和,I4 单元格中的 SUM 函数用于对 A 列中 A3:A10000 区域内的数据求和。将 A 列与 C 列数据进行比对,在删除银企双方均已登记的入账数据后,G4 单元格反映银行已收款入账但企业未入账的金额,而 I4 单元格反映企业已收款入账但银行未入账的金额。

类似地，G5 和 I5 单元格也设置了 SUM 函数。将 B 列与 D 列数据进行比对，在删除银企双方均已登记的入账数据后，G5 单元格反映银行已付款入账但企业未入账的金额，而 I5 单元格反映企业已付款入账但银行未入账的金额。

在图 6-1 中，G6 和 I6 单元格中的公式"=G3+G4-G5"和"=I3+I4-I5"按余额调节法的补记式调节数据，分别反映调节后的企业银行存款日记账余额和调节后的银行对账单余额。

银企对账系统的设计有一项关键任务，即将 A 列与 C 列数据进行比对，并删除银企双方均已登记的入账数据，得出未达账项数额。这项任务用 Excel 函数和公式均不易完成。因此，使用 VBA 语言来实现。

在模块 1 中，使用 VBA 语言编写如下的宏：

```
Sub 银企对账()
   x = 3
   For z = 1 To 10000
      Found = False
      For y = 3 To 10000
         If Cells(x, 1) = Cells(y, 3) Then
            Found = True
            Exit For
         End If
      Next y
      If Found = True Then
         Cells(x, 1).Clear
         Cells(y, 3).Clear
      End If
      x = x + 1
   Next z
   x = 3
   For z = 1 To 10000
      Found = False
      For y = 3 To 10000
         If Cells(x, 2) = Cells(y, 4) Then
            Found = True
            Exit For
         End If
      Next y
      If Found = True Then
         Cells(x, 2).Clear
         Cells(y, 4).Clear
      End If
      x = x + 1
```

```
            Next z
        '第 1 列和第 3 列的记录可能不相等,第 2 列和第 4 列的记录也可能不相等
        '第 1 列~第 4 列的记录均可能不相等
        '将循环次数终值设置为 10000 是为了包含各列记录
    End Sub
```

在银企存款自动对账宏中,下面的代码表示什么意义?

```
        x = 3
        For z = 1 To 10000
            Found = False
            For y = 3 To 10000
              If Cells(x, 1) = Cells(y, 3) Then
                Found = True
                Exit For
              End If
            Next y
            If Found = True Then
              Cells(x, 1).Clear
              Cells(y, 3).Clear
            End If
            x = x + 1
        Next z
```

第 1 步,将第 1 列(A 列)的第 1 个数据,即单元格 Cells(3,1)的数据,与第 3 列(C 列)的第 1 个数据,即单元格 Cells(3,3)的数据进行比对。如果数据相同,则停止比对,并同时删除单元格 Cells(3,1)与 Cells(3,3)的数据。

第 2 步,如果第 1 步比对不成功,也就是单元格 Cells(3,1)与 Cells(3,3)的数据不同,则接着将第 1 列的第 1 个数据与第 3 列的第 2 个数据,即单元格 Cells(4,3)的数据进行比对。如果数据相同,则停止比对,并同时删除单元格 Cells(3,1)和 Cells(4,3)的数据。

如此进行,直到将第 1 列的第 1 个数据与第 3 列的最后一个数据比对完毕。Cells(y,3)中的 y 应设计得尽可能大,可根据需要调整。

以上各步通过一个循环完成。

然后,将第 1 列的第 2 个数据与第 3 列的第 1 个、第 2 个、…、第 N 个数据依次比对,直至与第 3 列的最后一个数据比对完毕。在比对过程中,如果数据相同,则停止比对,并同时删除相同的数据。再将第 1 列的第 3 个数据与第 3 列数据依次比对,如此进行,直至第 1 列的最后一个数据与第 3 列数据比对完毕。这一过程通过一个循环嵌套完成。

银企存款自动对账宏的后一段代码与前一段代码作用类似,只是前一段代码用于比对第 1 列与第 3 列的数据,而后一段代码则用于比对第 2 列与第 4 列的数据。

注意：在银企存款自动对账宏中，循环语句的循环终值是一个固定值，如果循环终值为变量值，则记录之间不能有空格，否则循环会在第 1 个空格处终止。如果记录之间有空格，则循环终值应当被设置为固定值。固定值的大小以包括所有记录为准。但是要注意不要将固定值设置得过大，否则会导致程序运行时间变长。

6.1.2 银企对账系统的应用效果

前景公司 2021 年 10 月的企业银行存款日记账和银行对账单分别如图 6-2 和图 6-3 所示。

	A	B	C	D	E	F	G
1	2021年						
2	月	日	凭证号数	摘要	收入	付出	结存
3	10	1		期初余额			54797.00
4	10	4	银付01	支付购甲材料货款		5200.00	49597.00
5	10	7	银付02	付前欠金星厂货款		3400.00	46197.00
6	10	10	银付03	付职工交通费		600.00	45597.00
7	10	13	银收01	收押金收入	30.00		45627.00
8	10	15	银收02	将多余现金存入银行	20.00		45647.00
9	10	18	银收03	收南华厂前欠货款	12000.00		57647.00
10	10	20	银收04	销售产品一批	800.00		58447.00
11	10	24	银收05	收押金收入	400.00		58847.00
12	10	26	银收06	销售产品一批	2834.40		61681.40
13	10	28	银付04	支付购乙材料货款		560.00	61121.40
14	10	31		本月合计	16084.40	9760.00	61121.40

图 6-2 企业银行存款日记账

	A	B	C	D	E	F
1	2021年					
2	月	日	结算凭证种类、号数	存入	支出	结存
3	10	1	期初余额			54797.00
4	10	4			5200.00	49597.00
5	10	6		16250.00		65847.00
6	10	7			3400.00	62447.00
7	10	13		30.00		62477.00
8	10	15		20.00		62497.00
9	10	17			3094.00	59403.00
10	10	24		400.00		59803.00
11	10	26		2834.40		62637.40
12	10	31		12300.00		74937.40

图 6-3 银行对账单

操作步骤如下。

（1）假定两张表都为 Excel 表格，将企业银行存款日记账的【收入】和【付出】栏，银行对账单的【存入】和【支出】栏的数据复制到系统的企业银行存款日记账记录和银行对账单记录中，如图 6-4 所示。

第 6 章 对账业务

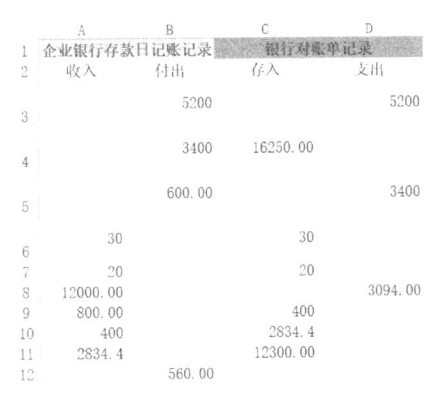

	A	B	C	D
1	企业银行存款日记账记录		银行对账单记录	
2	收入	付出	存入	支出
3			5200	5200
4		3400	16250.00	
5		600.00		3400
6		30		30
7		20		20
8	12000.00			3094.00
9	800.00		400	
10	400		2834.4	
11	2834.4		12300.00	
12		560.00		

图 6-4　复制数据

（2）将企业银行存款日记账和银行对账单的最终结存数据复制到系统的银行存款余额调节表的【企业银行存款日记账期末余额】和【银行对账单期末余额】栏中，即 G3 和 I3 单元格中，如图 6-5 所示。

	F	G	H	I
1		银行存款余额调节表		
2	项目	金额	项目	金额
3	企业银行存款日记账期末余额	61121.40	银行对账单期末余额	74937.40
4	加：银行已收款入账，企业未入账的金额		加：企业已收款入账，银行未入账的金额	
5	减：银行已付款入账，企业未入账的金额		减：企业已付款入账，银行未入账的金额	
6	调节后的银行存款日记账余额		调节后的银行对账单余额	

图 6-5　将最终结存数据复制到银行存款余额调节表中

（3）执行银企存款自动对账宏，删除企业银行存款日记账记录和银行对账单记录中双方均已登记的入账数据。保留下来的数据，即未达账项的数据，同时自动生成银行存款余额调节表，如图 6-6 所示。

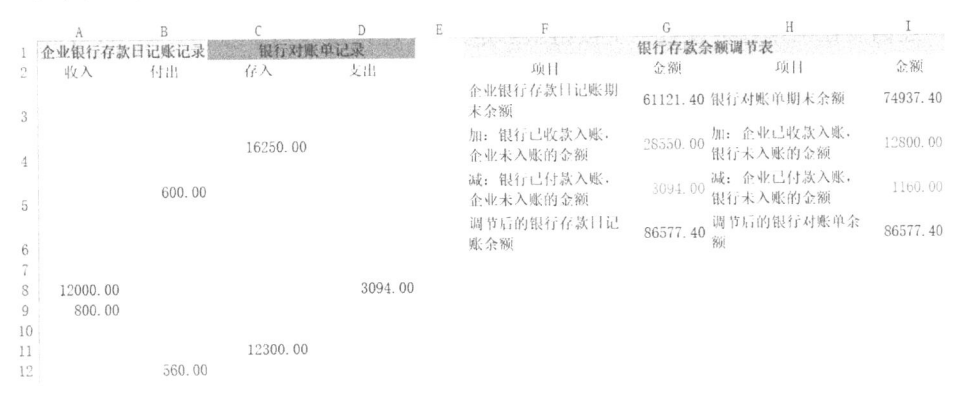

	A	B	C	D	E	F	G	H	I
1	企业银行存款日记账记录		银行对账单记录			银行存款余额调节表			
2	收入	付出	存入	支出		项目	金额	项目	金额
3						企业银行存款日记账期末余额	61121.40	银行对账单期末余额	74937.40
4			16250.00			加：银行已收款入账，企业未入账的金额	28550.00	加：企业已收款入账，银行未入账的金额	12800.00
5		600.00				减：银行已付款入账，企业未入账的金额	3094.00	减：企业已付款入账，银行未入账的金额	1160.00
6						调节后的银行存款日记账余额	86577.40	调节后的银行对账单余额	86577.40
7									
8	12000.00			3094.00					
9	800.00								
10									
11			12300.00						
12		560.00							

图 6-6　银行存款余额调节表

从本节介绍的银企对账系统设计中可以看到，在利用 VBA 语言进行大量数据处理时的效率是很高的。

例如，在银企对账系统设计中将第 1 列数据与第 3 列数据进行比对时，第 1 列的第

1 个数据可能会比对 10 000 次（第 1 层循环次数终值设定为 10 000，如果一直没有比对成功，则会循环比对直至终值）。第 1 列的第 2 个数据也可能会比对 10 000 次。系统假定第 1 列有 10 000 个数据（第 2 层嵌套循环次数终值设定为 10 000），也就是说，仅第 1 列与第 3 列的数据比对就可能会进行 10 000×10 000 =100 000 000 次。同样地，第 2 列与第 4 列的数据比对也可能会进行 100 000 000 次。但即使处理如此庞大的数据量，也可以在瞬间完成，可见 VBA 语言的数据处理效率之高。

6.2 往来账勾对

往来账勾对两清主要包括客户往来两清和供应商往来两清。对往来账及时进行往来两清既可以了解企业结算的情况及未达账的情况，又可以有效地控制资金和收款。例如，应收账款、应付账款等往来科目，在设置客户或供应商往来辅助核算后，需要在往来管理中进行往来两清。下面主要以供应商往来两清为例来介绍往来两清的操作，即当供应商名称、往来业务编号均相同时，对借贷方向相反、金额一致的两笔分录进行自动勾对。

6.2.1 往来账勾对宏的设计

往来账勾对宏的设计步骤如下。

（1）设计【往来账勾对】工作表。创建一个"往来账勾对.xlsm"文件，选定一张工作表并将其命名为【往来账勾对】。首先，要确定两笔分录的供应商名称和往来业务编号是否一致，因此在工作表的 A 列至 C 列分别存放供应商编码、供应商名称及往来业务编号；然后，要表明金额为分录的借方还是贷方，因此在工作表的 D 列与 E 列分别存放借方与贷方金额；最后，要根据两笔分录是否两清做出勾对标记，因此在工作表的 F 列存放两清标记，同时为了方便看清勾对的两行的对应关系及顺序，在工作表的 G 列存放分录的勾清顺序号。另外，还需要在工作表中设置一个按钮来绑定宏。【往来账勾对】工作表如图 6-7 所示。

	A	B	C	D	E	F	G	H
1	供应商编码	供应商名称	往来业务编号	借方	贷方	两清	勾清顺序号	
2	100100	申乐股份有限公司	rj005925	11,856.00	0.00			
3	100100	申乐股份有限公司	rj005925	0.00	11,856.00			数据勾对
4	100100	申乐股份有限公司	rj006958	17,784.00	0.00			
5	100100	申乐股份有限公司	rj007043	29,640.00	0.00			
6	100102	华邦软件股份有限公司	rj006282	2,700.00	0.00			
7	100102	华邦软件股份有限公司	rj006282	0.00	2,700.00			
8	100106	北京友联软件技术有限公司	rj005639	14,900.00	0.00			
9	100106	北京友联软件技术有限公司	rj005646	46,912.00	0.00			
10	100106	北京友联软件技术有限公司	rj005710	14,900.00	0.00			
11	100106	北京友联软件技术有限公司	rj005871	23,456.00	0.00			
12	100106	北京友联软件技术有限公司	rj005874	108,724.00	0.00			
13	100106	北京友联软件技术有限公司	rj006136	138,524.00	0.00			
14	100106	北京友联软件技术有限公司	rj005874	0.00	108,724.00			
15	100106	北京友联软件技术有限公司	rj005871	0.00	23,456.00			
16	100106	北京友联软件技术有限公司	rj006212	93,824.00	0.00			
17	100106	北京友联软件技术有限公司	rj006136	0.00	138,524.00			
18	100106	北京友联软件技术有限公司	rj006212	0.00	93,824.00			
19	100106	北京友联软件技术有限公司	rj006481	138,524.00	0.00			
20	100106	北京友联软件技术有限公司	rj006586	96,850.00	0.00			
21	100106	北京友联软件技术有限公司	rj006481	0.00	138,524.00			
22	100106	北京友联软件技术有限公司	rj006586	0.00	96,850.00			
23	100106	北京友联软件技术有限公司	rj006812	266,864.00	0.00			

图 6-7 【往来账勾对】工作表

（2）确定两笔分录的比对思路。首先，考虑设置循环，将借方与贷方依次比对，如果在比对过程中遇到该笔分录已经被两清，则跳过比对。如果借方与贷方的供应商编码、供应商名称、往来业务编号及金额都相同，则说明这两笔分录相互对应，此时在两笔分录后面打两清标记，并添加勾清顺序号。VBA 代码可编写为：

```
Sub 数据勾对()
    Dim ar, i, j, n
    ar = Range("A1").CurrentRegion          '将数据存放在数组中
    For i = 2 To UBound(ar)
        If ar(i, 6) <> "Y" Then             '没有被两清的行
            For j = i + 1 To UBound(ar)     '贷方在下面的行中
                '借贷双方的供应商名称与往来业务编号要相等，并且借贷双方的金额相等
                If ar(i, 2) & ar(i, 3) = ar(j, 2) & ar(j, 3)
And ar(i, 4) = ar(j, 5) Then
                    ar(i, 6) = ar(j, 6) = "Y"    '两清
                    Cells(i, 6) = "Y"
                    Cells(j, 6) = "Y"
                    n = n + 1                    '勾清顺序号加 1
                    Cells(i, 7) = n
                    Cells(j, 7) = n
                End If
            Next
        End If
    Next
End Sub
```

为了方便执行宏，将数据勾对宏指定给【数据勾对】按钮。

6.2.2 往来账勾对宏的说明

Range 对象的 CurrentRegion 属性返回包含指定单元格的一个连续矩形区域。它的作用类似于按【Ctrl+A】组合键，选中当前单元格所在的连续矩形区域。CurrentRegion 属性的用法如下：

```
Sub 返回指定单元格所在的连续矩形区域()
    Range("A1").CurrentRegion.Select    '返回 A1 单元格所在的连续矩形区域
End Sub
```

执行上述代码的效果如图 6-8 所示。

Range("A1").CurrentRegion 返回的是包含 A1 单元格的连续矩形区域，即 A1:B5 区域。被空行和空列隔开的区域，不包含在 Range("A1").CurrentRegion 返回的连续矩形区域中。

	A	B	C	D	E	F
1	供应商编码	供应商名称		往来业务编号	借方	贷方
2	100100	申乐股份有限公司	区域1	rj005925	11,856.00	0.00
3	100100	申乐股份有限公司		rj005925 区域2	0.00	11,856.00
4	100100	申乐股份有限公司		rj006958	17,784.00	0.00
5	100100	申乐股份有限公司		rj007043	29,640.00	0.00
6						
7	100102	华邦软件股份有限公司	区域3			
8	100102	华邦软件股份有限公司				
9	100106	北京友联软件技术有限公司				
10	100106	北京友联软件技术有限公司				

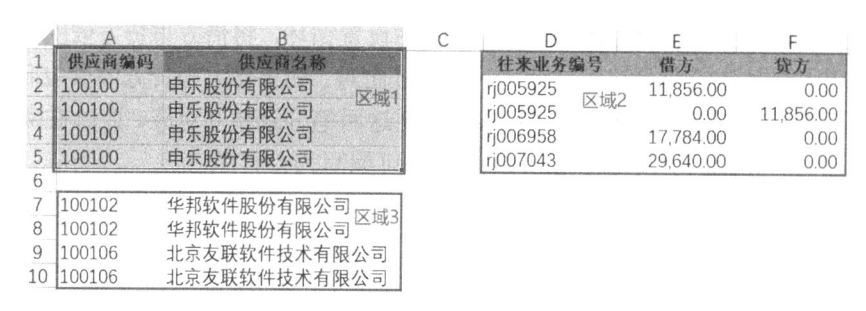

图 6-8　CurrentRegion 属性返回指定单元格所在的连续矩形区域

注意：要与 Worksheet 对象的 UsedRange 属性进行区分，UsedRange 属性返回的是包含工作表中已使用的所有单元格围成的最小矩形区域。无论这些区域中间是否存在空行、空列或空单元格，只要单元格有任何改动，就被算作已使用的单元格。

另外，Sub 过程"数据勾对"中定义了数组 ar，这里暂时将对其进行的引用理解为 Cells 属性引用单元格的方式；而 UBound(ar)指的是数组的上界，这里暂时将其理解为当前区域的最大行数。对数组部分的语法解释将在第 10 章进行详细说明。

6.2.3　往来账勾对宏的应用效果

前景公司有数家供应商的往来账单，具体内容包括供应商编码、供应商名称、往来业务编号、借方及贷方。当两笔分录的借贷方相反、金额相同且供应商名称与往来业务编号相同时，在工作表的 F 列中填入两清标记"Y"，并注明这是第几对两清标记，以便看清勾对的两笔分录的对应关系，如图 6-9 所示。

	A	B	C	D	E	F	G	H
1	供应商编码	供应商名称	往来业务编号	借方	贷方	两清	勾清顺序号	
2	100100	申乐股份有限公司	rj005925	11,856.00	0.00	Y	1	
3	100100	申乐股份有限公司	rj005925	0.00	11,856.00	Y	1	数据勾对
4	100100	申乐股份有限公司	rj006958	17,784.00	0.00			
5	100100	申乐股份有限公司	rj007043	29,640.00	0.00			
6	100102	华邦软件股份有限公司	rj006282	2,700.00	0.00	Y	2	
7	100102	华邦软件股份有限公司	rj006282	0.00	2,700.00	Y	2	
8	100106	北京友联软件技术有限公司	rj005639	14,900.00	0.00			
9	100106	北京友联软件技术有限公司	rj005646	46,912.00	0.00			
10	100106	北京友联软件技术有限公司	rj005710	14,900.00	0.00			
11	100106	北京友联软件技术有限公司	rj005871	23,456.00	0.00	Y	3	
12	100106	北京友联软件技术有限公司	rj005874	108,724.00	0.00	Y	4	
13	100106	北京友联软件技术有限公司	rj006136	138,524.00	0.00	Y	5	
14	100106	北京友联软件技术有限公司	rj005874	0.00	108,724.00	Y	4	
15	100106	北京友联软件技术有限公司	rj005871	0.00	23,456.00	Y	3	
16	100106	北京友联软件技术有限公司	rj006212	93,824.00	0.00	Y	6	
17	100106	北京友联软件技术有限公司	rj006136	0.00	138,524.00	Y	5	
18	100106	北京友联软件技术有限公司	rj006212	0.00	93,824.00	Y	6	
19	100106	北京友联软件技术有限公司	rj006481	138,524.00	0.00	Y	7	
20	100106	北京友联软件技术有限公司	rj006586	96,850.00	0.00	Y	8	
21	100106	北京友联软件技术有限公司	rj006481	0.00	138,524.00	Y	7	
22	100106	北京友联软件技术有限公司	rj006586	0.00	96,850.00	Y	8	
23	100106	北京友联软件技术有限公司	rj006812	266,864.00	0.00			

图 6-9　往来账勾对宏的应用效果

思考与练习题

1. 在银企存款自动对账宏中是如何实现 A 列与 C 列数据比对的？

2. 为什么在记录之间存在空格时，For...Next 循环语句的循环终值不能被设置为变量值？

3. 在 6.2.1 节的 VBA 代码中的 ar=Range("A1").CurrentRegion 可以替换为 ar=Range("A1").UsedRange 吗？

4. 如果在 6.2.1 节的 VBA 代码中使用 UsedRange 属性，则应该如何修改？修改后有什么缺点？

第7章 统计报表的批量生成与分发

7.1 根据模板批量生成日报表

在工作中，搜集相关业务信息，进行日报表统计是十分常见的需求。如图7-1所示，需要根据已有的【模板】工作表，生成当月每日的空白日报表。报表以日期命名，如“6月1日”“6月2日”等。报表内需要填入对应的日期，如2022-6-1。

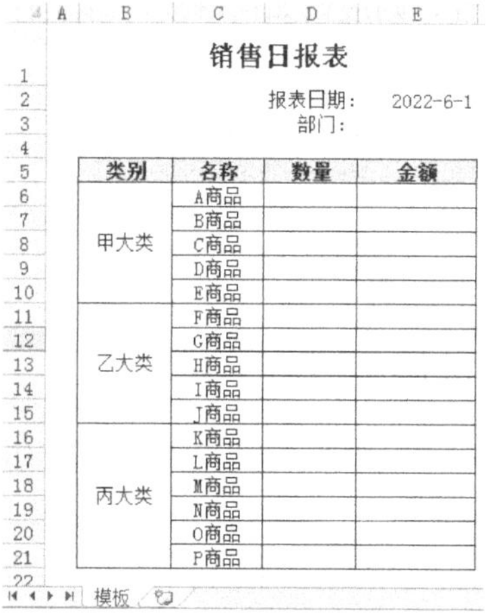

类别	名称	数量	金额
甲大类	A商品		
	B商品		
	C商品		
	D商品		
	E商品		
乙大类	F商品		
	G商品		
	H商品		
	I商品		
	J商品		
丙大类	K商品		
	L商品		
	M商品		
	N商品		
	O商品		
	P商品		

图7-1 【模板】工作表

完成这一任务的手动操作应分为以下几个步骤。

（1）将【模板】工作表复制到当前工作表后面。

（2）将复制生成的新工作表命名为【6月1日】。

（3）在新工作表的E2单元格内填写【2022-6-1】。

（4）将【模板】工作表复制到【6月1日】工作表后面，将复制生成的新工作表命名为【6月2日】，并修改表内对应的单元格，如此循环30次。

很明显，完成这项任务需要进行30次重复性的操作，可以考虑使用For循环来完成。但For循环完成的是一模一样的重复操作，而任务中的年份、月份信息可能会变化，每张表的日期信息都在变化，那应该如何用循环来处理这些变化的值呢？事实上，表达变化的值就是变量的作用。将以上步骤用VBA代码表达如下：

```
Sub 生成日报表()
    Dim i As Integer
    Dim year, month, day As Integer
    year = InputBox("请输入年份：")        ' 由用户输入年份
    month = InputBox("请输入月份：")
    days = InputBox("请输入天数：")
    For i = 1 To days                        ' 循环 days 次
        Sheet1.Copy after:=Sheets(Sheets.Count)
        ' 将【模板】工作表复制到当前最后一张工作表后面
        Sheets(Sheets.Count).Name = month & "月" & i & "日"
        ' 将当前的最后一张工作表以日期命名
        Sheets(Sheets.Count).Range("E2") = year & "-" & month & "-" & i
        ' 在当前最后一张工作表的E2单元格内填入日期
```

7-1 根据模板批量生成日报表

```
        Next
    End Sub
```

对程序的解释如下。

（1）通过人机交互函数 InputBox 获得由用户输入的年份、月份及天数信息，并分别赋值给 year、month 和 days 变量。

（2）考虑循环次数。因为有多少天就需要复制多少份报表，所以循环的终值为 days。

（3）使用 Sheet1.Copy 复制【模板】工作表。如果希望复制后的工作表单独成为一个新文件，则不需要指定复制的目标位置，但本例希望复制后的工作表仍在本文件中，因此需要指定复制的目标位置，即需要设置 after 或 before 参数的值。考虑使用 after 参数，因为如果总是想将【模板】工作表复制到当前最后一张工作表之后，则按名称排序的工作表会更加清晰。但应当如何表达"当前最后一张工作表"呢？工作表并没有表示"最后顺序"的可用属性，我们可以换一种思考方式：考虑到 Sheets.Count 的值是当前工作表的总数，因此 Sheets(Sheets.Count)表示当前最后一张工作表。

（4）将新生成的工作表，也就是当前最后一张工作表以日期命名。其中，日期的年份、月份、天数均为变量，与字符串"-"连接时需使用连接符"&"。需要注意的是，虽然本句中 Sheets.Count 的值比上一句中 Sheets.Count 的值多 1，但是两者都表示当前最后一张工作表。

（5）在新工作表的 E2 单元格中填入日期。

为了方便执行，可以将 Sub 过程"生成日报表"以宏的形式指定给【模板】工作表中的【生成表】按钮，如图 7-2 所示。需要注意的是，在这种方式下新生成的日报表中也会有可执行宏的【生成表】按钮，如果不需要该按钮，也可以直接通过菜单来执行宏。

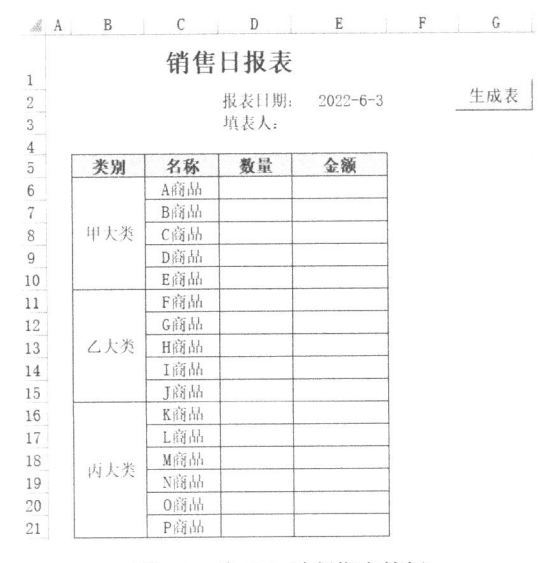

图 7-2 为 Sub 过程指定按钮

7.2 将日报表数据汇总

在统计日报表数据后，需要将日报表数据汇总。在汇总这样的统计数据时，可以用手动操作的方法在汇总表上构建公式，但这需要重复性选择所有日报表，将会花费较长的时间，尤其是在需要汇总的日报表较多的时候。如果每月都有多张日报表需要汇总，而且手动构建的公式不能重复使用，那么这样的工作就会格外费时。此外，手动构建公式还有以下缺点。

7-2 将日报表数据汇总

（1）在文件中增加日报表时，公式不能覆盖新增的工作表，需要手动重新处理。

（2）在文件中删除多余日报表时，原有公式将失效并显示"#REF!"字样，需要手动进行更改。

既然有重复性的操作，就可以使用 VBA 代码进行自动化处理。如何快速地完成 VBA 代码的编写？我们可以考虑用宏录制的功能，先将选择几张日报表并构建公式的过程录制下来，然后使用循环语句将包含所有工作表的汇总公式自动填充。

首先单击汇总表的 D6 单元格，然后单击【录制宏】按钮，按【=】键，依次选择前 3 张日报表，接下来单击其中的 D6 单元格，按【+】键，最后一张日报表按【Enter】键结束，最后单击【停止录制】按钮，得到的宏代码如下：

```
Sub 宏1()
    ActiveCell.FormulaR1C1 = "='6月1日'!RC+'6月2日'!RC+'6月3日'!RC"
    Range("D7").Select
End Sub
```

观察这段代码可以发现，完成公式构建的核心其实就是将 R1C1 引用样式表示的字符串"='6月1日'!RC+'6月2日'!RC+'6月3日'!RC"赋值给汇总表中 D6 单元格的 FormulaR1C1 属性。事实上，汇总表中 D6 单元格的公式的值就是【='6月1日'!D6+'6月2日'!D6+'6月3日'!D6】，如图 7-3 所示。只要将这段字符串补全，就能代表剩余日报表的代码，再在外面加上一个 For 循环，就能设置好汇总表中所有单元格的公式。现在的问题在于，如何将这段字符串补全？

观察字符串"='6月1日'!RC+'6月2日'!RC+'6月3日'!RC"可以发现，除了第 1 个符号"="，其余的部分都是由"表名"+"!RC+"组成的。其中，"表名"是变量字符串，"!RC+"是常量字符串。"表名"可以由循环遍历取得。循环从第 2 张日报表开始，到最后一张日报表结束。因此，可以编写构造字符串的代码如下：

```
Sub 数据汇总()
    Dim str As String
    For i = 2 To Sheets.Count
        str = str & Sheets(i).Name & "!RC+"  '构造公式字符串的基本组成单元
```

```
        Next
        Debug.Print str
End Sub
```

图 7-3　汇总表中 D6 单元格的公式的值

运行这段代码的效果如图 7-4 所示。

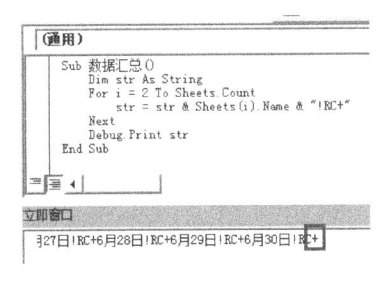

图 7-4　代码运行效果

观察代码运行效果，可以发现得到的字符串为"6 月 1 日!RC+6 月 2 日!RC+…+6 月 30 日!RC+"，虽然相比预期的公式字符串，该字符串的串首少了一个"="字符，串尾多了一个"+"字符，但是只要利用字符串函数对其再次进行处理，就能够符合构建填充公式的要求。完整的代码如下：

```
Sub 数据汇总()
    Dim str As String
    For i = 2 To Sheets.Count
        str = str & Sheets(i).Name & "!RC+"    '构造公式字符串的基本组成单元
    Next
    str = Left(str, Len(str) - 1)              '删除串尾的"+"字符
    str = "=" & str                            '在串首添加"="字符
    For i = 6 To 21
        Range("D" & i) = str                   '将 D 列填充汇总公式
        Range("E" & i) = str                   '将 E 列填充汇总公式
    Next
```

```
        Set rng = Nothing
    End Sub
```

在代码中，使用了 VBA 的内置函数 Left 和 Len，它们的共同作用是将串尾的"+"字符删除，添加"="字符，构成了填充公式，并填充至汇总表的 D 列和 E 列。从本例可以看出，使用 R1C1 引用样式来表达公式时，所有字符均保持不变，比使用 A1 引用样式来表达更为方便。

此后，无论是增加还是删除一张或数张日报表，或者将所有日报表全部替换，只要重新运行一下宏，就能立即完成汇总公式的更新，这无疑大大节约了我们的工作时间。

7.3 将日报表按日期拆分为不同的文件

在批量生成日报表后，有时还需要将日报表按日期拆分为不同的文件，并将拆分出的文件以日期作为工作表名字来命名，以供进一步使用。考虑到这一任务，以 7.1 节生成的文件为例，结果如图 7-5 所示。

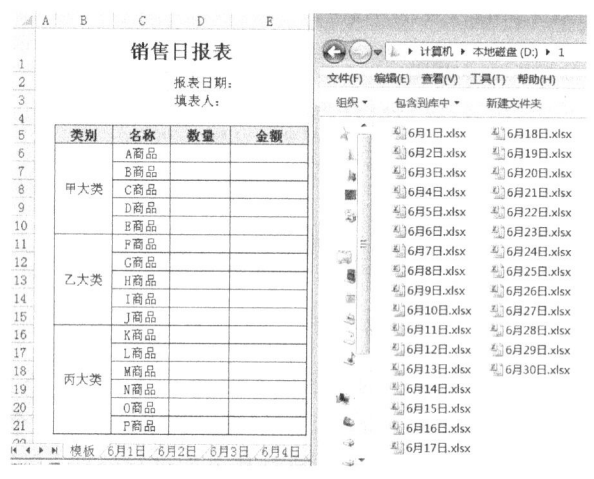

图 7-5 按日期拆分为不同的文件

7-3 将日报表按日期拆分为不同文件

如果进行手动操作，则操作步骤如下。

（1）右击名称为【6月1日】的工作表，在弹出的快捷菜单中选择【移动或复制】命令，然后在弹出的对话框中选择【新工作簿】选项，最后单击【确定】按钮，将弹出拆分后的新工作簿。

（2）在新工作簿中单击【保存】按钮，在选择保存路径后，单击【保存】按钮。假设将新工作簿保存至 D:\1 路径下。

（3）将除模板工作表外的其他工作表依次重复步骤（1）和步骤（2）的操作。

将以上步骤用 VBA 代码表达如下：

```
    Sub 将日报表拆分为不同的文件()
        Application.ScreenUpdating = False
        For i = 2 To Sheets.Count
            Filename = Sheets(i).Name           '取出第 i 张工作表的名字
            Sheets(i).Copy                      '复制第 i 张工作表为新工作簿
            ActiveWorkbook.SaveAs Filename:="D:\1\" & Filename & ".xlsx"
            ActiveWorkbook.Close
        Next
        Application.ScreenUpdating = True
    End Sub
```

对程序的解释如下。

（1）Application.ScreenUpdating = False 的作用是关闭屏幕刷新，打开屏幕刷新则使用 Application.ScreenUpdating = True，这两句代码通常配套使用。Excel 默认是打开屏幕刷新的状态，因此在关闭屏幕刷新后，程序结束前通常需要恢复打开屏幕刷新的默认配置。从视觉效果来看，打开屏幕刷新后能够在屏幕上实时显示程序运行的状态，便于实时了解代码的最新动态，但有时过快的刷新闪屏也会让使用者感到不适；而关闭屏幕刷新后虽然无法观察程序的运行过程，但是可以提高程序的运行速度。因此，关闭屏幕刷新有利于缩短程序的运行时间。

（2）Sheets(i).Copy 用于将工作表复制到新工作簿中，而原工作簿在执行该语句后会失去焦点，不能再用 Sheets(i).Name 的方式来获取表名，因此在执行该语句之前，先用 Filename = Sheets(i).Name 语句获取工作表的名字并放在 Filename 变量中，以便之后用表名命名新文件。当然，也可以用其他方式来实现用表名命名新文件的功能，读者可自行思考并尝试。

（3）VBA 代码有时是模拟手动对 Excel 的一个操作步骤，有时则是模拟连续的多个操作步骤。例如，本例中的 Copy 方法，模拟了将工作表拆分为新文件所需的连续的多个操作步骤。

（4）注意，本例将新生成的文件存储路径设置为 D:\1，因此，必须确保宏运行前该路径存在。有时希望将新文件的存储路径设置为要运行的宏代码文件的所在路径，这时可以使用 ThisWorkbook 的 Path 属性，即将代码中的参数赋值改为 Filename:=ThisWorkbook.Path & "\" & Filename & ".xlsx"。

7.4 根据模板批量生成部门日报表

有时也可以按部门、分支机构名称等要素批量生成日报表，但与 7.1 节不同的是，由于此时需批量生成表的数量、名称，不能像日期信息一样通过推论计算得到，因此需要将这些信息以一定的形式告诉 VBA，假设在文件内用配置表的形式列出需要生成的部门名称，如图 7-6 所示。

7-4 根据模板批量生成部门日报表

图 7-6 用配置表的形式列出需要生成的部门名称

VBA 代码表达如下：

```
Sub 生成部门日报表()
    Dim i As Integer
    irow = Sheet2.Range("A65536").End(xlUp).Row    '配置表的最大非空行数
    For i = 1 To irow
        Sheet1.Copy after:=Sheets(Sheets.Count)
        '将当前的最后一张工作表以部门命名
        Sheets(Sheets.Count).Name = Sheet2.Range("A" & i)
        '在当前最后一张工作表的E3单元格内填入部门名称
        Sheets(Sheets.Count).Range("E3") = Sheet2.Range("A" & i)
    Next
End Sub
```

对程序的解释如下。

（1）与 7.1 节由用户输入的循环次数不同，本例的循环次数等于需要处理的部门数量，而该数量等于配置表 A 列的记录条数，即该列最后一个非空单元格的行号。

（2）Sheet2.Range("A65536").End(xlUp).Row 的作用是使用 Range 对象的 End 和 Row 属性，获取 Sheet2 工作表 A 列的第 1 个非空单元格的行号。在 VBA 程序设计中，经常需要获得指定区域的第 1 个非空单元格的行号信息，以确定循环处理的范围，这是一种常用的技巧。

（3）新工作表的名称，以及填入新工作表固定位置的部门名称，都由 Sheet2（配置表）的 A 列循环取得。

7.5 批量删除日报表

在已经批量生成日报表的情况下，由于修改模板等原因，需要批量删除日报表，同样可以简单地使用 VBA 代码来表达如下：

```
Sub 批量删除工作表1()
    Dim i As Integer
    For i = 2 To 31
        Sheets(i).Delete
    Next
End Sub
```

7-5 批量删除日报表

运行该程序后会弹出警告框，如图7-7所示。

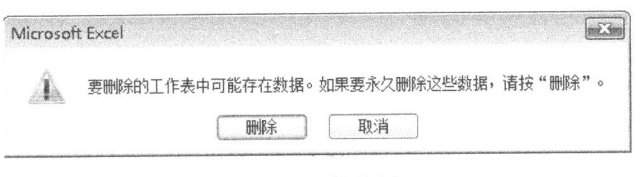

图 7-7 警告框

单击【删除】按钮后，再次弹出同样的警告框。在连续单击 15 次【删除】按钮后，最后弹出提示运行时错误的警告框，错误原因为下标越界，如图7-8所示。单击【调试】按钮，屏幕会跳转到 VBE 窗口。返回工作表界面，即可发现奇数日期的工作表已被全部删除，而偶数日期的工作表均未被删除。

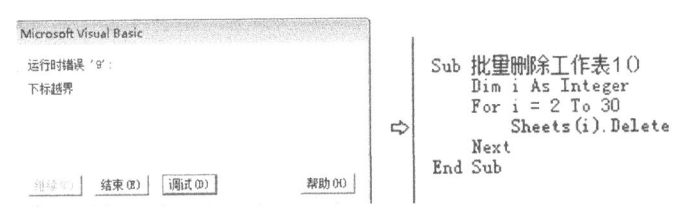

图 7-8 下标越界错误提示

当我们手动删除工作表时，会弹出警告框，以免误删除。但在批量删除时，程序每自动删除一张工作表，都会弹出一次这样的警告框，虽然不影响程序功能的实现，但是无疑阻碍了自动化的进程。解决这一问题的方法是在删除操作前添加 Application.DisplayAlerts = False 语句，关闭警告框弹出功能。但是不要忘记在程序结束之前使用 Application.DisplayAlerts = True 语句，恢复警告框弹出功能。

为什么会提示下标越界呢？我们以上面删除工作表为例，原来有 31 张 Sheet 工作表，因为在执行第 1 次循环时 i=2，所以 Sheets(i).Delete 语句将删除 Sheets(2)，即第 2 张 Sheet 工作表，此时执行没有问题。当 i=3 时，应删除 Sheets(3)，但要注意的是，此时的 Sheets(3) 实际上是原来的 Sheets(4)。因为在删除 Sheets(2) 之后，所有的 Sheet 工作表在位置上都依次向前移动了一位，原来的 Sheets(3) 在位置上已经变成了 Sheets(2)，所以删除的 Sheets(3) 实际上是原来的 Sheets(4)，而原来的 Sheets(3) 被漏删了。在执行多次循环后，工作表集合中的工作表数量不断减少，当程序执行到 i=17 时，Sheets(i).Delete 语句就应该删除第 17 张工作表，但此时工作表集合中工作表的数量之和已经小于 17，程序无法找到 Sheets(17)，就会提示下标越界。

解决批量删除工作表时可能出现的下标越界问题，有一个比较简单的方法，就是从后向前删除工作表。值得注意的是，这种方法同样适用于删除 Range 对象、删除行等操作。只需要将上述 Sub 过程"批量删除工作表 1"的循环修改为从大向小循环，就可以实现从后向前删除工作表的功能。需要注意的是，step 为-1。VBA 代码如下：

```
Sub 批量删除工作表2()
Application.DisplayAlerts = False
    Dim i As Integer
```

```
    For i = 31 To 2 step -1
        Sheets(i).Delete
    Next
Application.DisplayAlerts = True
End Sub
```

7.6　分发工作表的填写范围保护

在分发工作表给分支机构、下级部门填写时，往往希望可以在表中的一些单元格中输入数据，而另一些单元格保持不变。

其保护步骤如下。

7-6　分发工作表的填写范围保护

（1）锁定整张工作表的单元格。以 7.1 节的【模板】工作表为例，先按【Ctrl+A】组合键，选定整张工作表并右击，在弹出的快捷菜单中选择【设置单元格格式】命令，弹出【设置单元格格式】对话框，然后选择【保护】选项卡，并选中【锁定】单选按钮，最后单击【确定】按钮。

（2）取消单元格或单元格区域的锁定。例如，取消 E2:E3 区域的锁定，先选定 E2:E3 区域并右击，在弹出的快捷菜单中选择【设置单元格格式】命令，弹出【设置单元格格式】对话框，然后选择【保护】选项卡，取消选中【锁定】单选按钮，最后单击【确定】按钮。类似地，取消 D6:E21 区域的锁定。

（3）在 Excel 工作表界面中选择【审阅】选项卡，单击【保护工作表】按钮，弹出【保护工作表】对话框，并在其中输入密码，单击【确定】按钮。

通过以上 3 个步骤，我们发现在【模板】工作表中，只有 E2:E3 和 D6:E21 区域可以输入数据，如图 7-9 所示。其他区域因被保护而无法输入数据。如果试图填写数据，则会显示如图 7-10 所示的警告框。

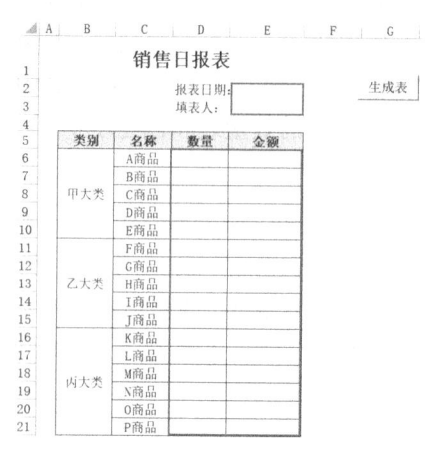

图 7-9　可以输入数据的区域

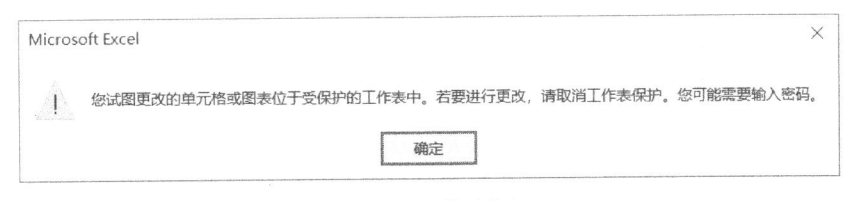

图 7-10 警告框

7.7 为用户显示个性化工作表

一个工作簿中通常存放着公司较多的信息。在实际工作中，出于对公司信息的保护，员工在打开工作簿时要先输入用户名与密码。当用户名和密码都正确时，再为员工提供所属权限下可查看的工作表，而不是将工作簿中所有的工作表都显示出来。

7-7 为用户显示
个性化工作表

例如，前景公司员工张三负责固定资产管理。当张三查看工作簿时，输入用户名和密码，根据其所属权限，只为他显示【主界面】、【张三】及【固定资产管理】3 张工作表。和张三类似，王五负责工资管理，根据其所属权限，也只为他显示自身权限对应的工作表。对张三与王五分别显示的工作表如图 7-11 所示。

图 7-11 对张三与王五分别显示的工作表

为了方便用户名、密码及工作表权限管理，我们设计了一个 UP 工作表。UP 工作表中的 A 列、B 列和 C 列分别存放用户名、密码及可以查看的工作表名称，如图 7-12 所示。如果需要加入新员工，则将员工信息依次添加在后面即可。因为 UP 工作表的内容属于保密信息，在工作表制作好后需要将其隐藏，所以程序将设置 UP 工作表的 Visible 属性为 False。

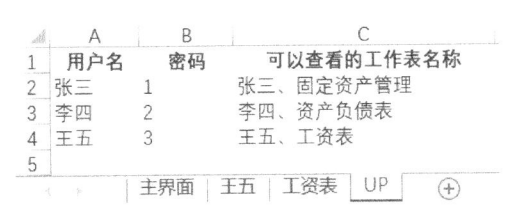

图 7-12 UP 工作表

在设置好 UP 工作表的属性后，要解决根据不同用户显示个性化工作表的问题，一般需要以下几个步骤。

（1）创建【主界面】工作表及 UP 工作表中 C 列提及的所有工作表。为了保证程序正常运行，【主界面】工作表与用户可查看的工作表必须是真实存在的。

（2）设计用户名与密码比对模块。将用户输入的用户名、密码与 UP 工作表存放的用户名和密码进行比对，判断用户输入的用户名与密码是否正确。此处的实现方法有多种，为了简单、容易地理解代码，我们可以将用户名与密码比对模块直接写入 If 判断语句中。

（3）根据用户名与密码是否正确来决定之后的操作。若用户名与密码正确，则将【主界面】工作表及用户可查看的工作表设置为可见的，并将其余工作表进行隐藏；若用户名与密码错误，则再提供两次输入机会，若这 3 次输入均不正确，则关闭 Excel 程序。

按照以上 3 个步骤设计程序，代码可以编写为：

```vba
Private Sub Workbook_Open()
    '先隐藏除【主界面】工作表外的所有工作表
    For n = 1 To Sheets.Count
        If Sheets(n).Name <> "主界面" Then Sheets(n).Visible = False
    Next
    For c = 1 To 3                        '给用户 3 次输入密码的机会
        UserN = InputBox("请输入您的用户名：")
        PassW = InputBox("请输入您的密码：")
        If CStr(UserN) = "张三" And CStr(PassW) = "1" Then
            '显示与张三相关的工作表
            Sheets("张三").Visible = True
            Sheets("固定资产管理").Visible = True
            Exit For           '若用户名与密码正确，则退出输入循环
        ElseIf CStr(UserN) = "李四" And CStr(PassW) = "2" Then
            '显示与李四相关的工作表
            Sheets("李四").Visible = True
            Sheets("资产负债表").Visible = True
            Exit For
        '若还有其他员工，可按李四的格式添加相应操作
        Else
            MsgBox ("密码输入错误！")
            If c = 3 Then
                ThisWorkbook.Saved = True
                Application.Quit    '关闭 Excel 程序，不保存
            End If
        End If
    Next
End Sub
```

在这个示例中，为了一打开工作簿就执行 VBA 代码，需要使用 Workbook_Open 事件，因此需要在 ThisWorkbook 的代码编辑界面编写 VBA 代码，如图 7-13 所示。进入代码编辑界面后，有两种方法可以创建事件：第一种方法为在手动编写 Private Sub Workbook_Open()语句后，按【Enter】键；第二种方法为先在对象下拉列表中选择【Workbook】选项，接着在过程/事件下拉列表中选择【Open】选项，就会自动创建 Workbook_Open 事件，如图 7-14 所示。

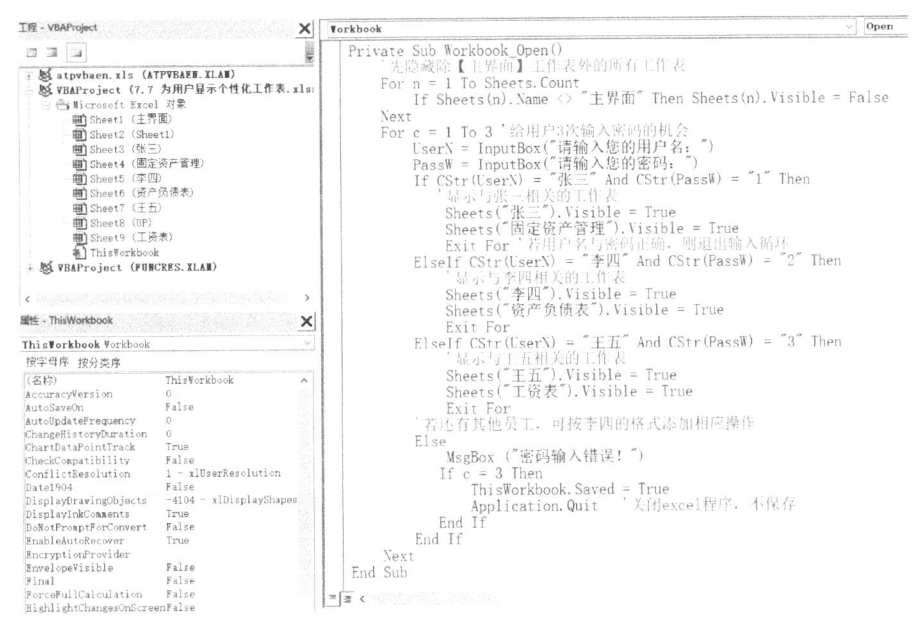

图 7-13 ThisWorkbook 的代码编辑界面

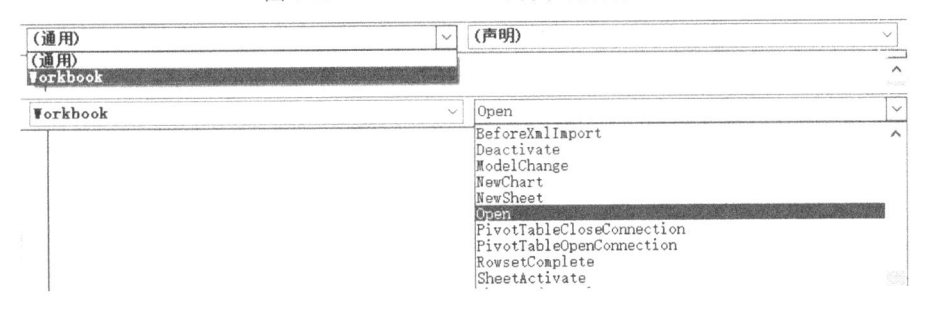

图 7-14 对象下拉列表与过程/事件下拉列表

在创建好 Workbook_Open 事件后，在判断密码前要先将除【主界面】工作表外的工作表隐藏，方便后续根据不同用户显示其所属权限对应的工作表。然后使用 InputBox 函数获得用户输入的用户名与密码，并直接在 If...Then 语句中对用户名与密码进行比较。当输入的用户名与密码正确时，将显示与该员工相关的工作表，并跳出循环，结束程序。

思考与练习题

1. 在按顺序删除工作表时，为什么要从后向前删除？

2. 简述对工作表设置保护的操作步骤。

3. 在批量生成统计报表后，为了方便使用，可以创建一个目录页，将文件中的所有表名按顺序展示在目录页中，并建立超链接。请使用 VBA 代码来实现这一过程。

第 8 章　日记账数据拆分到多表

有时需要将已有的数据文件进行拆分。例如，在工作中可能需要简化前景公司的日记账，将日记账数据按部门拆分到不同的部门表中，如图 8-1 所示。

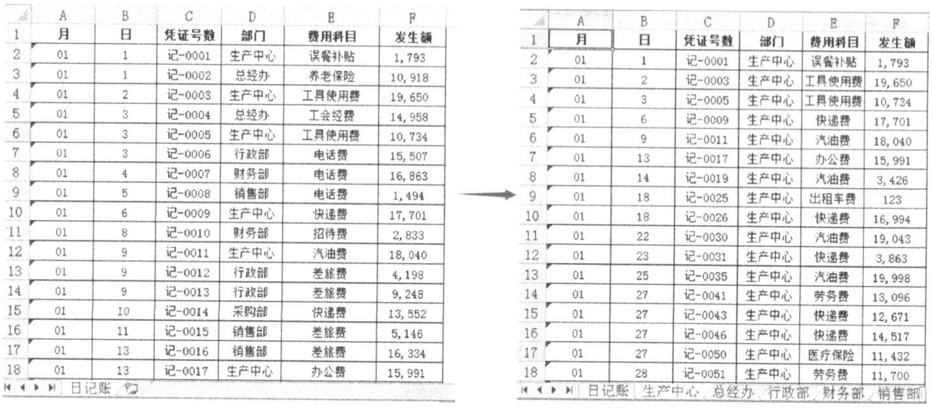

	A	B	C	D	E	F
1	月	日	凭证号数	部门	费用科目	发生额
2	01	1	记-0001	生产中心	误餐补贴	1,793
3	01	1	记-0002	总经办	养老保险	10,918
4	01	2	记-0003	生产中心	工具使用费	19,650
5	01	3	记-0004	总经办	工会经费	14,958
6	01	3	记-0005	生产中心	工具使用费	10,734
7	01	3	记-0006	行政部	电话费	15,507
8	01	4	记-0007	财务部	电话费	16,863
9	01	5	记-0008	销售部	电话费	1,494
10	01	6	记-0009	生产中心	快递费	17,701
11	01	8	记-0010	财务部	招待费	2,833
12	01	9	记-0011	生产中心	汽油费	18,040
13	01	9	记-0012	行政部	差旅费	4,198
14	01	9	记-0013	行政部	差旅费	9,248
15	01	10	记-0014	采购部	快递费	13,552
16	01	11	记-0015	销售部	差旅费	5,146
17	01	13	记-0016	销售部	差旅费	16,334
18	01	13	记-0017	生产中心	办公费	15,991

日记账

	A	B	C	D	E	F
1	月	日	凭证号数	部门	费用科目	发生额
2	01	1	记-0001	生产中心	误餐补贴	1,793
3	01	2	记-0003	生产中心	工具使用费	19,650
4	01	3	记-0005	生产中心	工具使用费	10,734
5	01	6	记-0009	生产中心	快递费	17,701
6	01	9	记-0011	生产中心	汽油费	18,040
7	01	13	记-0017	生产中心	办公费	15,991
8	01	14	记-0019	生产中心	汽油费	3,426
9	01	18	记-0025	生产中心	出租车费	123
10	01	18	记-0026	生产中心	快递费	16,994
11	01	22	记-0030	生产中心	汽油费	19,043
12	01	23	记-0031	生产中心	快递费	3,863
13	01	25	记-0035	生产中心	汽油费	19,998
14	01	27	记-0041	生产中心	劳务费	13,096
15	01	27	记-0043	生产中心	快递费	12,671
16	01	27	记-0046	生产中心	快递费	14,517
17	01	27	记-0050	生产中心	医疗保险	11,432
18	01	28	记-0051	生产中心	劳务费	11,700

日记账　生产中心　总经办　行政部　财务部　销售部

图 8-1　拆分日记账数据到不同的部门表中

完成这一任务，需要经过两个基本步骤。

（1）按部门生成部门表。

（2）将日记账数据按部门拆分到对应的部门表中。

8-1　日记账数据拆分到多表

接下来，我们讨论如何分步骤完成这一任务。

8.1　去重名生成部门表

首先，需要按【日记账】工作表中 D 列的部门名称新建工作表，且新建的工作表以部门名称命名。在前面的章节中，我们已经了解了基于单元格内容新建工作表并命名的方法。但这里出现了一个问题，D 列的部门名称有大量的重复名称，而对于重复名称，只能新建一次同名的工作表。

考虑手动新建工作表的过程，应该从 D 列的第 2 行开始，根据 D 列的部门名称判断是否已经存在同名的工作表。如果已经存在同名的工作表，则向下循环检查下一条记录；如果不存在同名的工作表，则以本条记录的部门名称为名来新建一张工作表。将上述逻辑过程用伪代码表示如下：

```
    For i = 2 to 日记账末行
        For j = 2 to 工作表数量
        If Cells(i, 4) = Sheets(j).name then
```

```
            找到了同名工作表
        End if
Next
    if 没找到同名工作表 then
        Sheets.Add after:=Sheets(工作表个数)
        Sheets(工作表个数).Name = Sheet1.Cells(i, 4)
    End if
Next
```

这个逻辑过程是一个双重循环过程。内层循环代表的是，对于某条记录，需要将其 D 列的部门名称与所有的工作表名称依次循环比对，查看是否同名；外层循环代表的是，对于日记账中的所有记录，需要依次完成与工作表的循环比对。

另一个问题是，如何用代码表示伪代码中的"找到了同名工作表"与"没找到同名工作表"的状态。查询是程序设计中一项常见的功能，可用于表达"找到"与"未找到"目标的不同状态。常用的技巧是引入一个布尔变量，如 found 表示查找结果的状态，当找到目标时，found 的值为 True 或 1；当未找到目标时，found 的值保持为 False 或 0。至此，我们已经能够将伪代码以 VBA 代码的形式编写如下：

```
Sub 重名建表()
    For i = 2 To Sheet1.Range("A65536").End(xlUp).Row
        found = 0
        For Each sht In Sheets
            If sht.Name = Sheet1.Cells(i, 4) Then
                found = 1
            End If
        Next
        If found = 0 Then
            Sheets.Add after:=Sheets(Sheets.Count)
            Sheets(Sheets.Count).Name = Sheet1.Cells(i, 4)
        End If
    Next
End Sub
```

注意，在每次外层循环的开始都要将 found 的初始值设为 0，表示在内层循环初期默认为"没找到同名工作表"的状态。

代码从【日记账】工作表（Sheet1）的第 2 行记录开始（i=2），found 的初始值为 0。在进入内层循环后，依次查找每张工作表的名字，未发现有名为"生产中心"（cells(2,4)）的工作表，因此在结束内层循环后，found 的值仍为 0，并执行新建表的语句，将新表的名称设置为"生产中心"。接着进入第 2 轮外层循环（i=3），found 的初始值为 0。在进入内层循环后，依次查找每张工作表的名字，未发现有名为"总经办"（cells(3,4)）的工作表，因此在结束内层循环后，再次新建表并将其名称设置为"总经办"。接着进入第 3 轮外层循环（i=4），found 的初始值为 0。在进入内层循环后，依次查找每张工作表的名字，发现已经有名为"生产中心"（cells(4,4)）的工作表，因此将 found 的值修改为 1，并在结束内层循环后，不再执行新建表的语句，进入下一轮外层循环……读者可在调试窗口中设置断点，并设置监视 i、found 等变量，以观测这个双重循环过程。

8.2 拆分数据到部门表

完成部门表的创建后，就可以考虑将日记账数据拆分到对应名称的部门表中。考虑手动处理这一任务的过程，应该从 D 列的第 2 行开始，根据该条记录中 D 列的部门名称，循环查找同名的工作表，在找到后，将该条记录复制到同名工作表的第 1 个非空行中，然后向下循环查找下一条记录。将上述逻辑过程用伪代码表示如下：

```
For i = 2 To 日记账末行
    For j = 2 To 工作表数量
        If 日记账的 Cells(i, 4) = 第j张工作表的名字 Then
            获取工作表的第 1 个非空行行数 s
            将日记账 Cells(i, 4)所在行复制到第j张工作表的 s+1 行
        End If
    Next
Next
```

这同样是一个双重循环过程。注意，这个任务对单元格区域的操作将在【日记账】工作表（Sheet1）和部门表之间不断切换，因此，在应用单元格区域时需要明确指出其所属工作表，否则容易出现执行错误。将上述步骤用 VBA 代码表示如下：

```
Sub 拆分数据到部门表()
    Dim i, j As Integer
    For i = 2 To Sheet1.Range("A65535").End(xlUp).Row
        For j = 2 To Sheets.Count
            If Sheet1.Cells(i, 4).Value = Sheets(j).Name Then
                s = Sheets(j).Range("A65535").End(xlUp).Row
                Sheet1.Cells(i, 4).EntireRow.Copy Sheets(j).Cells(s + 1, 1)
            End If
        Next
    Next
End Sub
```

上述代码中的内层循环用于循环查询第 2 张工作表到最后一张工作表的名称，并找到与【日记账】工作表中 Cells(i, 4)值同名的工作表后进行相关操作。事实上，在通过 Cells(i, 4)获知工作表名称且确定该工作表存在的情况下，可以直接通过 Sheets("名称")

的方式引用该工作表，而无须使用循环的方式进行查找。因此，可以将上述双重循环的程序结构简化为单层循环，代码如下：

```
Sub 拆分数据到部门表()
    Dim i, j As Integer
    For i = 2 To Sheet1.Range("A65535").End(xlUp).Row
        '获取与【日记账】工作表中第 i 行第 4 列单元格的值同名的工作表的
        '第 1 个非空末行行数，并赋值给 j
        j = Sheets(Sheet1.Cells(i, 4).Value).Range("A65535").End(xlUp).Row + 1
        '将【日记账】工作表中第 i 行复制到该行对应工作表的第 j 行
        Sheet1.Cells(i, 1).EntireRow.Copy Sheets(Sheet1.Cells(i, 4).Value).Cells(j, 1)
    Next
End Sub
```

其中，Sheet1.Cells(i, 4).Value 代表【日记账】工作表中第 i 行第 4 列单元格的值，而 Sheets(Sheet1.Cells(i, 4).Value)代表与该单元格的值同名的工作表。

8.3 清空部门表已有记录

在程序设计时，必须全面考虑程序应用的业务场景逻辑，否则即使程序的代码逻辑本身没有问题，也可能由于应用逻辑而引发预期外的问题。例如，8.2 节的工作表 Sub 过程"拆分数据到部门表"，其本身的代码逻辑是完善的，运行一次该 Sub 过程，【日记账】工作表中的所有记录会按预期被拆分到对应名称的工作表中。但如果再运行一次该 Sub 过程，则会发现【日记账】工作表中的所有记录会再次被拆分到部门工作表中，使部门工作表中的记录出现大量的重复，这就是未能全面考虑程序应用逻辑而带来的问题。事实上，在每次运行该 Sub 过程之前，应将各部门表中的原有记录清空，避免数据冗余。实现上述运行逻辑的 VBA 代码如下：

```
Sub 清空部门表已有记录()
    Dim sht As Worksheet
    For Each sht In Worksheets
        irow = sht.Range("A65535").End(xlUp).Row
        If sht.Name<>"日记账" Then sht.Range("A2:F" & irow).ClearContents
    Next
End Sub
```

这里对工作簿中的所有工作表进行循环操作，只要工作表的名字不是【日记账】，就执行从第 2 行起的记录内容清空（ClearContents）命令。在将数据拆分到部门表中之前，应先运行这段代码，确保不造成数据冗余。可以使用两种方法实现这一要求：一种是将这段代码添加到 Sub 过程"拆分数据到部门表"的起始位置；另一种是在 Sub 过程"拆分数据到部门表"的起始位置使用 Call 语句。

VBA 提供 Call 语句，用于实现 Sub 过程的相互调用，其语法格式为：

```
Call 过程名
```

因此，Sub 过程"拆分数据到部门表"的完善代码应为：

```
Sub 拆分数据到部门表()
    Dim i, j As Integer
    Call 清空部门表已有记录    '调用宏"清空部门表已有记录"
    For i = 2 To Sheet1.Range("A65535").End(xlUp).Row
        '获取与【日记账】工作表中第 i 行第 4 列单元格的值同名的工作表的
        '第 1 个非空末行行数，并赋值给 j
        j = Sheets(Sheet1.Cells(i, 4).Value).Range("A65535").End(xlUp).Row + 1
        '将【日记账】工作表中第 i 行复制到该行对应工作表的第 j 行
        Sheet1.Cells(i, 1).EntireRow.Copy Sheets(Sheet1.Cells(i,4).Value).Cells(j, 1)
    Next
End Sub
```

8.4 使用筛选功能优化拆分数据

通过 Sub 过程"拆分数据到部门表"，我们已经能够快速地将日记账中的数据自动拆分到对应的部门表中。但不足的是，这个 Sub 过程的运行速度较为缓慢。在启动运行后，可以看到屏幕上出现了明显的时间停滞，约 10 秒后才结束运行。当然，如果运行计算机的硬件配置更高，则这个运行时间能够缩短。为什么会运行这么长的时间呢？这是因为在该 Sub 过程中存在大量的对文件进行读/写的操作，如将【日记账】工作表中第 i 行复制到该行对应工作表的第 j 行，就需要先后执行一次对文件的读操作和写操作。文件存储在硬盘中，对其进行单次读/写操作的时间很短，为毫秒级甚至微秒级，因此，在一个程序中进行数十次甚至数百次的文件读/写操作，都能很快执行完成。但当文件记录达到上千条，读/写操作达到数千次时，运行时间的延长就令人无法忽略了。如果文件记录的数量更多，则运行时间可能达到令人难以接受的地步。因此，需要对程序进行优化。

一般而言，对程序运行速度进行优化有两种思路。一种是减少对文件的物理读/写次数，如先将文件数据一次性读入内存中，再对内存数据进行读/写操作，最后将内存中的数据一次性写回物理文件中。因为计算机对内存的访问速度远高于对硬盘的访问速度，所以在内存中读/写数据能大幅度提升程序的运行速度。另一种是改变计算方法，通过算法的改变来减少对物理文件的访问次数，从而减少程序的运行时间。

任务目标是将【日记账】工作表中的不同部门记录复制到对应的部门表中。当前读取

第 8 章 日记账数据拆分到多表

次数巨大的原因在于，需要对日记账中的记录进行逐条处理。如果能将【日记账】工作表中的记录先按部门进行分类筛选，然后将分类后的同部门记录一次性复制到对应的部门表中，则可以大大减少对文件的物理读/写操作，从而大幅度减少程序的运行时间。因此，可以考虑使用 Excel 的筛选功能优化拆分数据。

如果对使用 VBA 代码实现 Excel 的筛选功能不熟悉，则可以先使用宏录制功能将筛选过程进行录制，筛选过程的操作步骤如下。

（1）选中【日记账】工作表的第 1 行。

（2）单击【数据】→【筛选】按钮。

（3）单击 D1 单元格右边的下拉按钮，在下拉列表中取消勾选【全选】复选框，并在勾选【财务部】复选框后单击【确定】按钮。

（4）再次单击【数据】→【筛选】按钮，使界面恢复到筛选前的状态。

录制后得到的代码如下：

```
Sub 宏1()
    Rows("1:1").Select
    Selection.AutoFilter
    ActiveSheet.Range("$A$1:$F$1010").AutoFilter Field:=4, Criteria1:="财务部"
    Selection.AutoFilter
End Sub
```

对照录制过程，观察录制后得到的代码，容易发现代码与筛选过程的几个步骤一一对应。其中，核心的筛选功能由 AutoFilter 方法实现。该方法有两个参数：一个是 Field，其值为 4，分析可知其含义为在第 4 列选择筛选标准；另一个是 Criteria1，显然该参数的值就是需要筛选的标准关键词。至此，我们已经能够使用筛选功能对拆分数据的程序进行优化了，VBA 代码如下：

```
Sub 使用筛选功能优化拆分数据()
    Dim i As Integer
    Call 清空部门表已有记录    '调用清空部门表已有记录宏
    k = Sheet1.Range("A65535").End(xlUp).Row
    For i = 2 To Sheets.Count
        Sheet1.Rows("1:1").AutoFilter
        Sheet1.Range("A2:F"&k).AutoFilter field:=4,Criteria1:=Sheets(i).Name
        Sheet1.Range("A2:F" & k).Copy Sheets(i).Range("A1")
    Next
    Sheet1.Rows("1:1").AutoFilter
End Sub
```

对程序的解释如下。

（1）录制后得到的代码的第 1 行和第 2 行是选择当前工作表第 1 行后激活的筛选功能，可合并为一行代码，但需要指明当前表的具体名称，即 Sheet1.Rows("1:1").AutoFilter。

（2）获取 Sheet1 工作表最大非空行数 k 值的目的是确定筛选操作的区域。筛选的标准关键词是依次循环获得的各工作表名称。

（3）在程序结束前再次执行 AutoFilter 方法，使界面恢复到筛选前的状态。

在运行优化后的 Sub 过程后，可以发现程序几乎瞬间就完成了将【日记账】工作表的数据拆分到各部门表中的操作，优化效果十分显著。

8.5 按需选择拆分数据列

到目前为止，我们已经能够快速完成将日记账数据按 D 列的部门名称拆分到不同的工作表中。那么是否可以按其他列的数据进行拆分呢？进一步地，是否可以由用户指定按哪一列的数据进行拆分呢？

这一问题的答案显然是可以的。我们可以使用 InputBox 函数，由用户决定按哪一列数据进行拆分。但需要注意的是，用户在输入列数时，可能会输入不合理的值，因此需要进行输入值检验。

要考虑用户可能的输入情况。用户在输入数据时，如果输入的是字母或其他非数字符号，则弹出对话框提示用户并退出 Sub 过程；如果输入的是小数，则同样提示用户并退出 Sub 过程。用户输入的列数应在 1 和工作表最大列数之间，否则同样提示用户并退出 Sub 过程。这是一个多分支嵌套条件语句，VBA 代码如下：

```
Sub 输入列数检验()
    Dim icol, k
    '将工作表的最大列数赋值给变量 icol
    icol = Cells(1, 255).End(xlToLeft).Column
    k = InputBox("请输入你要按哪一列数据拆分：")
    If IsNumeric(k) Then                    '判断 k 是否是数字
        If Int(k) - k = 0 Then              '判断 k 是否是整数
            '判断 k 是否介于 1 和 icol 之间
            If Int(k) < 1 Or Int(k) > icol Then
                MsgBox ("请输入 1-" & icol & "的正整数！")
                Exit Sub
            End If
        Else
            MsgBox ("请输入整数，表示作为拆分依据的列数！")
            Exit Sub
```

```
            End If
        Else
            MsgBox ("请输入整数表示作为拆分依据的列数！")
            Exit Sub
        End If
End Sub
```

对程序的解释如下。

（1）在嵌套条件判断中，首先使用内置函数 IsNumeric()判断输入值是否为数字，如果是数字，则进入下一级条件判断；如果不是数字，则弹出对话框提示用户并退出 Sub 过程。

（2）下一级条件使用内置函数 Int()判断输入值是否为整数，如果变量 k 为整数，则 Int(k)-k = 0 为 True，进入下一级条件判断，否则为 False，弹出对话框提示用户并退出 Sub 过程。

（3）判断输入值是否介于 1 和最大列数之间，如果不符合范围条件，则同样弹出对话框提示用户并退出 Sub 过程。

至此，我们已经能够实现按需选择拆分数据列的全部功能设计。现在重新审视一下实现这一任务的业务场景步骤及逻辑。

（1）由用户决定按哪一列数据进行拆分并检验输入值。

（2）将工作簿中除【日记账】工作表外的所有工作表删除。

（3）按用户指定列的数据重命名生成的新工作表。

（4）使用筛选功能将【日记账】工作表中的数据拆分到对应的工作表中。

对于上述的每个步骤，我们都已经能够利用已有代码实现，现在只需要将这几个步骤对应的代码组合起来，并统一变量的表达即可实现完整的功能，代码如下：

```
Sub 日记账数据按指定列拆分到多表()
    Dim sht As Worksheet
    Dim k, i, j As Integer
    Dim irow As Integer
    Dim icol

    '由用户决定按哪一列数据进行拆分并检验输入值
    '将工作表的最大列数赋值给变量 icol
    icol = Cells(1, 255).End(xlToLeft).Column
    k = InputBox("请输入你要按哪一列数据拆分：")
    If IsNumeric(k) Then                        '判断 k 是否为数字
        If Int(k) - k = 0 Then                  '判断 k 是否为整数
            '判断 k 是否介于 1 和 icol 之间
```

```
            If Int(k) < 1 Or Int(k) > icol Then
                MsgBox ("请输入1-" & icol & "的正整数！")
                Exit Sub
            End If
        Else
            MsgBox ("请输入整数，表示作为拆分依据的列数！")
            Exit Sub
        End If
    Else
        MsgBox ("请输入整数，表示作为拆分依据的列数！")
        Exit Sub
    End If

    '将工作簿中除【日记账】工作表外的所有工作表删除
    Application.DisplayAlerts = False
    If Sheets.Count > 1 Then
        For Each sht In Sheets
            If sht.Name <> "日记账" Then
                sht.Delete
            End If
        Next
    End If
    Application.DisplayAlerts = True

    '按用户指定列的数据重命名生成的新工作表
    For i = 2 To Sheet1.Range("A65536").End(xlUp).Row
        found = 0
        For Each sht In Sheets
            If sht.Name = Sheet1.Cells(i, Int(k)) Then
                found = 1
            End If
        Next
        If found = 0 Then
            Sheets.Add after:=Sheets(Sheets.Count)
            Sheets(Sheets.Count).Name = Sheet1.Cells(i, Int(k))
        End If
    Next

    '使用筛选功能将【日记账】工作表中的数据拆分到对应的工作表中
    irow = Sheet1.Range("A65536").End(xlUp).Row
    For j = 2 To Sheets.Count
```

```
            Sheet1.Range("A1:F" & irow).AutoFilter Field:=Int(k), Criteria1:=
Sheets(j).Name
            Sheet1.Range("A1:F" & irow).Copy Sheets(j).Range("A1")
        Next

        Sheet1.Range("A1:F" & irow).AutoFilter
        Sheet1.Select
    End Sub
```

为了方便执行程序，将 Sub 过程"日记账数据按指定列拆分到多表"以宏的形式指定给【日记账】工作表中的【拆分数据到表】按钮。单击【拆分数据到表】按钮，在弹出的对话框中输入 1，可以发现文件立即按第 1 列的月份信息生成了 1 至 12 月的 12 张工作表，并将各月日记账数据复制到对应的月份表中。再次单击【拆分数据到表】按钮，在弹出的对话框中输入 5，可以发现文件立即将原月份表全部删除，并按费用科目生成了新的费用表。

思考与练习题

1. 在自动化业务处理中，如何在代码中根据处理对象的不同状态选择不同的处理方式？

2. 在将数据拆分到部门工作表中时，如果代码中不指明工作表名称，则会发生什么情况？请选择不同的工作表进行测试。

3. 请编写一个 Sub 过程，将拆分到不同工作表中的数据提取、合并到一个工作表中。

第 9 章　跨文件汇总报表

到目前为止，我们进行的 VBA 自动操作主要集中在单个文件内，但工作中经常需要在多个文件之间进行数据的交换、处理。例如，企业总部的会计人员可能需要在收集到各分支机构的上报表后，将这些上报表逐一打开，并将需要的数据复制到汇总表中再关闭。这个过程是否也可以使用 VBA 进行自动化操作呢？在这样的跨文件操作过程中，一个重要的问题是如何指定需要打开的文件。VBA 提供了多种工具来实现这一功能，其中，较为常用的一种是 Dir 函数。

9.1　认识 Dir 函数

Dir 函数是 VBA 的内置函数，其作用是返回一个 String。String 表示一个文件名、目录名或文件夹名。Dir 函数必须与指定的模式、文件属性或磁盘卷标相匹配。

Dir 函数的基本用法是 Dir(pathname)。其中，参数 pathname 是需要查找文件的全路径文件名，通常包含通配符，因此能够匹配查找多个文件。

Dir(pathname)仅返回匹配 pathname 的第 1 个文件名。如果想返回匹配 pathname 的其他文件名，则需要再次调用 Dir 函数，且不能使用参数。如果已经没有符合条件的文件，则 Dir 函数会返回一个零长度字符串。一旦返回值为零长度字符串，要想再次调用 Dir 函数，就必须指定 pathname，否则会产生错误。因此，如果已知匹配返回的文件数量，则可以用 For 循环反复调用 Dir 函数输出匹配成功的文件名；如果不知道匹配返回的文件数量，则可以用 Do 循环反复调用 Dir 函数输出匹配成功的文件名。

以上 Dir 函数的功能与用法描述对初学者而言不容易直观理解。因此，我们通过例子来进一步掌握。

9.2　判断分支机构上报文件是否存在

使用 Dir 函数可以判断一个文件是否存在，同时结合使用通配符 "*" 还可以进行模糊匹配。在 D 盘新建一个文件夹 1，并在其中新建 "北京分公司.xlsx" "上海分公司.xlsx" "广东分公司.xlsx" "江苏分公司.xlsx" "浙江分公司.xls" 5 个文件，在计算机任意位置新建 "判断文件是否存在.xlsm" 文件，并新建 Sub 过程：

9-1　判断分支机构上报文件是否存在

```
Sub dirTest()
```

```
    MsgBox (Dir("D:\1\广东分公司.xlsx"))
End Sub
```

在运行 Sub 过程后，可以看到弹出的对话框显示 Dir 函数返回的文件名为"广东分公司.xlsx"。如果将"广东分公司.xlsx"改为"云南分公司.xlsx"，则返回的是空字符串，如图 9-1 所示。

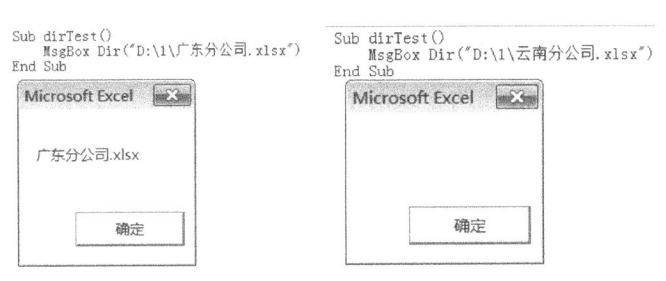

图 9-1　Dir 函数返回的文件名

可以看出，如果 pathname 匹配成功，则 Dir 函数返回该文件的文件名；如果 pathname 未匹配成功，则返回空字符串。利用 Dir 函数的这一特点，在"判断上报文件是否提交.xlsm"文件的 A 列列出所有需要被收集上报文件的分支机构，并将所有收集的分支机构上报文件放于指定路径下（如 D:\1\），即可快速判断分支机构是否已提交上报文件。VBA 代码如下：

```
Sub 判断上报文件是否提交()
    Dim i As Integer
    For i = 2 To Range("A65536").End(xlUp).Row
        If Dir("D:\1\" & Range("A" & i) & ".xls*") = "" Then
            Range("B" & i) = "尚未提交"
        Else
            Range("B" & i) = "已提交"
        End If
    Next
End Sub
```

运行该 Sub 过程，可以发现 B 列自动填充了"尚未提交"或"已提交"字样，如图 9-2 所示。

图 9-2　Sub 过程运行结果

VBA 中的通配符"*"代表任意一个字符。因此，Sub 过程中的".xls*"可以匹配包含".xls"".xlsx"".xlsm"的所有 Excel 文件，这增加了 pathname 的匹配弹性。

9.3 获取文件夹内的所有文件

在 Dir 函数的 pathname 中使用通配符"*"使得文件匹配弹性更高，但这带来了一个新的问题，即如果文件夹中存在两个或两个以上的文件都满足通配符要求，则会发生什么情况呢？

在 D:\1\路径下新建一个"浙江分公司.xlsx"文件，并新建 Sub 过程"测试匹配多值的 DIR 结果"，代码如下：

```
Sub 测试匹配多值的DIR结果()
    Dim str As String
    str = Dir("D:\1\浙江分公司.xls*")
    str = Dir
    str = Dir
    str = Dir
End Sub
```

9-2 获取文件夹内的所有文件

在 Sub 过程中，将每行的 str=Dir 处打上断点，并在监视窗口增加变量 str，运行后可以观察到：

（1）运行完 str = Dir("D:\1\浙江分公司.xls*")语句后，变量 str 的值为"浙江分公司.xls"。

（2）运行完第 1 句 str = Dir 后，变量 str 的值为"浙江分公司.xlsx"。

（3）运行完第 2 句 str = Dir 后，变量 str 的值为空字符串。

（4）运行完第 3 句 str = Dir 后，弹出报错信息，如图 9-3 所示。

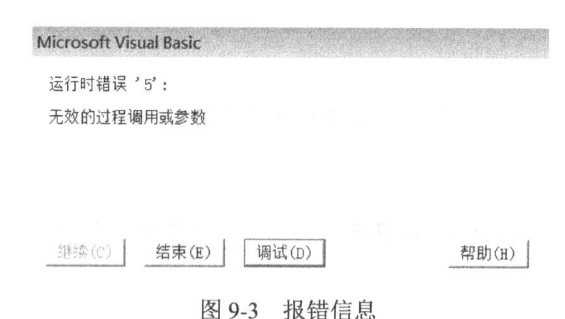

图 9-3 报错信息

这验证了 Dir 函数的使用特点，即调用 Dir 函数需要带参数 pathname，并返回匹配 pathname 的第 1 个文件名；若不带参数调用 Dir 函数，则得到其他匹配 pathname 的文件名；反复调用 Dir 函数，直至没有符合条件的文件，则返回零长度字符串。利用 Dir 函数的特点，可以方便地获取文件夹内的所有文件，代码如下：

```
Sub 获取文件夹内所有文件()
    Dim myFileName As String
    Dim i As Integer
    '匹配文件所在文件夹内的所有文件
    myFileName = Dir(ThisWorkbook.Path & "\*.*")
    i = 0
    Do While myFileName <> ""
        Cells(i + 1, 1) = myFileName
        myFileName = Dir
        i = i + 1
    Loop
End Sub
```

将包含这个 Sub 过程的文件存放于计算机的任何文件夹内，运行该 Sub 过程，就能立即在文件的第 1 列依次列出其所在文件夹内的所有文件。对这个 Sub 过程的解释如下。

（1）ThisWorkbook.Path 的含义是代码所在文件的路径，而 "*.*" 是用通配符匹配所有文件，二者用 "&" 连接起来，表示匹配文件所在文件夹内的所有文件。

（2）如果 myFileName 不等于""，则可以循环调用 Dir 函数来获得匹配成功的其他文件，但在不知道有多少文件匹配成功的情况下，无法得知需要循环的次数，因此不能使用 For 循环，只能使用 Do 循环。

（3）进入 Do 循环的条件是 myFileName <> ""，也可以采用 Len(myFileName) > 0，二者都表示 Dir 函数返回的值是非空的文件名。

（4）Cells(i + 1, 1) = myFileName 表示将获得的文件名写入 Cells(i + 1, 1)单元格内。其中，i 值在每轮循环中以 i = i + 1 的形式自增 1，控制写入的单元格依次下移一行。

（5）在循环体结束时，以 myFileName=Dir 的形式再次调用 Dir 函数，并为变量 myFileName 赋值，进入下一轮条件判断：如果 myFileName 值不等于""，则说明仍获得了文件名，进入循环体并将其写入单元格中；如果 myFileName 值等于""，则说明没有获得新文件名，循环结束。

9.4　跨文件操作的通用模板

利用 Dir 函数的特点，还可以构建一个跨文件操作的通用模板，使用 VBA 代码自动对其他文件进行查、读、写等各种操作。模板代码如下：

```
Sub 跨文件操作的通用模板()
    Dim str As String
    str = Dir("D:\1\*.xls*")
    Do While str <> ""
```

'这里可写入针对文件进行操作的所有语句

```
        str = Dir
    Loop
End Sub
```

对这一通用模板的解释如下。

（1）str = Dir("D:\1*.xls*")语句可以获得 D:\1\路径下后缀名以 xls 开头的第 1 个文件。这里的文件存储路径可以根据实际需要进行修改，文件名的匹配规则也可以根据实际需要进行修改，如使用"*.*"匹配路径内的所有类型文件。

（2）如果 str <> ""，则说明获得了新的文件名，可以进入循环体内。在循环体内，用户可以根据自己的需要写入语句，执行针对 str 变量所代表的文件的任何操作。

这一跨文件操作模板的作用在于，利用 str 变量在循环体内逐一提取指定匹配的文件，从而在循环体内以 str 变量为桥梁，对匹配到的文件逐一进行规则化处理。处理内容的规则由用户自定义语句来实现。

9.5 跨文件汇总部门日报表

第 7 章生成的部门日报表在分发后，由各部门填写并发送给汇总人员，存放在 D:\1\example 路径下。现需要将这些部门日报表全部汇总到一个文件中。当部门日报表数量较多时，需要将所有部门的日报表逐一打开，并将统计的日报表复制到汇总表文件中，再将部门日报表关闭，这样的操作显然是烦琐的。考虑到已有跨文件操作的通用模板，可以在该模板中增加对应的执行语句，实现汇总工作表的批量处理，代码如下：

```
Sub 跨文件汇总工作表()
    Dim str As String
    Dim wb As Workbook
    str = Dir("D:\1\example\*.xls*")
    Do While str <> ""
        Set wb = Workbooks.Open("D:\1\example\" & str)
        wb.Sheets(1).Copy    after:=ThisWorkbook.Sheets(ThisWorkbook.Sheets.Count)
        ThisWorkbook.Sheets(ThisWorkbook.Sheets.Count).Name = Split(str, ".")(0)
        wb.Close
        str = Dir
    Loop
    ThisWorkbook.Sheets(1).Select
End Sub
```

9-3 跨文件汇总部门日报表

可以看出，这个 Sub 过程套用了跨文件操作的通用模板，只有 Do 循环体内的前 4 行是针对本例所需操作写入的针对性代码，解释如下。

（1）调用工作簿的 Open 方法，打开 D:\1\example\路径下的文件。因为文件名 str 是变量，所以其与路径常量之间用 "&" 连接。注意，这里执行 Open 方法后返回的是一个对象。因此，将其赋值给对象变量时需要加 Set 关键字。

（2）前期生成的部门日报表文件只有一张工作表，为了避免填报人员修改工作表名字的干扰，使用 wb.Sheets(1)的方式指定对第 1 张工作表进行操作。

（3）工作表复制的目标位置是 Sub 过程所在工作簿的末张工作表之后。因此，使用 ThisWorkbook 表示目标位置所在的工作簿，使用 ThisWorkbook.Sheets.Count 表示该工作簿的工作表数量。

（4）注意，因为是跨文件操作，所有指定工作表的操作都必须先指定其所在的工作簿，这与之前的案例不同，之前的案例都是在同一工作簿内进行操作的，所以跨文件操作在代码中往往省略工作簿的指定。

（5）ThisWorkbook.Sheets(ThisWorkbook.Sheets.Count).Name = Split(wb.Name, ".")(0)语句的作用是为复制过来的工作表命名。为了确保新工作表与原文件在名称上的联系，考虑用原文件名为新工作表命名。因为 Dir 函数获得的文件名是 "北京分公司.xlsx" 的格式，所以需要将 str 变量的后缀名去掉，只保留英文符号 "." 前面的部分。这里使用内置的字符串函数 Split(str, ".")(0)，其含义是将 str 变量用"."分割后，取其前面的部分。

（6）执行完复制操作后，使用 wb.Close 语句将部门日报表文件关闭。

运行 Sub 过程，可以看到 D:\1\example\路径下所有部门日报表文件的日报表都被很快地汇总到了本文件中。

9.6　跨文件汇总所有报表

如果每个部门日报表文件中都有多张报表，需要将所有部门日报表文件中的所有报表全部汇总到一个文件中，则可以在 9.5 节的 Sub 过程的基础上，增加对每个打开文件的报表进行循环处理的功能，代码如下：

```
Sub 跨文件汇总所有报表()
    Dim str As String
    Dim wb As Workbook
    Dim sht As Worksheet
    str = Dir("D:\1\example\*.xls*")
    Do While str <> ""
        Set wb = Workbooks.Open("D:\1\example\" & str)
        For Each sht In wb.Sheets
```

9-4　跨文件汇总所有报表

```
            sht.Copy after:=ThisWorkbook.Sheets(ThisWorkbook.Sheets.Count)
            ThisWorkbook.Sheets(ThisWorkbook.Sheets.Count).Name = Split(str, ".")(0) & sht.Name
         Next
         wb.Close
         str = Dir
    Loop
    ThisWorkbook.Sheets(1).Select
End Sub
```

与 9.5 节的 Sub 过程相比,汇总每个文件的所有报表只需要增加一个 For Each 循环,遍历新打开文件的每张报表进行处理即可。需要注意的是,因为需要汇总的每个文件均可能有多张报表,所以以文件名为每张报表命名的方法将不再可行。为此,本例以"&"连接文件名和原报表名,为复制到新位置的报表命名,既避免了重名,又明确了新报表的来源。

思考与练习题

1. 请简述 Dir 函数的作用及特点。

2. 请使用 Dir 函数编写一个 Sub 过程,用来判断代码文件所在的文件夹中,有没有名为 test 的 Excel 文件。

3. 在 D:\1 路径下有 3 个 Excel 文件,名称分别为 company1、company2、company3,文件内的数据格式如图 9-4 所示。另一路径下的汇总文件如图 9-5 所示。现需要在不打开 company1、company2、company3 文件的情况下,在汇总文件中得到统计数据,请编写一个 Sub 过程实现这一要求。

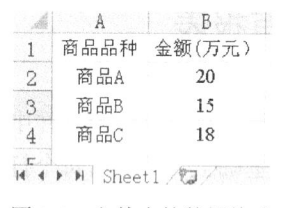

图 9-4　文件内的数据格式　　　　图 9-5　汇总文件

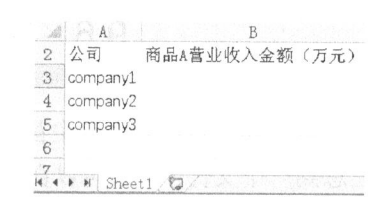

4. 编写一个 Sub 过程,将指定文件夹中的所有 Excel 文件(数量不确定)的所有工作表(数量不确定)的前 20 行和前 10 列的数据分别求和,并将求和结果放入代码所在的文件的对应单元格中。

5. 编写一个 Sub 过程,将指定文件夹下的所有 Excel 文件的数据记录全部汇总到代码所在的文件中。

第10章 数组及其财务应用

10.1 数组与非数组处理文件

在 8.4 节中提到过，计算机对 Excel 文件的读/写都要访问硬盘，速度较慢；对数组的读/写直接在内存中进行，速度很快。当需要处理的数据不多时，这样的速度差异并不明显，但当处理的数据较多，存在大量对文件的读/写操作时，这样的速度差异就会十分明显。为了更好地理解这一点，可以通过案例进行比较。

```
Sub 非数组处理时间()
    t = Timer
    For i = 1 To 20000
        Cells(i, 1) = i
    Next
    MsgBox ("程序运行时间：" & Timer - t)
End Sub
```

10-1 数组与非数组处理文件

这个 Sub 过程以循环的方式向工作表的第 1 列中写入了 20 000 个数据，执行了 20 000 次写文件操作，用时约 1.1 秒，如图 10-1 所示。其中，Timer 是 VBA 内置函数，其作用是返回自凌晨 00:00 起的秒数和毫秒数。

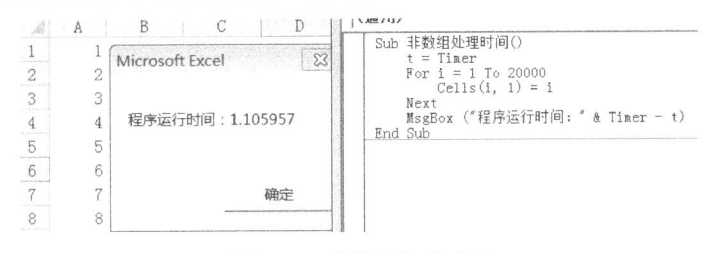

图 10-1 非数组处理时间

```
Sub 数组处理时间()
    t = Timer
    Dim arr(1 To 20000)
    For i = 1 To 20000
        arr(i) = i
    Next
    Cells(1, 1).Resize(20000, 1) = Application.Transpose(arr)
    MsgBox ("程序运行时间：" & Timer - t)
End Sub
```

这个 Sub 过程同样向工作表的第 1 列中写入了 20 000 个数据，但使用了数组的处理方式，只执行了一次写文件操作，用时约 0.06 秒，如图 10-2 所示。

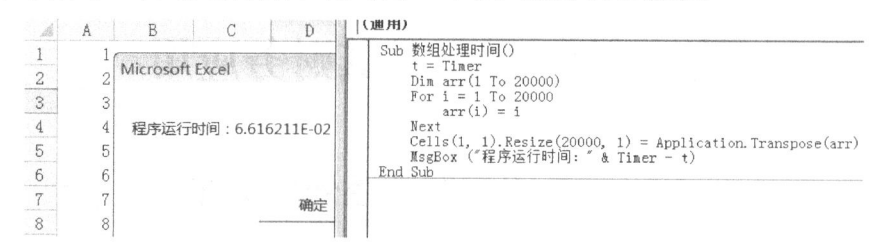

图 10-2　数组处理时间

因此，当处理的数据量较大，或者需要进行频繁的文件读/写操作时，就有必要使用数组来处理文件。

10.2　认 识 数 组

数组是一组相同类型数据的有序集合，在内存中占用连续的存储空间。数组的元素是同一种类型的数据，共享一个名字，即数组名；数组的元素通过数组名称和索引号来访问，即数组中的位置访问。

1. 数组的维度

使用 VBA 数组时需要明确数组的维度，常用的维度是一维数组和二维数组。一维数组可以用一行单元格来理解。图 10-3（a）所示为容纳 5 个元素的一维数组，其中的数字就是元素的索引号，注意，数组中的索引号默认从 0 开始。二维数组可以用 Excel 工作表的单元格区域来理解。图 10-3（b）所示为容纳 10 个元素的二维数组，第 1 个维度的索引号从 0 到 1，第 2 个维度的索引号从 0 到 4。

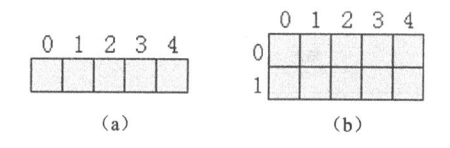

图 10-3　一维数组与二维数组

2. 数组的声明

常用的一维数组的声明格式有两种：

```
Dim 数组名(上界) As 数据类型
Dim 数组名(下界 to 上界) As 数据类型
```

因为第 1 种声明格式没有给出下界，所以数组的索引号默认从 0 开始。为了使用方便，通常采用第 2 种声明方式，并以 1 作为下界。例如：

```
Dim arr(1 to 10) As Integer
```

这句声明定义了一个数组名为 arr 的一维数组，其下标从 1 开始，至 10 结束，共 10 个整数型元素。arr(1)、arr(2)分别代表其第 1 个和第 2 个元素。

二维数组的声明格式与一维数组类似，也有两种：

```
Dim 数组名(维度1的上界,维度2的上界) As 数据类型
Dim 数组名(维度1的下界 to 维度1的上界,维度2的下界 to 维度2的上界) As 数据类型
```

可以看出，这两种声明格式唯一的不同是第 2 种声明格式需要设置两个下标，分别代表维度 1 和维度 2，例如：

```
Dim brr(1 to 3,1 to 5) As Integer
```

这句声明定义了一个数组名为 brr 的二维数组，第 1 个维度的下标从 1 开始，至 3 结束。第 2 个维度的下标从 1 开始，至 5 结束。因此，共有 15 个整数型元素。brr(1,1)、brr(2,3)分别代表其第 1 行第 1 列和第 2 行第 3 列的元素。

如果不知道数组的上界，则可以使用 UBound 函数获取数组相应维度的上界。其用法是 UBound(数组名,[第 n 维])，如 UBound(brr,1)的返回值为 3。同理，可以使用 LBound 函数返回数组相应维度的下界。

3. 动态数组

前面在声明数组时指定了数组的大小，该数组就是静态数组。但有时在声明数组时，并不能确定数组的大小。在 VBA 中，允许在首次定义数组时括号内为空，表示不确定数组的大小，该数组就是动态数组，其语法格式为：

```
Dim 数组名() As 数据类型
```

动态数组在程序运行过程中必须用 ReDim 语句重新指定数组的大小，从而重新分配存储空间，其语法格式为：

```
ReDim [Preserve] 数组名([下界 to] 上界) As 数据类型
```

其中，Preserve 是可选参数。重新定义动态数组意味着数组原来的存储空间被重新分配，因此数组原来存储的数据会丢失。如果不想丢失原来存储的数据，则需要加上 Preserve 参数进行数据保存，这样新增的数据就会排在原来的数据后面。

4. 数组的赋值

在声明数组之后，可以对其元素赋值。例如：

```
Arr(1)=3; Arr(3)=8
```

但这种对元素逐一赋值的方式意味着较大的录入工作量，因此并不常用。另一种方式是用循环的方式赋值。例如：

```
    For i = 1 to 5
        Arr(i) = i
    Next
```

5. 数组与 Range 对象

在 VBA 中，数组与 Range 对象之间的交互十分高效，既可以直接用 Range 对象给数组赋值，又可以直接将数组写入 Range 对象中。

1）用 Range 对象给数组赋值

可以将行、列数据赋值给数组，也可以将单元格区域赋值给数组，如图 10-4 所示。

	A	B	C
1	1	10	100
2	2	20	200

图 10-4　将单元格区域赋值给数组

```
Sub 将单元格区域赋值给数组()
    Dim arr(), brr(), crr(), drr()
    arr = Range("A1:A2")
    brr = Range("A1:C1")
    crr = Range("A1:C2")
    drr = Application.Transpose(Range("A1:A2"))
End Sub
```

在 End Sub 处打上断点，运行后可以在监视窗口观测到如下结果。

arr(1,1)=1，arr(2,1)=2；brr(1,1)=1，brr(1,2)=10，brr(1,3)=100；

crr(1,1)=1，crr(1,2)=10，crr(1,3)=100，crr(2,1)=2，crr(2,2)=20，crr(2,3)=200；

drr(1)=1，drr(2)=2。

注意，从 Excel 中取出的 Range 对象数据都是二维数组，如 arr、brr、crr。只有一种情况可以获得一维数组，即将列数据的 Range 对象用 Transpose 函数转置后得到的数组，如 drr。此外还需注意，用 Range 对象给数组赋值时，只能给未定义数据类型的动态数组赋值。因为已经定义了数据类型，或者已经定义元素个数的数组变量不能同时对其整体进行赋值，所以只能用循环的方式给数组元素逐一赋值。

2）将数组写入 Range 对象中

将数组写入 Range 对象中需要指定输出单元格区域的大小。

在不转置的情况下，(1 to M, 1 to N)型数组需要一个 M 行×N 列的输出单元格区域来完全容纳。如果指定的输出单元格区域大于 M 行×N 列，则多出的区域将会以"#N/A"填充；如果指定的输出单元格区域小于 M 行×N 列，则数组元素将得不到完整的显示。

如果要将单列数组，如(1 to M, 1 to 1)型数组写入 A1 单元格起的 A 列中，则写入语句一般为：

```
Range("A1:A" & M) = arr(1 to M, 1 to 1)
```

如果此时要写入 A1 单元格起的第 1 行，则可以用 Transpose 函数转置，指定的输出单元格区域可以使用 Resize 属性进行重构：

```
Range("A1").Resize(1 ,M) = Application.Transpose(arr(1 to M, 1 to 1))
```

对于多列区域，可以在不知道数组下标的情况下使用 UBound 函数，如将数组 crr 写入区域内：

```
Range("A1").Resize(UBound(crr,1),UBound(crr,2))= crr
```

10.3　查找各分支机构销售收入最高的商品及销售额

在收集了前景公司各分支机构的销售日报表之后，还需要对各类数据进行统计与分析，如分别查找各分支机构销售收入最高的商品及销售额，并将其填入统计表中，如图 10-5 所示。

10-2　查找各分支机构收入最高商品

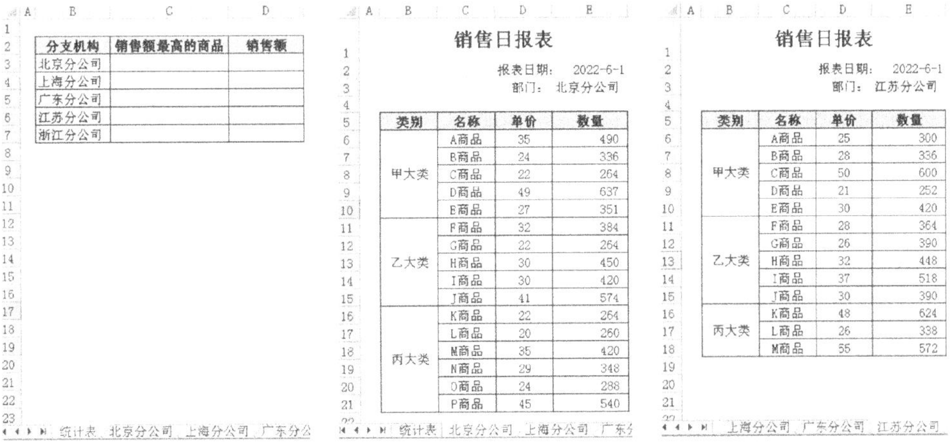

分支机构	销售额最高的商品	销售额
北京分公司		
上海分公司		
广东分公司		
江苏分公司		
浙江分公司		

销售日报表

报表日期：2022-6-1
部门：北京分公司

类别	名称	单价	数量
甲大类	A商品	35	490
	B商品	24	336
	C商品	22	264
	D商品	49	637
	E商品	27	351
乙大类	F商品	32	384
	G商品	22	264
	H商品	30	450
	I商品	30	420
	J商品	41	574
丙大类	K商品	22	264
	L商品	20	260
	M商品	35	420
	N商品	29	348
	O商品	24	288
	P商品	45	540

销售日报表

报表日期：2022-6-1
部门：江苏分公司

类别	名称	单价	数量
甲大类	A商品	25	300
	B商品	28	336
	C商品	50	600
	D商品	21	252
	E商品	30	420
乙大类	F商品	28	364
	G商品	26	390
	H商品	32	448
	I商品	37	518
	J商品	30	390
丙大类	K商品	48	624
	L商品	26	338
	M商品	55	572

图 10-5　对各类数据进行统计与分析

完成这一任务的手动操作过程：依次在每张销售日报表中找一列辅助列，如 F 列。在 F 列内先用公式“销售额=单价*数量”计算每种商品的销售额，然后找出销售额最高的数据及其对应的商品名称，分别填入统计表中对应的分支机构 D 列和 C 列的单元格中。这一过程可以在用录制宏的方式得到基本代码后改造成 For 循环的方式来运行。但由于存在统计表、工作表、商品记录的三重循环，在销售日报表的商品数量或分支机构数量较多时，将存在大量的单元格读/写操作，程序运行的速度会受到很大的影响。因此，考虑以数组的方式来完成，VBA 代码如下：

```vba
Sub 查找各分支机构销售收入最高的商品及销售额()
    Dim arr()
    Dim i,j, k As Integer
    For i = 2 To Sheets(1).Range("B65536").End(xlUp).Row
        For j = 2 To Sheets.Count
            If Range("B" & i) = Sheets(j).Name Then
                k = Sheets(j).Range("D65536").End(xlUp).Row
                ReDim arr(6 To k)
                For n = 6 To k
                    arr(n) = Sheets(j).Range("D" & n) * Sheets(j).Range("E" & n)
                Next
                Range("D" & i) = Application.WorksheetFunction. Max(arr)
                Range("C" & i) = Sheets(j).Range("C" & Application.WorksheetFunction.Match(Range("D" & i), arr, 0) + 5)
                Exit For
            End If
        Next
    Next
End Sub
```

在统计表界面运行该 Sub 过程，可以立即得到各分支机构销售收入最高的商品及销售额。对这个 Sub 过程代码的解释如下。

（1）该 Sub 过程共包含三重循环。其中，最外层循环针对统计表内的分支机构，中间层循环针对各分支机构的销售日报表。因此，它们的循环终值分别为 Sheets(1).Range("B65536").End(xlUp).Row 和 Sheets.Count。最内层循环则以 Sheets(j)中各商品的销售额（单价×数量）对数组 arr 的元素逐一赋值。arr(n)对应第 n 行商品的销售额。

（2）针对统计表内的每个分支机构，依次查找与其同名的工作表，如果找到了，则进入 If 分支结构，将该表中有商品记录的最大行数赋值给变量 k，并将数组 arr 的边界重新声明为(6 To k)。下界声明为 6 是因为所有日报表的表头一致，商品记录从第 6 行开始。上界声明为变量 k 是因为各分支机构的销售日报表记录数据可能不一致。

（3）For n = 6 To k 循环的含义是，在 Sheets(j)中，各商品的销售额对数组 arr 的元素逐一赋值，arr(n)对应第 n 行商品的销售额，相当于在 Sheets(j)中构建了一列代表销售额的虚拟列，同时回避了对 Excel 文件的写操作。

（4）工作表函数可以应用于数组，并使得运算简化。本例应用了 Max 工作表函数。Application.WorksheetFunction.Max(arr)的作用是获得数组 arr 中的最大值。

（5）获得了最高销售额后，应根据最高销售额所在的行数，获得对应的商品名称。此时的关键是确定该商品在日报表中的行数。观察日报表界面，可以看出商品在日报表中的行数可由两部分确定：一是工作表的表头，共 5 行；二是商品在商品记录中的顺序号。例如，B 商品在商品记录中的顺序号为 2，加上表头的行数 5 就是 7。因此，B 商品的名称在 C 列第 7 行。

（6）本例应用了工作表函数 Match 来确定商品在商品记录中的顺序号。该函数返回特定值在数组中的顺序号。在 Match 函数的参数中，Range("D" & i)是已填入的最高销售额，arr 表示在数组 arr 中搜索，0 表示精确匹配。因此，该函数返回最高销售额商品在商品记录中的顺序号，加上表头的行数 5，就得到了最高销售额对应的商品名称的行号，并由此得出商品名称后填入统计表的 C 列 i 行中。

（7）在完成数据写入后，针对本层循环中的分支机构，没必要再搜索其余的工作表，因此，使用 Exit For 语句退出本层 For 循环，继续外层的下一次循环，即搜索统计表中下一个分支机构对应的工作表。

需要注意的是，本 Sub 过程应在统计表界面下运行。如果要在其他工作表界面下运行，则需要将未指明工作表名的 Range 对象全部加上 Sheets("统计表")的限定。

10.4　记录拆分成借贷不同行

在会计业务中，经常会有将记录拆分成借贷不同行的需求。如图 10-6 所示，在原表中，B 列表示确认的收入额，C 列表示销项税额，D 列表示应收账款总额。现需要将 Sheet1 工作表中的每行记录改写到 Sheet2 工作表中借贷不同行的位置，使每行记录都变为 3 行。

	A	B	C	D
1	购方企业名称	收入	税额	总额
2	先锋科技公司	64, 200. 00	8, 346. 00	72, 546. 00
3	江达公司	70, 664. 60	9, 186. 40	79, 851. 00
4	前沿科技公司	58, 669. 91	7, 627. 09	66, 297. 00
5	涵耀公司	39, 223. 89	5, 099. 11	44, 323. 00
6	驱力公司	76, 721. 24	9, 973. 76	86, 695. 00

sheet1　Sheet2

	A	B	C
1	购方企业名称	借方	贷方
2	先锋科技公司	72, 546. 00	
3	先锋科技公司		64, 200. 00
4	先锋科技公司		8, 346. 00
5	江达公司	79, 851. 00	
6	江达公司		70, 664. 60

sheet1　Sheet2

图 10-6　记录拆分成借贷不同行

手动完成这一任务的过程十分简单，却非常烦琐。因为原表中的每行记录都将改写为 3 行，当记录量较大时，对 Range 单元格操作的 VBA 代码的运行速度将变得缓慢，所以考虑以数组的方式来完成。VBA 代码如下：

10-3　记录拆分成借贷不同行

```
Sub 记录拆分成借贷不同行()
    Dim brr()
    arr = Sheets(1).UsedRange
    ReDim brr(1 To UBound(arr) * 3, 1 To UBound(arr, 2)-1)
    r = 0
    For j = 2 To UBound(arr)
        If Len(arr(j, 1)) <> "" Then
            r = r + 1
            brr(r, 1) = arr(j, 1)
```

```
                    brr(r, 2) = arr(j, 4)
                    r = r + 1
                    brr(r, 1) = arr(j, 1)
                    brr(r, 3) = arr(j, 2)
                    r = r + 1
                    brr(r, 1) = arr(j, 1)
                    brr(r, 3) = arr(j, 3)
                End If
            Next j
            Sheets(2).UsedRange.Offset(1).ClearContents
            Sheets(2). Range("A2").Resize(r, 3) = brr
    End Sub
```

对 VBA 代码的解释如下。

（1）使用工作表的 UsedRange 属性将 Sheets(1)使用过的区域直接赋值给数组 arr（见图 10-6）。因此，arr 是一个 6 行 4 列的数组。

（2）在获得数组 arr 的维度信息后，重新指定目标格式数组 brr 的大小，以备写入 Sheets(2)中。因为将原记录每行改写为 3 行，列数比原记录列数减 1，所以数组 brr 维度 1 的上界写为 UBound(arr)*3。虽然比实际需要的行数多了两行，但是并不影响最终表格的表达。数组 brr 维度 2 的上界则为 UBound(arr, 2)-1。

（3）r 为数组 brr 的行数记录器，初始值为 0。每执行一次 r = r + 1 语句，代表行数加 1。

（4）For 循环体是基于原表数组 arr 逐行构造新表数组 brr，即每行的第 1 列都以 brr(r, 1) = arr(j, 1)保留公司名称，brr(r, 2) = arr(j, 4)表示将原数组的总额写入新数组的借方位置，brr(r, 3) = arr(j, 2)和 brr(r, 3) = arr(j, 3)表示分别将原数组的收入和税额写入新数组的贷方位置。其中，r = r + 1 表示下移一行。

（5）使用 Offset 属性将除表头外的已使用区域的内容清空。

（6）将数组 brr 写入以 A2 单元格为起点的 r 行 3 列的区域。使用 Resize 属性对写入区域进行重构。

思考与练习题

1. 以下语句是不是合法的数组声明？如果是，则声明的数组有哪些特点？

Dim cities(3 To 6) As Integer

2. 对数组赋值有哪些方式？请举例说明。

3. 请说明以下语句声明了什么维度的数组，具有什么特点？

（1）Dim arr(5)

（2）Dim arr(4) As byte

（3）Dim arr(1 to 3) As String

（4）Dim arr(3,2) As String

（5）Dim arr(1 to 3,1 to 2) As String

4. 请编写程序，用数组实现。在图 10-7 所示的 Sheet2 工作表的 B1 单元格中输入关键字后，可在 Sheet1 工作表的 A 列搜索包含关键字的行记录，并将所有搜索到的行记录写入 Sheet2 工作表的第 3 行起的位置。

	A	B	C	D	E
1	输入用途关键字：	差旅			
2	资金用途详细说明	费用机构	编号	部门	金额
3	差旅费	8177	11111	财务部	1000
4	差旅费	8177	11115	人力资源部	5000
5	差旅业务	8283	11116	行政部	6000
6	差旅费	8866	11124	财务部	14000
7	差旅业务	8867	11125	市场部	15000
8	差旅费	8873	11131	市场部	21000
9	差旅业务	8177	11132	生产部	22000
10					
11					

sheet1　sheet2

	A	B	C	D	E
1	用途详细说明	费用机构	编号	部门	金额
2	差旅费	8177	11111	财务部	1000
3	招待费	8177	11112	市场部	2000
4	水电费	8177	11113	市场部	3000
5	工会会费	8177	11114	生产部	4000
6	差旅费	8177	11115	人力资源部	5000
7	差旅业务	8283	11116	行政部	6000
8	养老保险费	8284	11117	财务部	7000
9	租房费	8285	11118	市场部	8000

sheet1　sheet2

图 10-7　数组实现的原始数据

5. 请使用数组编写一个 Sub 过程，计算每行的平均值，并将其填入图 10-8 所示的 G 列对应的单元格中。

	A	B	C	D	E	F	G
1	A客户	B客户	C客户	D客户	E客户	F客户	平均值
2	1	4	9	16	25	36	
3	2	8	18	32	50	72	
4	3	12	27	48	75	108	
5	4	16	36	64	100	144	
6	5	20	45	80	125	180	
7	6	24	54	96	150	216	
8	7	28	63	112	175	252	
9	8	32	72	128	200	288	
10	9	36	81	144	225	324	

图 10-8　计算平均值的原始数据

第 11 章　发　票　凑　数

在财务工作中很常见的一种需求是拼凑金额。例如，收到一笔回款，却不知道这笔回款与已开出发票之间的对应关系，这时就需要从已开出发票的金额中凑出回款金额，这样的工作在财务工作中统称为凑数。有时需要在一大堆发票中找出一定数量的发票，使其金额合计等于某一指定的总金额。如果通过计算器手动凑数字，不但耗费时间长，而且工作效率低，经常出现用计算器计算了很久，却依然凑不出指定金额的情况。而 VBA 则对这一问题提供了较好的自动化解决方案。

11.1　基于数组的简易解决方案

假设当前有 30 张零碎发票，前景公司会计人员需要从 30 张零碎发票中找出 4 张发票并凑出 979 元。解决此问题的步骤如下。

（1）将 30 张零碎发票的金额手动输入工作表的 A2 至 A31 单元格中，部分发票金额如图 11-1 所示。

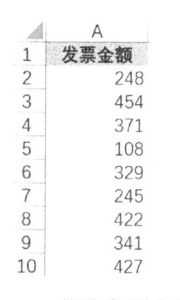

图 11-1　部分发票金额

11-1　基于数组的简易解决方案

（2）在 30 张零碎发票中任意选取 4 张发票，为了将其所有排列组合罗列出来，可以使用 4 层 For 循环来实现。每层 For 循环都从第 1 张发票遍历至第 30 张发票，最终实现 30×30×30×30=810 000 种组合。

（3）判断 4 张发票金额之和是否为 979 元，可以使用 If...Then 结构来实现。如果金额之和为 979 元，则使用 Exit Sub 语句退出程序。考虑到在 30 张零碎发票中，某些指定金额的发票组合多达数百种，但实际只需要可选的几种组合方式就能满足需求，因此，将组合的数量限制到最多 15 种。

（4）考虑到在循环中如果大量读取 Range 对象，会降低程序的运行速度，因此，将数据提前读取到数组中，以便在循环中使用。

根据上述思考步骤，可以编写出如下 VBA 程序：

```
Sub 循环暴力凑数()
    Dim i, j, k, n As Integer
    Dim arr()

    '使用数组的效率比直接读取单元格高很多
    arr = Range("A2:A31")   '赋值给数组
    a = Range("C2")         '将金额保存在变量中，避免循环中反复读取 Range 对象
    c = 0
    For i = 1 To 30
        For j = 1 To 30
            For k = 1 To 30
                For n = 1 To 30
                    If arr(i, 1) + arr(j, 1) + arr(k, 1) + arr(n, 1) = a Then
                        c = c + 1  '记录找到的组合数量
                        Range("E" & c + 1) = arr(i, 1)
                        Range("F" & c + 1) = arr(j, 1)
                        Range("G" & c + 1) = arr(k, 1)
                        Range("H" & c + 1) = arr(n, 1)
                        '如果已经找到 15 组，则退出过程
                        If c = 15 Then Exit Sub
                    End If
                Next
            Next
        Next
    Next
End Sub
```

本程序采用了 Exit Sub 语句退出过程。当程序发现 4 张发票金额之和为 979 元，而且 c 的值为 15 时，就会执行 Exit Sub 语句。此处变量 c 的作用就是限制发票组合的数量。程序执行的部分结果如图 11-2 所示。

	A	B	C	D	E	F	G	H
1	发票金额		发票凑数总额		金额1	金额2	金额3	金额4
2	248		979		248	248	278	205
3	454				248	248	313	170
4	371				248	248	205	278
5	108				248	248	170	313
6	329				248	108	329	294
7	245				248	108	294	329
8	422				248	329	108	294
9	341				248	329	294	108
10	427				248	245	120	366
11	278				248	245	366	120
12	245				248	341	294	96
13	412				248	341	96	294
14	294				248	278	248	205
15	384				248	278	205	248
16	120				248	245	120	366

图 11-2　程序执行的部分结果

根据 VBA 代码及其执行结果，可以发现通过 4 层循环将 30 张零碎发票中任意 4 张发票的所有排列组合罗列出来，再对 4 张发票金额之和进行判断的方式，存在以下缺点。

（1）此程序的 For 循环结构是固定的，因为有 4 层 For 循环，所以仅能寻找 4 张发票组成指定总金额。如果任意 4 张发票都不能组成指定金额，则程序将不会输出结果。但在实际情况中，凑成指定金额的发票组合方式有多种，我们更希望将指定金额的所有发票组合方式都找出来。

（2）此程序给出的组合结果中，一张发票的金额会被多次使用，这主要是由 4 层 For 循环的固有缺点造成的。为了罗列所有排列组合，每层 For 循环都必须从第 1 张发票遍历至第 30 张发票，这样就会导致一张发票金额在某种发票组合中多次出现。但在实际情况中，一张发票在一种组合方式里只能出现一次。除此之外，从程序的组合结果来看，发票金额所在的位置不同，程序都会将其视为不同组合，但在实际情况中，它们是同一种组合方式（见图 11-2 的第 7 行与第 8 行）。

可以思考一下，既然使用多层 For 循环实现凑数功能会出现以上两大缺点，那么有没有更好的实现方式呢？答案是有。下一节将提供一个能够克服以上问题的 VBA 代码，它可以帮助我们将指定金额的所有发票组合方式都找出来，并且不会出现一张发票的金额被多次使用的情况。

11.2　发票凑数宏的设计

发票凑数宏的设计步骤如下。

（1）设计【发票凑数】工作表。创建一个"发票凑数.xlsm"文件，选定一张工作表，并将其命名为【发票凑数】。为了方便查找是哪一张发票，将 A2 单元格及之后设计为存储发票编号的区域，B2 单元格及之后设计为存储对应发票金额的区域，C2 单元格用来输入想将发票凑成的指定金额，D2 单元格及之后设计为存储发票的所有组合结果的区域，并设置一个【开始凑数】按钮绑定宏，如图 11-3 所示。

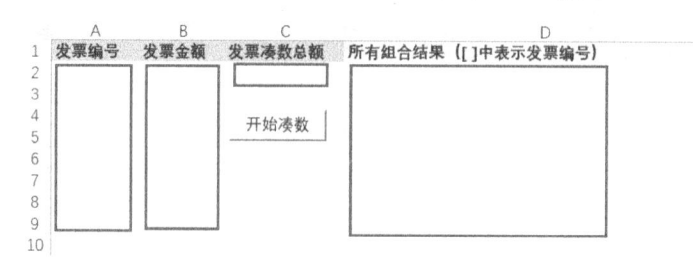

图 11-3　【发票凑数】工作表设计界面

11-2　发票凑数宏的设计

（2）确定发票金额组合的寻找方式。我们希望将指定金额的所有发票组合方式都找出来，但要考虑各种各样的组合方式，如可能有 2 张发票的组合，3 张发票的组合等。也就是说，如果要遍历每张发票，则遍历的层数需要根据发票张数动态变化，而递归求解恰好

是动态的。根据我们的思路,以递归方式实现的 VBA 代码可编写如下:

```vba
Dim arr1(1 To 10000, 1 To 1) As String '存放组合排列结果
Dim arr2 '存放发票金额
Dim arr3 '存放发票编号
Dim k, g, h As Single

Sub zuhe(x As Single, z As Single, sr As String)
    '初始值为x=1, z=0, sr=""
    '不能大于arr1上限
    If z + arr2(x, 1) = h And x < UBound(arr2) And k < 9999 Then
        k = k + 1 '记录组合数
        arr1(k, 1) = sr & arr2(x, 1) & "[" & arr3(x, 1) & "]" & " = " & h
        Exit Sub
    End If
    If x < UBound(arr2) And z < h Then
        If z + arr2(x, 1) < h Then
            '递归组合进行凑数
            zuhe x + 1, z + arr2(x, 1), sr & arr2(x, 1) & "[" & arr3(x, 1) & "]" & "+"
        End If
        zuhe x + 1, z, sr '继续寻找下一个数
    End If
End Sub

Sub 发票凑数()
    k = 0
    ActiveSheet.UsedRange.Offset(1, 3).ClearContents '清空输出区域
    Erase arr1    '清空数组中数据
    arr2 = Range("B2:B" & Range("B65535").End(xlUp).Row)
    arr3 = Range("A2:A" & Range("A65535").End(xlUp).Row)
    h = Range("C2")   '发票凑数总额
    Call zuhe(1, 0, "") '调用递归过程
    '将arr1中存放的组合排列结果写入Range区域
    Range("D2").Resize(k + 1) = arr1
    MsgBox ("找到" & k & "种组合!")
    Exit Sub
End Sub
```

为了方便执行宏,将发票凑数宏指定给【发票凑数】工作表上的【开始凑数】按钮(见图 11-3)。

11.3 发票凑数宏的说明

11.3.1 调用 Sub 过程

在 VBA 代码中，我们先定义了具有递归功能的 Sub 过程"zuhe"：

```
Sub zuhe(x As Single, z As Single, sr As String)
    ...
End Sub
```

在 Sub 过程"发票凑数"中为了调用 Sub 过程"zuhe"，采用 Call 关键字实现调用功能，具体的结构为：

```
Sub 发票凑数()
    Call zuhe(1, 0, "")  '调用 Sub 过程"zuhe"，并按顺序给出参数
End Sub
```

此结构可以抽象为一般的结构：

```
Sub 执行另一个Sub过程()
    Call Sub过程名(参数1,参数2,...)
End Sub
```

如果 Sub 过程"zuhe"没有参数，则只需写 Sub 过程名称，不用写 Sub 过程名称后面的括号。例如：

```
Sub 发票凑数()
    Call zuhe  '调用 Sub 过程"zuhe"
End Sub
```

11.3.2 递归

在理解发票凑数宏时，我们要先了解一下递归算法的原理。简单来说，递归就是程序在运行的过程中调用自己。理解递归最简单的例子是使用递归实现阶乘计算。在使用递归计算 n 的阶乘之前，我们先来看一下使用循环解决问题的常规思路。VBA 代码可编写如下：

```
Sub Fac(n As Integer)
    Dim i
    n = 1
    For i = 1 To n
        n = n * i
```

```
    Next
End Sub
```

再来看一下使用递归求解的写法。VBA 代码可编写如下：

```
Sub Fac(n As Integer)
    If n = 1 Then
        FAC = 1
    Else
        FAC = n * FAC(n - 1)
    End If
End Sub
```

跟踪这个程序的计算过程，令 n=4，调用这个函数，递归求解的过程如下：

```
(1) FAC(4)=4×FAC(3)      'n=4，调用函数过程 FAC(3)
(2) FAC(3)=3×FAC(2)      'n=3，调用函数过程 FAC(2)
(3) FAC(2)=2×FAC(1)      'n=2，调用函数过程 FAC(1)
(4) FAC(1)=1             'n=1，求得 FAC(1)的值
(5) FAC(2)=2×1=2         '回归，n=2，求得 FAC(2)的值
(6) FAC(3)=3×2=6         '回归，n=3，求得 FAC(3)的值
(7) FAC(4)=4×6=24        '回归，n=4，求得 FAC(4)的值
```

顾名思义，递归包含两个意思：递推和回归，这正是递归思想的精华所在。上面从步骤（1）到步骤（4）求 FAC(1)=1 的过程称为递推，从步骤（4）到步骤（7）求 FAC(4)=4×6 的过程称为回归。递推是指递归问题可以分解为若干个规模较小，与原问题形式相同的子问题。这些子问题可以用相同的解题思路来解决，如上面例子中所有 FAC(n)都可以用 n×FAC(n-1)来表示，具体为 FAC(4)=4×FAC(3)、FAC(3)=3×FAC(2)等。回归是指递归问题是一个从大到小、由近及远的过程，并且有一个明确的终点，一旦到达这个终点，就可以从终点原路返回原点，原问题就能得到解决，如上面例子中在递推终点得到 FAC(1)的值，从原路返回最终可以算出 FAC(4)的值。

从上面的例子可以看出，使用递归求解有两个条件。

（1）给出递归终止的条件与结果。在本例中，递归终止的条件是 n=1，结果是 FAC(1)=1。

（2）给出递归的表述形式，并且这种表述要向着终止条件变化，可以在有限步骤内达到终止条件。在本例中，当 n>1 时，给出的递归表述形式为 FAC(n)=n×FAC(n-1)，即函数值 FAC(n)用函数值 n×FAC(n-1)来表示。同时，参数的值向减少的方向变化。在第 n 步出现终止条件 n=1。

在 VBA 程序设计中，递归调用是指在一个过程中调用过程自身的语句。

下面是我们采用递归算法编写的实现凑数功能的 Sub 过程"zuhe"，代码如下：

```vba
Sub zuhe(x As Single, z As Single, sr As String)
    '初始值为x=1, z=0, sr=""
    '不能大于arr1上限
    If z + arr2(x, 1) = h And x < UBound(arr2) And k < 9999 Then
        k = k + 1 '记录组合数
        arr1(k, 1) = sr & arr2(x, 1) & "[" & arr3(x, 1) & "]" & " = " & h
        Exit Sub
    End If
    If x < UBound(arr2) And z < h Then
        If z + arr2(x, 1) < h Then
            '递归组合进行凑数
            zuhe x + 1, z + arr2(x, 1), sr & arr2(x, 1) & "[" & arr3(x, 1) & "]" & "+"
        End If
        zuhe x + 1, z, sr '继续寻找下一个数
    End If
End Sub
```

这段代码利用递归的方式将发票的所有组合方式遍历了一遍。在程序执行的开始，利用 Call zuhe(1, 0, "") 实现调用递归功能的 Sub 过程"zuhe"，并向其传递了 x、z、sr 三个参数，此后开始判断 z + arr(x, 1) 是否为指定金额 h，此时的 z + arr(x, 1) 为 0 + arr(0,1)，即第 1 张发票金额。如果 z + arr(x, 1) = h，则说明正好凑够了指定金额，程序停止，这就是上面提及的递归终止条件。其实，准确地说，递归条件是"z + arr2(x, 1) = h And x < UBound(arr2) And k < 9999"。如果 z + arr(x, 1) < h，则说明发票组合的总金额没达到指定金额，要继续在 Sub 过程"zuhe"内部调用 Sub 过程"zuhe"，并将第 1 个参数 x 设置为 x+1，表明继续取第 2 张发票，第 2 个参数设置为 z + arr(x, 1)，表明在有第 1 张发票金额的基础上继续增加第 2 张发票的金额，然后判断 z + arr(x, 1) 是否为 h，直到满足递归终止条件，退出递归。

11.4 发票凑数宏的应用效果

继续用本章开头的前景公司案例来说明发票凑数宏的应用效果，即有 30 张零碎发票，前景公司会计人员需要从 30 张零碎发票中找出 4 张发票，并凑出 979 元。首先，将 30 张零碎发票的金额依次放在 B2 单元格及之后的区域内。然后在 A2 单元格及之后的区域为其按顺序编号。最后，将 979 元输入 C2 单元格中。单击【开始凑数】按钮，经过计算，能凑成总金额为 979 元的所有发票组合结果都被存放到 D 列中，如 979 元共计有 40 种发票组合方式。其中，D 列[ ]中的数字代表发票的编号，是为了方便我们确定寻找第几张发票的。发票组合结果如图 11-4 所示。

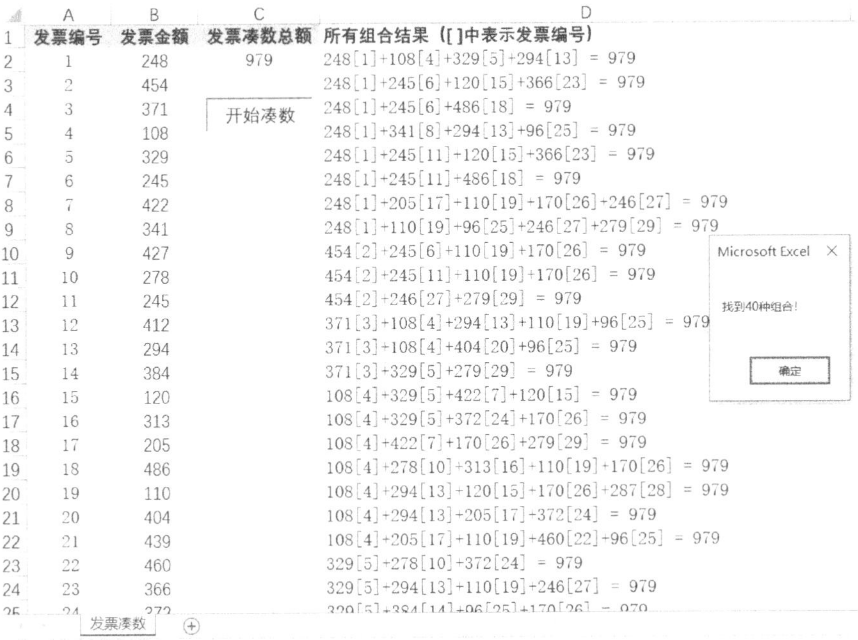

	A	B	C	D
1	发票编号	发票金额	发票凑数总额	所有组合结果（[ ]中表示发票编号）
2	1	248	979	248[1]+108[4]+329[5]+294[13] = 979
3	2	454		248[1]+245[6]+120[15]+366[23] = 979
4	3	371		248[1]+245[6]+486[18] = 979
5	4	108		248[1]+341[8]+294[13]+96[25] = 979
6	5	329		248[1]+245[11]+120[15]+366[23] = 979
7	6	245		248[1]+245[11]+486[18] = 979
8	7	422		248[1]+205[17]+110[19]+170[26]+246[27] = 979
9	8	341		248[1]+110[19]+96[25]+246[27]+279[29] = 979
10	9	427		454[2]+245[6]+110[19]+170[26] = 979
11	10	278		454[2]+245[11]+110[19]+170[26] = 979
12	11	245		454[2]+246[27]+279[29] = 979
13	12	412		371[3]+108[4]+294[13]+110[19]+96[25] = 979
14	13	294		371[3]+108[4]+404[20]+96[25] = 979
15	14	384		371[3]+329[5]+279[29] = 979
16	15	120		108[4]+329[5]+422[7]+120[15] = 979
17	16	313		108[4]+329[5]+372[24]+170[26] = 979
18	17	205		108[4]+422[7]+170[26]+279[29] = 979
19	18	486		108[4]+278[10]+313[16]+110[19]+170[26] = 979
20	19	110		108[4]+294[13]+120[15]+170[26]+287[28] = 979
21	20	404		108[4]+294[13]+205[17]+372[24] = 979
22	21	439		108[4]+205[17]+110[19]+460[22]+96[25] = 979
23	22	460		329[5]+278[10]+372[24] = 979
24	23	366		329[5]+294[13]+110[19]+246[27] = 979

图 11-4　发票组合结果

发票凑数的共同点是将多张发票进行组合，然后求和，再判断是否为指定金额。快速找到符合要求的组合有不同的实现方式，不同实现方式的效率也各不相同。在前文中，考虑到算法的复杂性，只使用递归做了一个简单的寻找发票组合方式的程序。该程序能应对数据量较小时的需求，当数据量较大时，寻找组合的效率就变得较低，有时甚至需要几分钟才能找到合适的组合。因此，这里为读者提供了一种虽然设计复杂，但效率较高的程序。有兴趣的读者可在配套文件中自行阅读。

现对此程序的使用进行简要说明。A 列至 F 列存放发票相关的信息，如图 11-5 所示。H 列至 N 列存放数据处理相关的初始值和结果，如图 11-6 所示。

程序简要说明如下。

1．发票金额范围

在 H1 单元格中输入想要汇总的发票金额。如果 H2 单元格中有输入，则表示汇总的发票金额在 H1:H2 区域内。如果省略 H2 单元格，则表示汇总的发票金额准确匹配 H1 单元格。

2．小数位数

在 H3 单元格中输入小数位数，用法同 Round 函数中的第 2 个参数。如果要设定两位小数，则在 H3 单元格中输入 2。小数位数在此表示精确度，如在 H3 单元格中输入 0，表示精确到个位数。当想要汇总的发票金额为 83 925.80 元时，对金额进行四舍五入为 83 926 元。在匹配金额时，总金额在[83 925.5, 83 926.5]范围内的发票组合都会被列出来。

推荐在 H3 单元格中输入 2，此时将准确匹配金额 83 925.80 元。

	A	B	C	D	E	F
1	编号	单位	发票号	金额	排列序号	提取发票序号
2		广东益友药业有限公司	123	90,884.00	1	
3		清远市天健医疗器械销售有限公	123	5,800.00	2	1
4		国药控股广州有限公司	123	9,447.20	3	12
5		广东益友药业有限公司	123	9,265.20	4	8
6		清远市丹阳医药有限公司	123	57,794.00	5	
7		清远市丹阳医药有限公司	123	16,083.20	6	13
8		清远市丹阳医药有限公司	123	42,359.40	7	
9		广州医药有限公司	123	13,762.00	8	
10	18	广州新博		47,867.00	9	
11		清远市天健医疗器械销售有限公	123	552.00	10	3
12		清远市天健医疗器械销售有限公	123	7,500.00	11	
13		清远市天健医疗器械销售有限公	123	7,250.00	12	7
14		清远市天健医疗器械销售有限公	123	1,200.00	13	7
15		清远市天健医疗器械销售有限公	123	3,750.00	14	4
16		清远市天健医疗器械销售有限公	123	9,720.00	15	11
17		广州医药有限公司	123	4,659.00	16	10
18		清远市天健医疗器械销售有限公	123	7,440.00	17	
19		广东益友药业有限公司	123	81,072.00	18	
20		广东省药品有限公司	123	82,256.51	19	
21		清远市天健医疗器械销售有限公	123	48,000.00	20	
22	17	广州高健		25,440.00	21	

图 11-5　工作表界面 1

H	I	J	K	L	M	N
83,925.80	发票汇总金额h1		发票序号	提取个数	提取金额	行位置
	允许最大金额h2		1	6	83,925.80	+E27+E60+E2+E164+E31+E128
2	小数位数d		2	6	83,925.80	+E155+E69+E23+E137+E145+E25
4	提取个数下限n1		3	6	83,925.80	+E150+E35+E159+E139+E96+E10
6	提取个数上限n2		4	6	83,925.80	+E121+E44+E92+E14+E24+E52
			5	6	83,925.80	+E33+E124+E167+E127+E79+E149
	凑数		6	6	83,925.80	+E135+E114+E166+E61+E153+E53
			7	6	83,925.80	+E160+E12+E125+E147+E151+E13
	恢复原始排序		8	6	83,925.80	+E130+E65+E4+E88+E111+E90
			9	5	83,925.80	+E99+E163+E87+E46+E77
			10	4	83,925.80	+E143+E81+E78+E16
			11	6	83,925.80	+E109+E76+E15+E152+E93+E63
			12	5	83,925.80	+E41+E56+E68+E3+E141
			13	6	83,925.80	+E154+E6+E70+E91+E42+E98
			14	4	83,925.80	+E22+E67+E36+E95

图 11-6　工作表界面 2

3．提取个数

提取个数表示组合中发票的张数之和。如果不在 H4 与 H5 单元格中输入数值，则表示将发票的所有组合方式都列出来；如果指定提取个数下限与上限，则表示组合中发票的张数之和只能在 H4:H5 区域内。推荐不指定 H4 与 H5 单元格的值，以保证匹配所有可能的解。

4．在 N 列查看结果

输入程序初始值后，单击【凑数】按钮，发票组合结果将在 N 列中显示，结果用发票的排列序号相加来表示。在计算中为了提高计算速度,发票的排列序号将被重新排列,在计算出结果后可以单击【恢复原始排序】按钮,重新对发票进行排序。

思考与练习题

1. 在发票凑数时,为什么要先将数据读取到数组中?

2. 在发票凑数时,使用多层嵌套 For 循环有什么缺点?

3. 在一个 Sub 过程中调用另一个 Sub 过程,使用什么关键字?

4. 什么是递归?递归过程的两个必要条件是什么?

5. 请编写 VBA 代码,用递归算法求第 n 个斐波那契数,斐波那契数列为 F(0)=0,F(1)=1,…,F(n)=F(n-1)+F(n-2) $n \geq 2$。

第 12 章　字典及其财务应用

字典（Dictionary）是微软 Windows 脚本语言中的一个对象，由具有唯一性的关键字（Key）和它的项（Item）联合组成。就像纸质字典一样，Key 相当于字典中的字，具有唯一性，Item 相当于每个字对应的解释。在 VBA 中，字典是一个十分有用的工具，在数据去重、汇总等方面都发挥着巨大的作用。在数据量较大时，字典代码简洁、运行速度快的优势尤为明显。

12.1　认识字典

1. 字典的调用

与之前的对象、函数不一样的是，VBA 本身并没有提供字典对象，因此，如果要在 VBA 中使用字典，则必须先进行调用，主要有两种方法。

（1）引用法：也叫前期绑定法。调用方式是在 VBE 窗口中单击【工具】→【引用】→【浏览】按钮，在找到 scrrun.dll 文件后单击【确定】按钮，就可以在代码窗口直接声明引用了。注意，引用时比声明变量时多写一个 New。标准的写法如下：

```
Dim dic As New Dictionary
```

（2）直接创建法：也叫后期绑定法。这种方法无须在 VBE 窗口中进行引用设置，直接在代码中创建字典对象即可。标准的写法如下：

```
Dim dic As Object
Set dic = CreateObject("scripting.dictionary")
```

2. 字典的属性与方法

VBA 中的字典对象有 6 种方法和 4 种属性。掌握这些方法与属性的基本用法是熟练应用字典来解决问题的前提。字典的方法如表 12-1 所示。字典的属性如表 12-2 所示。

表 12-1　字典的方法

方法	语法	作用
Add	object.Add (key,item)	向 Dictionary 对象中添加一个关键字项目对。如果要添加的 Key 已经存在，将导致报错
Keys	object.Keys	返回一个包含 Dictionary 对象全部关键字的一维数组，下限为 0，上限为 Dictionary 对象的条目数-1
Items	object.Items	返回一个一维数组，其中包含 Dictionary 对象的所有项目

续表

方法	语法	作用
Exists	object.Exists(key)	如果 Dictionary 对象中有 Key，则返回 True，否则返回 False
Remove	object.Remove(key)	从 Dictionary 对象中清除一个已有的关键字项目对。注意，如果指定的关键字项目对不存在，将导致报错
RemoveAll	object.RemoveAll	清除 Dictionary 对象所有的关键字项目对，即将字典清空

表 12-2 字典的属性

属性	语法	作用
count	object.Count	返回一个 Dictionary 对象中的条目数
Key	object.Key(ikey)=newkey	设置一个 Key。其中参数 ikey 是被改变的 Key 值，newkey 是用来替换的新值 如果在改变一个 Key 时没有发现该 Key，将创建一个新的 Key，并且与其相关联的 Item 被设置为空
Item	object.Item(key)[=newitem]	设置或返回 Dictionary 对象指定 Key 的 Item
CompareMode	object.CompareMode[=compare]	设置或返回在 Dictionary 对象中进行字符串关键字比较时所使用的比较模式。compare 就是一个代表比较模式，可以使用的值是 0（二进制数）、1（文本）、2（数据库）

需要注意的是，在使用 Add 方法向 Dictionary 对象中添加一个关键字项目对时，如果要添加的 Key 已经存在，将导致报错，因此这一方法并不常用。常用的方法是直接给字典项目赋值。例如，当执行 dic("张三")=18 语句时，如果 dic 字典中没有"张三"的 Key，将会为其创建一个名为"张三"的 Key，且其对应的 Item 值是 18；如果 dic 字典已经有名为"张三"的 Key，则会将该 Key 对应的 Item 值修改为 18，无论该 Key 之前对应的 Item 值是什么。可见，直接给字典项目赋值的方式既可以创建新的关键字项目对，又可以修改原有的项目值，因此，其更具有灵活性。

在 VBA 中，可以直接利用 Range 区域对象定义字典，也可以先将 Range 区域对象赋值给数组后，再用数组定义字典。字典的优势在于可以直接通过 Key 找值，速度比数组更快。

12.2 批量查找最近日期的价格

如图 12-1 所示，表中 A、B、C 三列分别是日期、存货编码及入库价，表示在不同日期前景公司各存货的入库价格。其中，日期按时间先后排序，存货编码是有重复的，但每次的入库价可能不一样。例如，存货编码为 0101019 的存货，在 2022 年 2 月 3 日的入库价是 10，而在 2 月 15 日的入库价是 11。现需要按存货编码将每种存货最近一次的入库价展示到本表中从 E2 单元格起的区域内。

12-1 批量查找最近日期的价格

	A	B	C
1	日期	存货编码	入库价
2	2022年2月3日	0101019	10
3	2022年2月4日	0101006	5
4	2022年2月5日	0101005	13
5	2022年2月6日	0101001	5
6	2022年2月7日	0101002	12
7	2022年2月8日	0101004	11
8	2022年2月9日	0101004	14
9	2022年2月12日	0101012	11
10	2022年2月10日	0101006	14
11	2022年2月11日	0101018	9
12	2022年2月13日	0101002	6
13	2022年2月14日	0101008	13
14	2022年2月15日	0101019	11

图 12-1　存货相关信息

在会计业务的存货核算中，类似这样的批量查找库存商品最近日期的价格是一类较为常见的需求。这类需求的特点是，关键字存在大量的重复项，需要按一定的规则将其中的重复项删除，只保留同类关键字记录中符合要求的一项，这样具有去重要求的需求十分适合使用字典进行处理。

程序设计的思路是：基于去重需求确定使用字典，因为需要按存货编码去重，所以将存货编码设置为字典的 Key。因为入库记录按时间顺序由上至下排列，所以可以由上至下按存货编码进行逐行遍历，将该行的存货编码赋值为字典的 Key。基于字典的特点，可以自动判断字典中是否已经存有本行存货编码的 Key，如果没有，则会自动新建本行存货编码的 Key。如果有，则不会新建。因此，在完成逐行遍历后，字典的 Key 数组将包含所有的存货编码，且没有重复。

因为入库记录已按时间顺序由上至下排列，所以可以在对每行进行遍历的同时，无论是否新建 Key，都将该行数据赋值给以该行存货编码为 Key 的 Item，这样就可以保证字典中的 Item 包含了最新的入库价信息。基于这一设计思路，本例的 VBA 代码如下：

```
Sub 查找最近日期的价格()
    Dim i, arr
    Dim dic As Object
    Set dic = CreateObject("scripting.dictionary")
    irow = Range("A65536").End(xlUp).Row
    Sheet1.Range("E2:G" & irow).ClearContents
    For i = 2 To irow
        key = Range("B" & i)
        dic(key) = Range("A" & i & ": C" & i)
    Next
    arr = dic.items
    For i = LBound(arr) To UBound(arr)
        Cells(2 + i, 5).Resize(1, 3) = arr(i)
    Next
End Sub
```

对 VBA 代码的解释如下。

（1）为了便于移植使用，使用 Set dic = CreateObject("scripting.dictionary")语句直接创建字典对象。

（2）因为要在从 E2 单元格起的连续 3 列中写入目标数据，所以先将这一区域的内容清空，防止已有数据的干扰，这里采用了简化写法，以 A 列的最大行数 irow 为准，将 E 列到 G 列从第 2 行到第 irow 行的数据内容清空。事实上，这一区域如果有数据，则应少于 irow 行。

（3）第 1 个 For 循环完成了字典的构建。该字典的 key 是存货编码，由 key = Range("B" & i)语句进行赋值；dic(key) = Range("A" & i & ": C" & i)语句则在生成字典的 Key 的同时，将所在行的 A 列至 C 列的数据赋值为对应的 Item。

（4）完成字典的构建后，将字典的所有项目赋值给数组 arr。注意，此时 arr 是一个一维数组，但该一维数组中的每个元素，又都是一个代表一行三列的二维数组。

（5）第 2 个 For 循环将数组 arr 中的数据信息以循环的方式写入 Range 对象中。因为并不知道源数据中有多少个不重复的数据代码，也就不知道字典的条目数，所以就不知道数组 arr 的上界。这里使用了 UBound 函数和 LBound 函数分别指定数组 arr 的上界和下界，这是一种较为常用的确认方式。

（6）Cells(2 + i, 5).Resize(1, 3) = arr(i)语句将查找结果写入 Range 对象中。注意，arr 是一个一维数组，可以用 arr(i)的方式获取其元素，但其每个元素都是一个代表一行三列的二维数组，因此，Range 单元格必须以 Resize 属性将其转换为一行三列的单元格区域，否则不能接收二维数组的数据。

程序运行的结果如图 12-2 所示。

图 12-2　批量查找最近日期的价格

12.3　批量汇总客户累计发货数量

如图 12-3 所示，表中 A、B、C 三列分别是客户名称、月份及发货数量，表示前景公司给各客户在不同月份的发货数量。其中，同一客户在同一月份可能有重复记录，但代表不同的发货批次。例如，先锋公司和江达公司在 1 月份都有两批次的发货记录。现需要按客户名称将每个客户的累计发货数量展示到本表中从 E2 单元格起的区域内。

图 12-3 客户的发货信息

12-2 批量汇总客户累计发货数量

这一需求与上一案例的相同点在于，都需要对关键字去重。而区别则在于，对于关键字重复的记录，不能简单地删除，而应将其"发货数量"字段的信息执行求和运算。

程序设计的思路是：基于去重需求确定使用字典，因为需要按客户名称去重，所以将客户名称设置为字典的 Key；因为需要汇总的是发货数量，所以将发货数量设置为字典的 Item。对发货记录进行逐行遍历，将字典的 Item 根据 Key 进行累加计算即可。基于这一设计思路，本例的 VBA 代码如下：

```
Sub 批量汇总客户累计发货数量()
    Dim i, arr
    Dim dic As Object
    Set dic = CreateObject("scripting.dictionary")
    Range("E:F").ClearContents
    arr = Range("A1").CurrentRegion
    For i = 2 To UBound(arr)
        dic(arr(i, 1)) = dic(arr(i, 1)) + arr(i, 3)
    Next
    Range("E1:F1") = Array("客户名称", "发货数量合计")
    If dic.Count > 0 Then
        Range("E2").Resize(dic.Count) = Application.Transpose(dic.Keys)
        Range("F2").Resize(dic.Count) = Application.Transpose(dic.Items)
    End If
End Sub
```

对 VBA 代码的解释如下。

（1）第 3 行和第 4 行代码的作用分别是直接创建字典对象及清空拟写入内容的区域。

（2）arr = Range("A1").CurrentRegion 语句的作用是将 A1 单元格所在区域赋值给数组 arr，赋值后的数组 arr 是一个 M 行 3 列的二维数组。

（3）For 循环完成了字典的构建，并以循环遍历的方式对每个客户的发货数量进行了累加计算。dic(arr(i, 1)) = dic(arr(i, 1)) + arr(i, 3)语句具有双重作用：一是根据数组 arr 的第 1 列数据即客户名称构建字典的 Key；二是将数组 arr 每行记录中的发货数量累加到相应 Key 的 Item 值中。例如，当 i=2 时，创建名称为“先锋公司”的 Key，其 Item 值为 404；当 i=3 时，创建名称为“江达公司”的 Key，其 Item 值为 383；当 i=3 时，因为“先锋公司”的 Key 已经存在，所以不创建新 Key，只改变其 Item 值为 404+211=615。

（4）最后一个环节是将字典写入文件的指定位置。为严谨起见，需要先使用 Count 属性判断字典的条目数，只有在字典条目数大于 0 时，才执行后续的写入操作。

（5）因为字典的 Keys 和 Items 都是由基础数据组成的一维数组，所以可以用 Application.Transpose 方法将它们写入相应的列区域。注意，Range("E2").Resize(dic. Count) 指的是从 E2 单元格起，向下扩张 dic.Count 行，这里省略了 Resize 属性的列参数，代表不对列进行扩张。

程序运行的结果如图 12-4 所示。

	A	B	C	D	E	F
1	客户名称	月份	发货数量		客户名称	发货数量合计
2	先锋公司	1	404		先锋公司	1752
3	江达公司	1	383		江达公司	510
4	先锋公司	1	211		前沿公司	483
5	江达公司	1	127		耀汉公司	1228
6	前沿公司	2	209		驱力公司	1178
7	耀汉公司	2	466		雷霆公司	1078
8	驱力公司	2	228		韩林公司	579
9	前沿公司	2	274		希尔公司	1222
10	耀汉公司	2	154		林兴公司	662
11	驱力公司	2	269			
12	雷霆公司	3	417			
13	韩林公司	3	112			

sheet1

图 12-4 批量汇总客户累计发货数量

12.4 批量汇总客户按月累计发货数量

与 12.3 节的源数据一样（见图 12-3），但此时的需求是按客户名称将每个客户的按月累计发货数量展示到本表中从 E2 单元格起的区域内。

12-3 批量汇总客户按月累计发货数量

这一需求与 12.3 节相比，区别似乎只是把总累计换成了按月累计，但这一细微区别将导致程序设计的逻辑发生明显变化。

12.3 节是按客户名称求总累计数量，因此，可以直接将客户名称作为字典的 Key。在要求的结果里，客户名称具有唯一性。但在本例要求的结果里，同一客户可能在数个月里都有发货数量记录，都需要分别按月汇总。因此，客户名称在结果数据里不再具有唯一性，也不再适合单独用来作为字典的 Key。考虑需求结果的数据结构，可以看出，此时“客户名称+月份”的组合仍具有唯一性。因此，可以考虑使用“A 列+B 列”数据的组合方式来生成 Key，进而根据组合 Key 对发货数量进行累加计算。

但此时不再适合与 12.3 节一样直接使用字典的 Item 来存放发货数量的数据，因为字典 Key 的形式与需求的数据格式不一样，所以不再适合直接写入文件中。那么，应该如何得到目标数据并写入文件中呢？事实上，仍然将源数据的 Range 区域赋值给数组，只要在数组内指定特定行号的"A 列+B 列"为 Key，并进行发货数量的累加，就能解决得到目标数据并写入文件的问题。只要将特定行号赋值为 Item，对应的"A 列+B 列"赋值给 Key，就构造出了指向数组特定行的字典，这些特定行就是本例需要的目标数据。基于这一设计思路，本例的 VBA 代码如下：

```
Sub 按月批量汇总客户累计发货数量()
    Dim i, j, arr, irow
    Dim dic As Object
    Set dic = CreateObject("scripting.dictionary")
    Range("E:G").ClearContents
    arr = Range("A1").CurrentRegion
    irow = 2
    For i = 2 To UBound(arr)
        If Not dic.exists(arr(i, 1) & "*" & arr(i, 2)) Then
            dic(arr(i, 1) & "*" & arr(i, 2)) = irow
            For j = 1 To UBound(arr, 2)
                arr(irow, j) = arr(i, j)
            Next
            irow = irow + 1
        Else
            arr(dic(arr(i, 1) & "*" & arr(i, 2)), 3) = arr(i, 3) + arr(dic(arr(i, 1) & "*" & arr(i, 2)), 3)
        End If
    Next
    Cells(1, 5).Resize(dic.Count + 1, UBound(arr, 2)) = arr
End Sub
```

对 VBA 代码的解释如下。

（1）将结果数据写入 E:G 区域。因此，先将这几列内容清空，并将源数据区域赋值给数组 arr，该数组的第 1 行是表头。

（2）定义的 irow 变量将指向数组 arr 中的特定行，这些行的"A 列+B 列"将对应于字典的 Key，同时，这些行的 C 列将执行 Key 对应的发货数量的累加计算。

（3）外层的 For 循环借助字典 dic 完成对数组 arr 的重构。

（4）字典 dic 的 Key 为 arr(i, 1) & "*" & arr(i, 2)，即由"*"将数组 arr 的第 1 列和第 2 列连接起来。Not dic.exists(arr(i, 1) & "*" & arr(i, 2)))语句的含义是，字典 dic 没有 arr(i, 1) & "*" & arr(i, 2)的 Key 值。

（5）dic(arr(i, 1) & "*" & arr(i, 2)) = irow 语句具有双重作用：一是新建了值为 arr(i, 1) & "*" & arr(i, 2)的 Key；二是将 irow 赋值给该 Key 对应的 Item。

（6）在新建 Key 后，使用 For 循环将数组 arr 的原 i 行的数据依次赋值给数组 arr 的 irow 行，随后将 irow 自增 1，指向数组 arr 的下一行。

（7）arr(dic(arr(i, 1) & "*" & arr(i, 2)), 3) = arr(i, 3) + arr(dic(arr(i, 1) & "*" & arr(i, 2)), 3) 语句的含义是，如果字典 dic 已经存在 Key 值 arr(i, 1) & "*" & arr(i, 2)，则该 Key 值所在行的发货数量将累加本行的发货数量。注意，dic(arr(i, 1) & "*" & arr(i, 2))是 Key 值 arr(i, 1) & "*" & arr(i, 2)对应的 Item 值，该 Item 值是新建 Key 时的 irow 编号，由前述的 dic(arr(i, 1) & "*" & arr(i, 2)) = irow 语句来指定。

（8）对照图 12-3 的数据可以更好地理解上述的 For 循环过程。例如，当 i=2 时，新建 Key "先锋公司*1"，其 Item 值为 2；当 i=3 时，新建 Key "江达公司*1"，其 Item 值为 3；当 i=4 时，对应的 Key "先锋公司*1" 已经存在于数组 arr 的第 2 行，因此，应执行 arr(2, 3) = arr(4, 3) + arr(2, 3)语句，即数组 arr 的第 2 行第 3 列执行了 Key "先锋公司*1" 的发货数量累加计算；当 i=5 时，对应的 Key "江达公司*1" 已经存在于数组 arr 的第 3 行，因此，应执行 arr(3, 3) = arr(5, 3) + arr(3, 3)语句，即数组 arr 的第 3 行第 3 列执行了 Key "江达公司*1" 的发货数量累加计算；当 i=6 时，新建 Key "前沿公司*1"，其 Item 值为 4，并将数组 arr 第 6 行的第 1 列至第 3 列的数据依次赋值给数组 arr 第 4 行的第 1 列至第 3 列。

（9）在外层 For 循环运行完成后，数组 arr 自第 2 行至第 irow-1 行已经被全部重构，存放的是需求的客户按月累计发货数量。因为 i 的起始值是 2，所以数组 arr 被重构的末行行数也可以表达为 dic.Count + 1，Cells(1, 5).Resize(dic.Count + 1, UBound(arr, 2)) = arr 语句将数组 arr 的前 dic.Count + 1 行数据写入从 Cells(1, 5)起的区域。在数组 arr 中，超过 dic.Count + 1 行的数据由于 Resize 范围的限制而被直接丢弃。

程序运行的结果如图 12-5 所示。

	客户名称	月份	发货数量	客户名称	月份	发货数量
1						
2	先锋公司	1	404	先锋公司	1	615
3	江达公司	1	383	江达公司	1	510
4	先锋公司	1	211	前沿公司	2	483
5	江达公司	1	127	耀汉公司	2	620
6	前沿公司	2	209	驱力公司	2	497
7	耀汉公司	2	466	雷霆公司	3	643
8	驱力公司	2	228	韩林公司	3	579
9	前沿公司	2	274	希尔公司	4	580
10	耀汉公司	2	154	耀汉公司	4	608
11	驱力公司	2	269	驱力公司	5	681
12	雷霆公司	3	417	雷霆公司	5	435
13	韩林公司	3	112	先锋公司	6	1137
14	雷霆公司	3	226	希尔公司	7	642
15	韩林公司	3	467	林兴公司	7	662
16	希尔公司	4	475			

图 12-5　批量汇总客户按月累计发货数量

思考与练习题

1. 在 VBA 中，字典有哪些方法和属性？

2. 字典的 Keys 方法和 Items 方法返回的数据具有什么特点？

3. 请用字典编写一个 Sub 过程，以对话框的形式顺序显示 1~100。

4. 请用字典编写一个 Sub 过程，在工作表的 A 列中顺序显示 1~10000，在 B 列中以逆序显示。

5. 请用字典统计圆周率前 500 位中各数字出现的频率，并展示在工作表的前两行中。

第 13 章 窗体与控件

窗体与控件主要应用于用户界面设计。友好的用户界面设计，能让用户与计算机更好地交互信息。

13.1 初识窗体与控件

在设计与用户交互的自定义对话框时，总是从窗体开始。如果对窗体缺乏直观概念，则可以回想一下在使用 QQ、微信、微博等应用程序时，一般都要先在登录窗体的界面中输入用户名和密码，待身份验证通过后才能使用。下面让我们制作一个登录窗体的界面，当打开工作簿时，先显示该登录窗体的界面，只有输入正确的用户名及密码后，才能显示和使用该工作簿。

13-1 初识窗体与控件

【案例】

打开配套文件"用户名与密码.xlsm"。实践操作任务如下：①设计登录窗体的界面；②设置初始用户名和密码；③添加代码，为控件设置功能。

（1）设计登录窗体的界面。

① 打开 Visual Basic 编辑器，单击工具栏上的【插入用户窗体】按钮或选择【插入】→【用户窗体】命令，系统会添加新的用户窗体。选中窗体并用鼠标调整其大小，直到满意为止，如图 13-1 所示。

② 将窗体的名称设置为"登录界面"，Caption 属性设置为"用户名：小刘；密码：1234"，如图 13-2 所示。

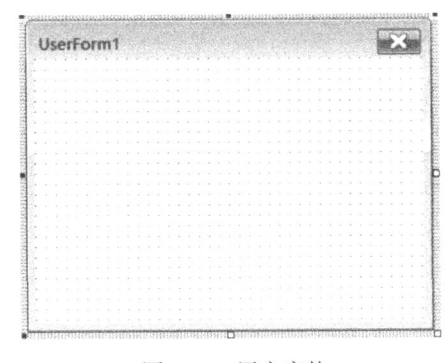

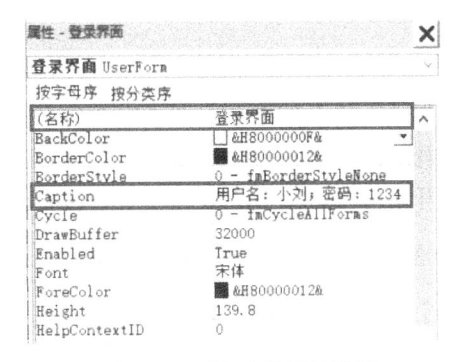

图 13-1 用户窗体　　　　图 13-2 用户窗体属性设置

③ 双击【工程资源管理器】窗口中新添加的窗体，将会出现添加控件对象所用的工具箱，首先，从工具箱中拖曳两个标签，并将第 1 个标签的 Caption 属性设置为"用户名"，

第 2 个标签的 Caption 属性设置为"密码"。然后从工具箱中拖曳两个文本框，将输入用户名的文本框名称设置为 User，将输入密码的文本框名称设置为 Password。最后，从工具箱中拖曳两个按钮命令，并将第 1 个按钮命令的 Caption 属性设置为"登录"，名称设置为 CmdOk，将第 2 个按钮命令的 Caption 属性设置为"退出"，名称设置为 CmdCancel，如图 13-3 所示。

④ 将 Password 文本框（输入密码的文本框）的 PasswordChar 属性设置为"*"，让输入其中的内容都显示为"*"，如图 13-4 所示。

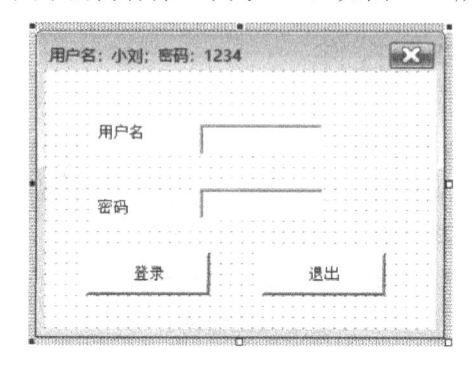

图 13-3　添加控件对象至用户窗体 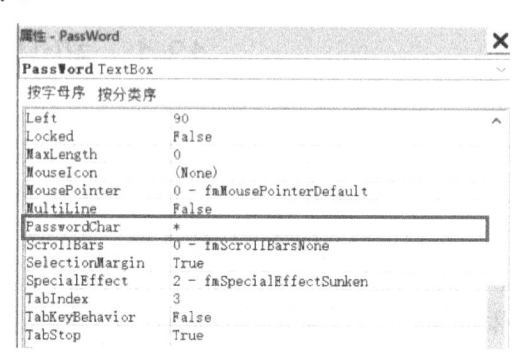　　　图 13-4　设置 PasswordChar 属性为"*"

（2）设置初始用户名和密码。

因为后期可能会更改登录窗体中的用户名或密码，所以要找一个地方保存它们，以便后期更改。

在本例中，我们新建一个名称为 UP 的工作表，用来保存用户名和密码。其中，A 列保存用户名，B 列保存密码，如图 13-5 所示。

图 13-5　UP 工作表

为了不让其他人在工作表中看到保存的用户名和密码，可以将 UP 工作表隐藏。单击【工程资源管理器】窗口中的 UP 工作表，将其 Visible 属性设置为 0 - xlSheetHidden。这样在打开工作簿时就看不到保存用户名和密码的 UP 工作表了，如图 13-6 所示。

（3）添加代码，为控件设置功能。

① 设置在打开 Excel 工作簿时只显示登录窗体。

因为只有登录窗体中的信息输入正确时，单击【登录】按钮，才能显示 Excel 工作簿的界面，所以在打开工作簿时，应先隐藏 Excel 工作簿的界面，只显示登录窗体。这里可以使用 Workbook 对象的 Open 事件来解决。在 ThisWorkbook 模块中写入下面的 Sub 过程：

```
Private Sub Workbook_Open()
    Application.Visible = False          '隐藏Excel工作簿的界面
    登录界面.Show                         '显示登录窗体的界面
End Sub
```

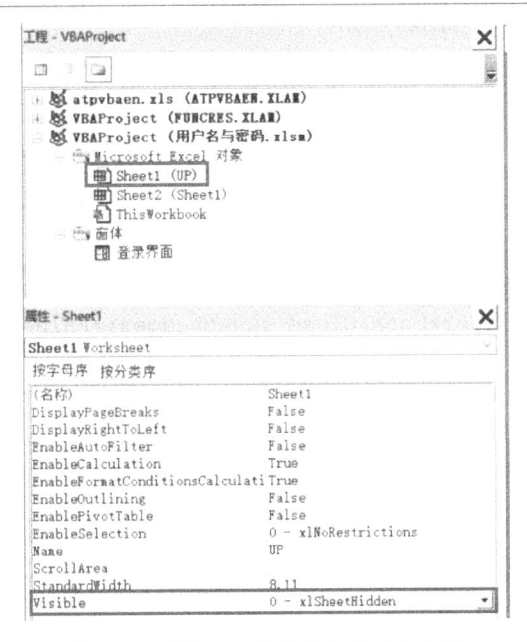

图 13-6　设置 UP 工作表的 Visible 属性

② 为【登录】按钮添加代码。

本例中的【登录】按钮用于验证输入的用户名和密码是否正确,以确认是否显示 Excel 界面。在窗体中双击【登录】按钮,激活按钮所在窗体的【代码窗口】。其中,双击【登录】按钮,表示名称为 CmdOk 的按钮的 Click 事件。例如:

```
Private Sub CmdOk_Click()                '单击【确定】按钮时执行过程
    Application.ScreenUpdating = False    '关闭屏幕更新
    '声明一个静态变量,用来记录用户名或密码输入错误的次数
    Static i As Integer
    
    '判断用户名和密码是否输入正确
    Dim status As Boolean
    For j = 2 To Sheets("UP").Range("A65536").End(xlUp).Row
        If CStr(User.Value) = CStr(Sheets("UP").Range("A" & j)) And _
          CStr(PassWord.Value) = CStr(Sheets("UP").Range("B" & j)) Then
            '如果用户名和密码输入正确,则status改为True
            status = True
            Exit For
        Else
```

```
                status = False
            End If
        Next

        If status = True Then
            Unload Me                          '如果输入正确，则关闭登录窗体
            Application.Visible = True         '显示 Excel 工作簿的界面
        Else
            i = i + 1                  '用变量 i 记录密码或用户名输入错误的次数
            If i = 3 Then     '如果用户名或密码输入错误达到 3 次，则执行下面的语句
                MsgBox ("对不起，你无权打开工作簿！")
                '关闭当前工作簿，不保存更改
                ThisWorkbook.Close savechanges:=False
            Else           '如果用户名或密码输入错误不满 3 次，则执行下面的语句
                MsgBox ("输入错误，你还有" & (3 - i) & "次输入机会。")
                User.Value = ""       '清除文字框中的用户名，等待重新输入
                PassWord.Value = "" '清除文字框中的密码，等待重新输入
            End If
        End If
        Application.ScreenUpdating = True      '开启屏幕更新
    End Sub
```

③ 为【退出】按钮添加代码。

【退出】按钮要完成的任务有两个：一个是关闭登录窗体，另一个是关闭打开的工作簿。用下面的过程就能解决：

```
    Private Sub CmdCancel_Click()              '单击【退出】按钮时执行过程
        Unload Me                              '关闭登录窗体
        ThisWorkbook.Close savechanges:=False  '关闭当前工作簿，不保存更改
    End Sub
```

④ 禁用窗体自带的【关闭】按钮。

在打开工作簿后，虽然只能看到登录窗体，但并不代表工作簿没有打开。

事实上，只有打开工作簿，才能看到在工作簿中设计的登录窗体。之所以看不到 Excel 工作簿的界面，是因为借助 Workbook 对象的 Open 事件将 Excel 工作簿的界面隐藏了。但如果直接单击登录窗体自带的【关闭】按钮关闭登录窗体，则 Excel 只会执行关闭窗体的命令，并不会关闭被隐藏的工作簿。为了防止因直接关闭窗体而带来的其他麻烦，可以禁止用户通过单击窗体中的【关闭】按钮来关闭登录窗体，或者设置在用户单击窗体中的【关闭】按钮后，同时执行关闭窗体和工作簿的操作。

```
    Private Sub UserForm_QueryClose(Cancel As Integer, CloseMode As Integer)
```

```
    '当单击窗体右上角的【关闭】按钮时运行程序
    If CloseMode <> 1 Then Cancel = 1
End Sub
```

在设置完成后,保存并关闭工作簿,再重新打开它,就可以使用登录窗体了。

当我们再次打开"用户名与密码.xlsm"工作簿时,就会显示登录窗体,如图 13-7 所示。

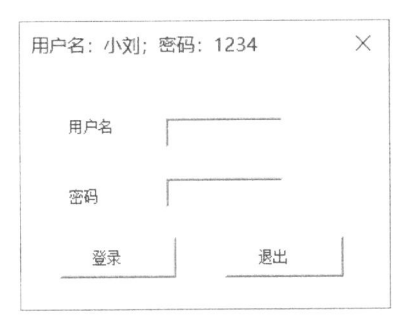

图 13-7 登录窗体

只有在正确输入用户名"小刘"和密码"1234"后,才能打开工作簿。而且在输入错误时,会提示剩余输入次数,只要输入错误达到 3 次,就将关闭工作簿。

13.2 用户窗体

13.2.1 创建用户窗体及给窗体添加对象

用户窗体可以作为应用程序的对话框和窗口,为应用程序添加专业级的外观,使用户更容易地完成输入、查询、更新等任务。

用户可以按照如下步骤插入窗体。

(1)创建一个新的工作簿。

(2)单击【开发工具】→【Visual Basic】按钮,打开 Visual Basic 编辑器。

(3)单击工具栏上的【插入用户窗体】按钮或选择【插入】→【用户窗体】命令,系统会添加新的用户窗体,并将窗体命名为 UserForm1,其标题也为 UserForm1。

当用户窗体被打开时,工具箱会自动显示出来,包括标签控件、命令按钮控件、复选框控件、选项按钮控件、组合框控件和列表框控件等,如图 13-8 所示。

Excel 编程环境为开发人员提供了丰富的控件。用户可以方便地使用这些控件。将任何可用的控件放置在工作表或窗体上,可以按照如下步骤进行。

(1)从工具箱中选择要用的控件,拖曳到窗体中要放置的位置。

（2）鼠标放置到控件边框，拖动鼠标直至矩形变为希望的控件大小。

（3）释放鼠标左键，控件添加完毕。

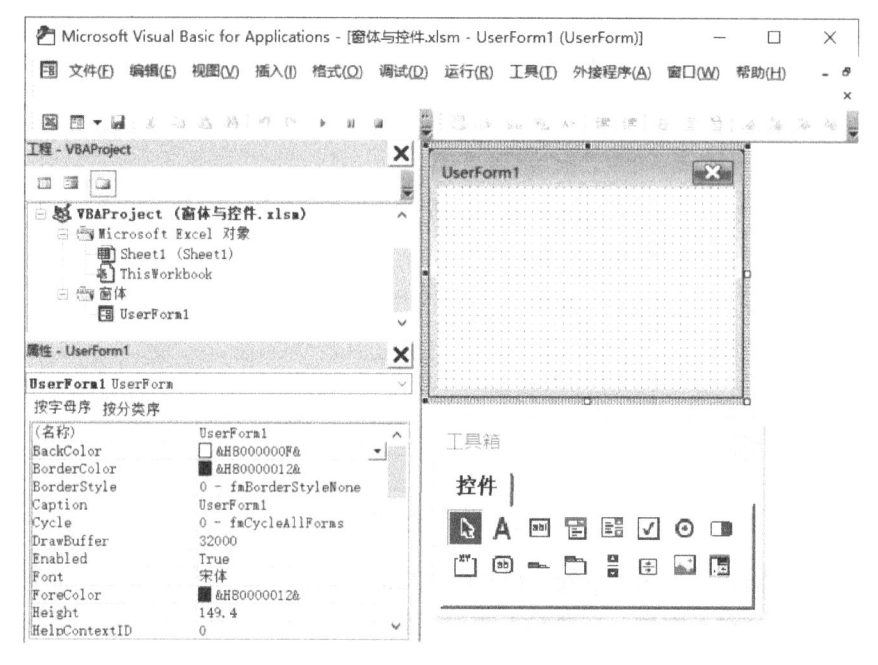

图 13-8 用户窗体及工具箱

在窗体上选定对象时，最简单的方法是对其进行单击。在将对象选定之后，就可以对其进行移动，以及对其大小和其他属性进行修改。

13.2.2 调整窗体中的对象

在对用户窗体的外观设计完成后，可以对它进行预览。具体方法是选择【运行】→【运行子过程/用户窗体】命令，该窗体就会显示在当前工作簿的前面。单击用户窗体的【关闭】按钮可以关闭这个窗体，并返回 Visual Basic 编辑器中。

1. 对象之间的对齐

在 Excel 中，对齐对象是一件很容易的事。例如，要想左对齐对象，不管对象是何种类型，在按住【Shift】键的同时选中想要对齐的控件对象，然后选择【格式】→【对齐】→【左对齐】命令即可。对于窗体内的各个对象，用户可以对其进行靠左、靠右、靠上和靠下对齐的操作。

2. 改变对象大小

为了改变一个对象的大小，应该先将鼠标指针放在对象上，然后对选择控制柄进行单击和拖动。也可以按住【Shift】键，同时选中几个对象，从而一次性地改变它们的大小。在这种情况下，被选中的对象会同时改变大小，但是它们之间的相对大小并不会发生改变。

对于改变多个对象的大小，Excel 提供了两种方法，用户可以在【格式】菜单中进行操作。

（1）正好容纳：自动调整选定的对象以适合其中的文本。

（2）调至网格：将选定的对象调整到大小最接近的网格。

3．控制对象的间距

Excel 允许控制窗体上控件对象的间距以保持等距。为了使选定对象在垂直方向的距离相等，应选择【格式】→【垂直间距】→【相同】命令。相关的命令还有【增加】和【减少】。这些命令用来按比例增大和减小对象之间的距离。

4．修改对象的【Tab】键次序

窗体上对象的【Tab】键选择的次序由对象被添加到窗体上的先后次序来决定。但用户经常需要修改这个次序。因此，用户可以选择【视图】→【Tab 键次序】命令，在打开的【选项卡次序】对话框中进行调整。

13.2.3　窗体的常用属性

窗体的常用属性有以下几种。

1．名称属性

任何对象都具有名称属性，窗体默认的名称属性为 UserForm，用户可以按照自己的需要进行命名。在程序中，控件名是作为对象的标识被引用的。

2．Caption 属性

Caption 属性用于设置窗体的标题。每个应用程序的标题栏里都有一个用于识别不同应用程序的标题。用户可以在属性窗口中更改窗体的 Caption 属性。

3．Left、Top、Height、Width 属性

这些属性用于设置窗体的位置、大小等。一般情况下，用户是用拖动鼠标的方法来改变窗体大小的。

4．Enabled 属性

Enabled 属性用于设置窗体及其内部的控件对象是否可以被操作，取值为 True 或 False。当取值为 True 时，允许用户进行操作；当取值为 False 时，不允许用户进行操作。

13.2.4 窗体的常用事件和方法

1. 对象激活（Activate）事件

在程序运行过程中，如果一个窗体变为活动窗体，则会产生该事件。此时系统会自动调用并执行窗体事件过程 UserForm_Activate。

2. 单击（Click）事件

在程序运行过程中，如果单击一个窗体的空白区域，则会产生该事件。此时系统会自动调用并执行窗体事件过程 UserForm_Click。

3. 双击（DblClick）事件

在程序运行过程中，如果双击一个窗体的空白区域，则会产生该事件。此时系统会自动调用并执行窗体事件过程 UserForm_DblClick。

4. 对象变为非活动（DeActivate）事件

在程序运行过程中，如果一个窗体变为非活动窗体，则会产生该事件。此时系统会自动调用并执行窗体事件过程 UserForm_DeActivate。

5. 改变窗体大小（Resize）事件

在程序运行过程中，如果改变了窗体大小，则会产生该事件。此时系统会自动调用并执行窗体事件过程 UserForm _Resize。

6. Show/Hide 方法

Show 方法表示显示窗体，Hide 方法表示隐藏窗体。VBA 代码如下：

```
UserForm.Show      '显示窗体
UserForm.Hide      '隐藏窗体
```

13.3 控　　件

13.3.1 标签

标签主要是用来显示文本的控件，不能作为输入信息的界面，一般用于在窗体上进行文字说明。标签如图 13-9 所示。

1. 标签的常用属性

标签的常用属性有以下几种。

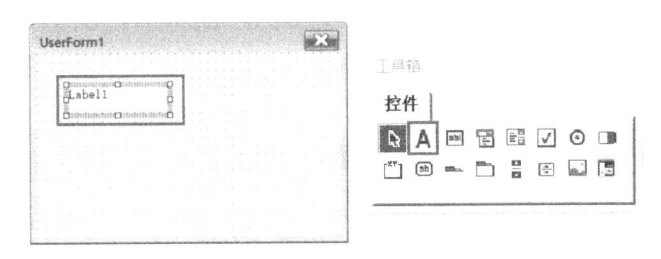

图 13-9　标签

（1）Caption：设置显示的内容，最多可显示 1024 个字符。

（2）Alignment：设置文本的对齐方式，有 3 种设置方式。

- fimTextAlignmentLeft：左对齐（默认）。
- fmTextAlignmentCenter：居中对齐。
- fmTextAlignmentRight：右对齐。

（3）BorderStyle：设置边界形式，有两种形式。

0-fmBorderStyleNone：无边界（默认）。

1- fmBorderStyleSingle：有边界

2．标签的常用事件

标签能接收 Click 和 DblClick 事件。

例如，Label1 的 Click 事件过程为：

```
Private Sub Label1_Click()
…
End Sub
```

13.3.2　文本框

文本框用来接收用户输入的信息或显示系统提供的文本信息。用户可以在文本框中编辑文本。添加文本框的方法是在工具箱中单击【文本框工具】按钮，并将其拖动到窗体中要放置的地方。文本框如图 13-10 所示。

图 13-10　文本框

1. 文本框的常用属性

文本框的常用属性有以下几种。

（1）Text 或 Value：设置文本框中的内容。

（2）PasswordChar：设置是否在文本框中显示输入的字符，即是否为口令。默认值为空字符，表示输入的是文本。如果其值为非空字符（如*），则每输入一个字符就在文本框中显示一个字符"*"。

（3）MultiLine：设置是否可以输入多行文本，为只读属性。当值为 True 时，可以输入多行文本；当值为 False 时，只能输入一行文本（默认）。

（4）Locked：设置用户是否可以编辑文本框中的文本。当值为 True 时，不能编辑文本框中的文本；当值为 False 时，可以编辑文本框中的文本（默认）。

2. 文本框的常用事件

（1）Change 事件

当文本框中的内容被修改时，触发该事件。Change 事件的特点是即时性，即可以随时看见改变的结果。

（2）KeyPress 事件

在文本框中按任意键都会触发 KeyPress 事件。

文本框的默认属性是 Value，默认事件是 Change。

13.3.3　命令按钮

命令按钮主要用来执行某一功能。我们通常在命令按钮的 Click 事件中编写一段程序，当用户单击命令按钮时，就会启动这段程序，执行某一特定的功能。命令按钮如图 13-11 所示。

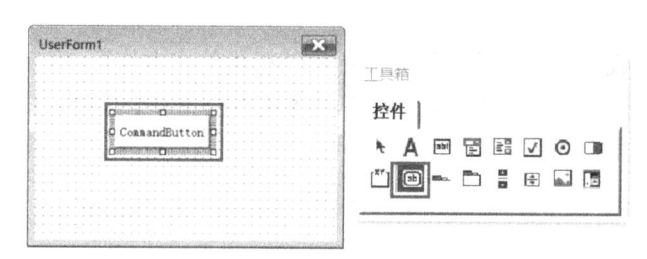

图 13-11　命令按钮

1. 命令按钮的常用属性

命令按钮的常用属性有以下几种。

（1）Caption：设置命令按钮的文字。

（2）Enabled：设置命令按钮是否可用。当值为 True（默认值）时，表示该命令按钮能执行特定功能；当值为 False 时，表示该命令按钮不能执行特定功能。

（3）Visible：设置在运行时该命令按钮是否可见。当值为 False 时，命令按钮不可见；当值为 True 时，命令按钮可见。

2．命令按钮的常用事件

命令按钮没有特殊的事件，它最重要的事件就是 Click 和 DblClick 事件。

（1）Click 事件

当用户在命令按钮上单击时触发该事件。其基本语法格式为：

```
Sub Command_Click(Index As Integer)
```

其中，Command 是命令按钮的名称。Index 是一个整数，若该命令按钮属于一个控件数组，则 Index 表示该命令按钮在数组中的下标，否则不需要这个参数。

（2）DblClick 事件

当用户在命令按钮上双击时触发该事件。其基本语法为：

```
Sub Command_DblClick(Index As Integer)
```

其中，参数的含义与 Click 事件中的相同。

13.3.4 列表框与复合框

列表框（ListBox）控件用来将一系列的选项组合成一个列表。用户可以选择其中的一个或几个选项，但不能向列表清单中输入项目，该控件常被用于有选择项的目标程序窗体中。列表框控件主要用于提供列表式的多个数据项目以供用户选择，在列表框中放入若干个项目的名称，如果放入的项目较多，超出了列表框设计时可显示的项目数，则系统会自动在列表框边上加一个垂直滚动条。列表框如图 13-12 所示。

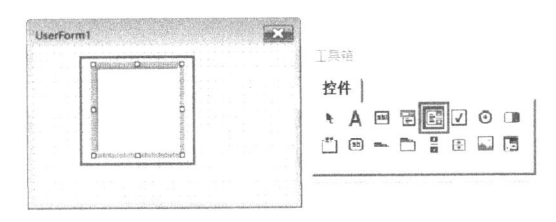

图 13-12　列表框

1．列表框的常用属性

列表框的常用属性有以下几种。

（1）List：设置列表中的内容。该属性是一个字符串数组，用来保存列表框中的各个数据项目的内容。List 数组的下标从 0 开始，即 List (0)保存表中的第 1 个数据项目的内容。List (1)保存第 2 个数据项目的内容。以此类推，List(ListCount-1)保存表中的最后一个数据项目的内容。

（2）ListCount：设置列表的数目。该属性只能在程序中引用。

（3）MultiSelect：设置是否能够在列表框控件中进行复选，以及如何进行复选。它决定用户是否可以在控件中做多重选择，必须在设计时进行设置，在运行时只能读取该属性。

2．列表框的常用方法

列表框对应的控件方法有：AddItem、RemoveItem 和 Clear。

（1）AddItem 方法。该方法用于向一个列表框中加入列表项目，其语法格式为：

```
Listname.AddItem item
```

（2）RemoveItem 方法。该方法用于删除列表框中的列表项目，其语法格式为：

```
Listname.RemoveItem index
```

（3）Clear 方法。该方法用于删除列表框控件中的所有列表项目，其语法格式为：

```
Listname.Clear
```

3．复合框

复合框（ComboBox）控件是综合文本框和列表框的特性而形成的一种控件。用户可以在复合框中输入文本来选定项目，也可以从列表中选定项目。复合框如图 13-13 所示。

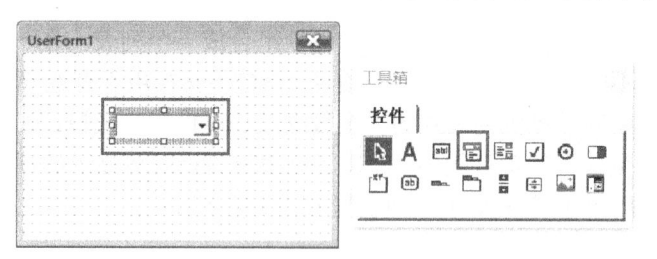

图 13-13　复合框

复合框是列表框和文本框的组合，当选择列表框中的项目时，该项目将出现文本部分。复合框的用法与列表框相似，不同点在于以下几个方面。

（1）列表框占用的屏幕空间更大。

（2）列表框只允许在显示的列表之中进行选择，这就意味着不能输入内容（而在复合框中是可以输入内容的）。

（3）列表框可以设置成允许选择多个项目。

13.3.5 复选框与单选按钮

1．复选框

复选框是选择类控件，用来设置需要或不需要某个选项。复选框如图 13-14 所示。

图 13-14　复选框

如果要限制用户，使其只能输入两个值，则应该使用复选框。输入的两个值可以为"是"或"否"，"对"或"错"，"开"或"关"。在运行时，如果用户单击复选框左边的方框，则会出现一个"☑"符号，表示已经选择该功能。每个复选框的功能是独立的，如果在同一窗体上有多个复选框，则用户可以根据需要选择一个或多个。

复选框的一个特殊属性是 Value，它的取值和用法与单选按钮有所差别。如果 Value 属性的取值为 0，则复选框处于未选中状态，此时复选框的选项部分是一个空白的小方块；如果 Value 属性的取值为 1，则复选框处于选中状态，此时复选框的选项部分是一个"☑"符号；如果 Value 属性的取值为 2，则复选框处于禁止选择状态。一般系统默认的 Value 属性值为 0，即未选中状态。

2．单选按钮

单选按钮与复选框的功能非常相近，但复选框表示是否需要某个选项，可以同时选择选项中的一个或多个，即各选项间是不互斥的。单选按钮则表示多选一，只能从多个选项中选择一个，各选项间是互斥的。单选按钮如图 13-15 所示。

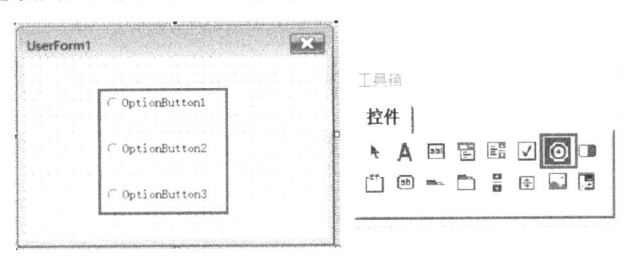

图 13-15　单选按钮

在使用单选按钮时，经常由多个控件构成一个组，同一时刻只能选择同一组中的一个单选按钮。因此，经常将单选按钮放在一个框架中构成一个选项组。作为选项组的一部分，单选按钮可以使用户在相互之间毫无关系的选项集合中进行选择。

思考与练习题

1. 窗体的常用属性有哪些？Caption 属性和名称属性有什么区别？

2. 如果窗体 Forml 中有一个命令按钮 Cmd1，则窗体和命令按钮的 Click 事件名称分别是什么？

3. 常用的控件有哪些？

4. 标签控件和文本框控件的区别是什么？

5. 编写一个简单的程序，要求在窗体上创建一个标签控件和两个命令按钮控件。标签控件显示"本程序用来显示当前时间！"，命令按钮的标题分别为"显示时间"和"退出"。单击【显示时间】按钮后显示当前时间，单击【退出】按钮后结束程序运行。

第 14 章 凭证处理与账簿查询

凭证处理与账簿查询是账务处理设计中很重要的内容。本章将介绍如何利用 VBA 设计凭证处理与账簿查询系统，并给出详细的设计过程，帮助读者厘清设计思路。

14.1 本章概览

凭证处理与账簿查询系统的开发需要结合财务核算日常业务处理流程，一般从凭证处理模块开始。会计业务核算的核心是凭证处理，各种账表的原始数据都来自凭证，因此，没有凭证处理就无法进行会计核算。填制凭证也是最基础和最频繁的工作。凭证是整个会计信息系统的数据来源，是登记账簿的依据。记账凭证是否准确与完整决定了账簿的准确性。因为小微企业的会计人员在纯手工方式下工作的效率较低且容易出错，所以本章使用 VBA 实现凭证处理功能，帮助会计人员高效地进行凭证处理工作，减少凭证录入错误。

14-1 凭证处理与账簿查询

在会计业务核算中，设置和登记账簿可以全面、系统地掌握企业经济活动的各种数据，它是系统地反映经济业务活动的工具，有助于改善和提高经营管理水平。根据用途，账簿一般可以分为序时账簿、分类账簿等。序时账簿是按照业务发生的先后顺序逐笔登记的账簿，如现金日记账、银行存款日记账就是典型的序时账簿。分类账簿是对经济业务进行分类登记的账簿，作用是能够分门别类地提供各种经济信息。根据记账内容的详细程度，分类账簿通常分为总分类账和明细分类账，总分类账按照总账账户分类登记，而明细分类账按照明细账户分类登记。因此，本章在凭证处理功能的基础上，设计了账簿查询功能，帮助会计人员高效地进行账簿查询工作，及时掌握企业经济活动的各种数据。

综上所述，本章为了开发适合小微企业的凭证处理与账簿查询系统，首先对新增凭证、保存凭证、查询凭证、凭证汇总等凭证处理模块进行设计，然后对日记账查询、明细账查询、总账查询等账簿查询模块进行设计，最终实现帮助会计人员高效地进行凭证处理与账簿查询等工作的目的。

凭证处理与账簿查询系统的首页功能模块界面如图 14-1 所示。

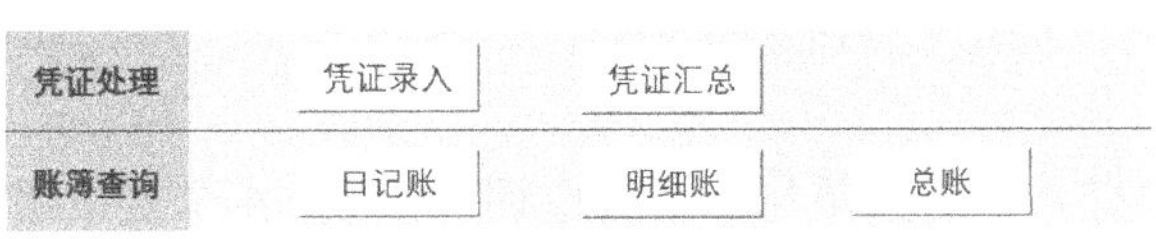

图 14-1 首页功能模块界面

这是进入凭证处理与账簿查询系统时的首页功能模块界面，是打开财务核算系统时唯一显示的界面。用户的操作基本上都在该界面进行，单击不同的命令按钮可以实现不同的工作任务。

在搭建框架的过程中，预先确定了需要用到的技术、基本的工作表设计、窗体和控件、函数和公式，以及宏录制功能等。开发过程中涉及许多模块（如 Sub 和 Function 模块）的调用，通过树状图的形式将各类功能模块之间的从属关系进行了整理，如图 14-2 所示。

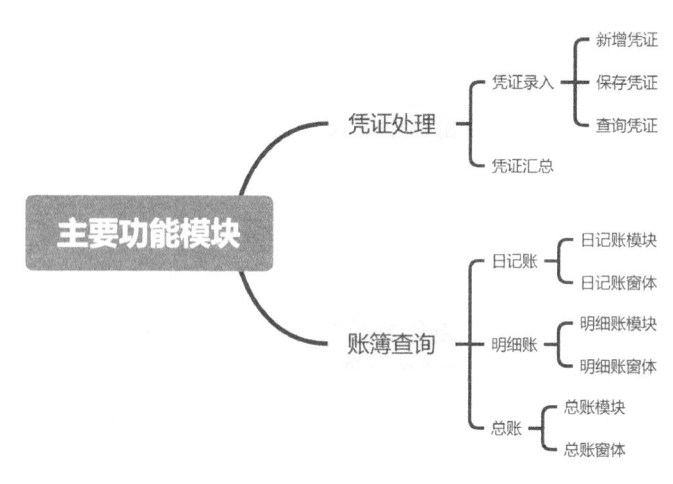

图 14-2　功能模块树状图

14.2　凭证处理

凭证处理功能模块主要包括新增凭证、保存凭证、查询凭证、凭证汇总。本节通过设计凭证处理功能模块来实现会计凭证的录入与汇总，为账簿生成与查询提供数据来源。凭证处理功能模块的具体实现过程如下。

14.2.1　窗体设计

1．记账凭证设计

在本系统中，首先需要在 Excel 工作表中对记账凭证的样式进行设计，生成一份电子记账凭证作为会计资料备份，凭证的样式要遵循"有借必有贷，借贷必相等"的借贷记账法基本原则。为了使会计凭证能够准确、完整地反映每笔业务的活动情况，保证凭证的质量，也为了方便财务人员的操作习惯，设计的电子记账凭证与纸质凭证具有相同的样式，包括基本的会计凭证要素，如凭证填制日期、凭证号、经济业务内容摘要、科目编码、科目名称、金额等。

电子记账凭证中有 4 个宏按钮与 1 个数值调节按钮。4 个宏按钮分别为【返回首页】、【新增凭证】、【保存凭证】及【查询凭证】。首次使用该系统，凭证号是 1，每次录入凭证完成后，要单击【保存凭证】按钮才会有凭证记录，然后单击【新增凭证】按钮可连续编号，并自动进入下一张凭证。凭证号旁的数值调节按钮可以实现切换凭证的功能，单击【查询凭证】按钮可以帮助用户直接查询凭证号。如果要修改凭证，只有再次单击【保存凭证】

按钮才会修改成功。设计的电子记账凭证样式如图 14-3 所示。

图 14-3 电子记账凭证样式

2. 窗体设计

凭证录入界面作为人机对话界面，为了使数据录入准确、便捷，减轻财务人员的工作量，在设计电子记账凭证时，使用 DblClick 事件，实现了只要双击【科目编码】列的单元格，再双击科目名称，就能自动录入对应科目。

单击首页功能模块界面中的【凭证录入】按钮，进入【记账凭证】工作表，开始填制记账凭证。在完成记账凭证的日期、摘要填写后，双击【科目编码】列的单元格，将会弹出【科目选择】窗体，可以按分类或直接检索科目编码来选择科目，双击科目名称后会将其自动填写到记账凭证中，然后输入金额，将自动生成合计金额。【科目选择】窗体如图 14-4 所示。

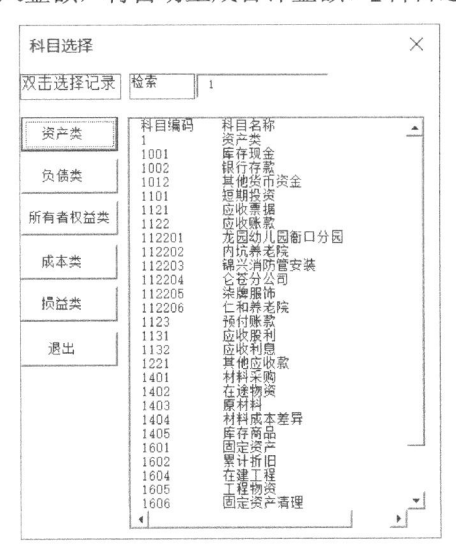

图 14-4 【科目选择】窗体

单击【记账凭证】工作表中的【查询凭证】按钮，会弹出【查询凭证】窗体，可以利用查询月份与凭证号码查询对应记账凭证的详细信息。【查询凭证】窗体如图 14-5 所示。

单击首页功能模块界面中的【凭证汇总】按钮，会弹出【查询凭证汇总表】窗体，可以批量显示某一月份的凭证详细借贷信息。【查询凭证汇总表】窗体如图 14-6 所示。

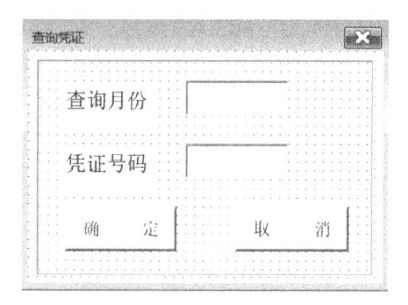

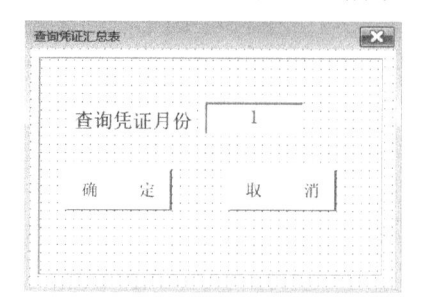

图 14-5　【查询凭证】窗体　　　　　图 14-6　【查询凭证汇总表】窗体

14.2.2　VBA 代码

【基础设置】模块、【记账凭证】工作表、【科目选择】窗体、【查询凭证】窗体、【记账凭证】模块及【查询凭证汇总表】窗体共同实现凭证处理功能，主要涉及的 VBA 代码如下。

1.【基础设置】模块相关的 VBA 代码

【首页】工作表使用的所有宏。

```
Sub 返回首页() '【返回首页】按钮指定宏
    Sheets("首页").Activate
End Sub


Sub 凭证录入() '【凭证录入】按钮指定宏
    Sheets("记账凭证").Activate
End Sub


Sub 凭证汇总() '【凭证汇总】按钮指定宏
    Us 凭证汇总.Show
End Sub


Sub 日记账() '【日记账】按钮指定宏
    Us 日记账.Show
End Sub


Sub 明细账() '【明细账】按钮指定宏
    Us 明细账.Show
End Sub
```

```vba
Sub 总账()  '【总账】按钮指定宏
    Us总账.Show
End Sub
```

2.【记账凭证】工作表相关的 VBA 代码

(1)【记账凭证】工作表中数值调节按钮 SpinButton1 的 Change 事件。

```vba
Private Sub SpinButton1_Change()
    Call P切换凭证
End Sub
```

(2)【记账凭证】工作表中 Worksheet 的 BeforeDoubleClick 事件。

```vba
    '双击选择自动生成
Private Sub Worksheet_BeforeDoubleClick(ByVal Target As Range, Cancel As Boolean)
        Dim arrRow() As Long

        Set sh = Sheets("记账凭证")
        rw = ActiveCell.Row
        cl = ActiveCell.Column
        Cancel = True
        '选择科目编码
        If Target.Row > 3 And Target.Row < 16 And Target.Column = 3 Then
            Cancel = True
            Rows(Target.Row + 1).Hidden = False
            rtnRow = 0
            Pz科目选择.Show
            On Error Resume Next
            Cells(Target.Row, 3) = "" & Sheets("科目设置").Cells(rtnRow, "A")
            Cells(Target.Row, 4) = "" & Sheets("科目设置").Cells(rtnRow, "D")
        End If
End Sub
```

3.【科目选择】窗体相关的 VBA 代码

(1)【科目选择】窗体中全部 CommandButton 的 Click 事件。

```vba
Dim arrRow() As Long
Private Sub CommandButton1_Click()   '单击【资产类】按钮
    TextBox1 = 1
End Sub
```

```
Private Sub CommandButton2_Click()   '单击【负债类】按钮
    TextBox1 = 2
End Sub

Private Sub CommandButton3_Click()   '单击【所有者权益类】按钮
    TextBox1 = 3
End Sub

Private Sub CommandButton4_Click()   '单击【成本类】按钮
    TextBox1 = 4
End Sub

Private Sub CommandButton5_Click()   '单击【损益类】按钮
    TextBox1 = 5
End Sub

Private Sub CommandButton7_Click()   '单击【退出】按钮
    Unload Me
End Sub
```

（2）【科目选择】窗体中的 Activate 事件。

```
Private Sub UserForm_Activate()
    TextBox1.SetFocus
End Sub
```

（3）【科目选择】窗体中 ListBox1 的 DblClick 事件。

```
'双击文本框
Private Sub ListBox1_DblClick(ByVal Cancel As MSForms.ReturnBoolean)
    Dim cs As Long
    Dim strcode As String
    
    rtnRow = 0
    cs = ListBox1.ListIndex
    If cs <= 0 Then Exit Sub
    rtnRow = arrRow(ListBox1.ListIndex)  '编码所在行
    strcode = Sheets("科目设置").Cells(rtnRow, "A")
    If Application.CountIf(Sheets("科目设置").Range("A:A"), strcode & "*") <> 1 Then
        MsgBox ("请选择最末级科目")
        rtnRow = 0
        GoTo 1
    End If
```

```
        Unload Me
    1:
End Sub
```

(4)【科目选择】窗体中 TextBox1 的 Change 事件。

```
Private Sub TextBox1_Change()  '文本框更改
    Call SetListBox
End Sub

Sub SetListBox()  '文本框更改时调用
    Dim my()
    Dim wIdx As Long
    Dim endrow As Long
    Dim temp()
    Dim i As Long, j As Long

    Application.ScreenUpdating = False
    Erase my
    Erase arrRow
    ListBox1.Clear
    w = ""
    With ListBox1
        .ColumnCount = 2  '设置列数
        For j = 1 To 2
            w = w & Sheets("科目设置").Cells(1, j).Width & ";"
        Next
        w = Left(w, Len(w) - 1)
        .ColumnWidths = w
        .ColumnHeads = False  '是否显示列标题
        ReDim Preserve my(1 To 2, 1 To 1)
        my(1, 1) = Sheets("科目设置").Range("A1")
        my(2, 1) = Sheets("科目设置").Range("B1")
        b = 1
        A = Sheets("科目设置").Range("A" & Rows.Count).End(xlUp).Row
        For i = 2 To A
            For j = 1 To 1
                If Sheets("科目设置").Cells(i, j) Like Me.TextBox1.Text & "*" Then
                    b = b + 1
                    ReDim Preserve my(1 To 2, 1 To b)
                    my(1, b) = Sheets("科目设置").Range("A" & i)
```

```
                my(2, b) = Sheets("科目设置").Range("B" & i)
                wIdx = wIdx + 1
                ReDim Preserve arrRow(1 To wIdx)
                arrRow(wIdx) = i
                Exit For
            End If
        Next
    Next
    ReDim temp(1 To b, 1 To 2)
    For i = 1 To b
        For j = 1 To 2
            temp(i, j) = my(j, i)
        Next
    Next
    ListBox1.List() = temp
End With
Application.ScreenUpdating = False
End Sub
```

4.【查询凭证】窗体相关的 VBA 代码

（1）【查询凭证】窗体中全部 CommandButton 的 Click 事件。

```
Private Sub CommandButton8_Click()  '单击【确定】按钮
    If Not IsNumeric(Me.TextBox1.Text) Or Not IsNumeric(Me.TBox1.Text) Then
        MsgBox ("请录入要查询的凭证号！")
        Exit Sub
    End If
    Sheets("记账凭证").Range("E2") = DateSerial(Val(Sheets("系统设置").Range("B3")), Val(Me.TBox1.Text) + 1, 0)  '日期
    Sheets("记账凭证").Range("I2") = Me.TextBox1.Text
    Call P查询凭证
    Sheets("记账凭证").Activate
    Unload Me
End Sub

Private Sub CommandButton9_Click()  '单击【取消】按钮
    Unload Me
End Sub
```

（2）【查询凭证】窗体中的 Activate 事件。

```
Private Sub UserForm_Activate()
```

```
        TextBox1.SetFocus
    End Sub
```

5.【记账凭证】模块相关的 VBA 代码

(1)"新增凭证"过程。

```
        Public rtnRow  As Long  '根据科目编码查询目标所在行
        Sub Pz新增凭证()
            yf = Month(Range("E2"))  '月份
            '获取凭证月份汇总表的最后非空行
            nrow = Sheets("分" & yf).Cells(Sheets("分" & yf).Rows.Count, "A").End(xlUp).Row
            Sheets("记账凭证").Cells(2, "I") = Sheets("分" & yf).Cells(nrow, 3) + 1
            Call P清空  '清空数据并自动跳转下一张凭证
        End Sub
```

(2)"清空"过程。

```
        Sub P清空()  '调用/清空记账凭证数据
            Dim sh As Worksheet
            Dim i As Integer
            Dim nd As Integer
            Dim yf As Integer
            
            Application.ScreenUpdating = False
            yf = Month(Range("E2"))
            Set sh = Worksheets("分" & yf)
            xhm = Application.Max(sh.Range("C:C")) + 1  '新凭证号
            Range("I2") = xhm
            Range("J17") = Sheets("系统设置").Range("B1")  '制单
            Range("G17") = ""  '审核
            Range("K8") = ""  '附件
            Sheets("记账凭证").Range("B4:I15") = ""  '清空填入数据
            Application.ScreenUpdating = True
        End Sub
```

(3)"保存凭证"过程。

```
        Sub Pz保存凭证()  '单击【保存凭证】按钮
            Dim aPz(1 To 13)              '凭证数据
            Dim i As Integer              '循环变量
            Dim QJ                        '凭证期间
            Dim nrow As Long              '凭证汇总表最后一行
```

```
Dim yf As Integer          '凭证月份
Dim f As Integer           'ID

Application.ScreenUpdating = False
Set sh = ActiveSheet
yf = Month(Range("E2"))    '月份
QJ = "CW" & Format(yf, "00")  '期间
'如果信息填写不齐全，则无法保存
If Range("E2") = "" Then
    MsgBox ("请选择日期"): GoTo 1
End If
If Val(Range("I2")) = 0 Then
    MsgBox ("凭证号不能为空"): GoTo 1
End If
'查询该凭证在汇总表中是否有数据
If Application.CountIf(Sheets("分" & yf).Range("C:C"), sh.Range("I2")) > 0 Then
    MsgBox ("已经存在 " & Trim(CStr(Range("I2").Value)) & " 的凭证号")
    GoTo 1
End If
'获取凭证月份汇总表的最后非空行
nrow = Sheets("分" & yf).Cells(Sheets("分" & yf).Rows.Count, "A").End(xlUp).Row
'检查该凭证借贷方金额是否相等
If Application.Round(sh.Cells(16, "E") - sh.Cells(16, "F"), 2) <> 0 Then
    MsgBox ("借贷不等")
    GoTo 1
ElseIf WorksheetFunction.CountA(sh.Range("E4:F15")) = 0 Then
MsgBox ("请输入借贷金额")
    GoTo 1
End If
aPz(2) = CDate(Range("E2"))   '日期
aPz(3) = Val(sh.Range("I2"))  '凭证号
aPz(11) = sh.【J17】  '制单
aPz(12) = sh.【G17】  '审核
aPz(13) = sh.【K8】   '附件
'逐条分录写入
For i = 4 To 15
    If sh.Cells(i, 3) <> "" Then
        f = f + 1
```

```
                aPz(1) = QJ & Format(aPz(3), "000") & Format(f, "00") '''ID
                aPz(4) = sh.Cells(i, 2)  '摘要
                aPz(5) = sh.Cells(i, 3)  '科目编码
                aPz(6) = sh.Cells(i, 4)  '科目名称
                aPz(7) = sh.Cells(i, 5)  '借方金额
                aPz(7) = IIf(Len(aPz(7)) = 0, 0, aPz(7))
                aPz(8) = sh.Cells(i, 6)  '贷方金额
                aPz(8) = IIf(Len(aPz(8)) = 0, 0, aPz(8))
                aPz(9) = sh.Cells(i, 7)  '现金流代码
                aPz(9) = IIf(Len(aPz(9)) = 0, 0, aPz(9))
                aPz(10) = sh.Cells(i, 9)  '现金流项目
                aPz(10) = IIf(Len(aPz(10)) = 0, 0, aPz(10))
                nrow = nrow + 1
                Sheets("分" & yf).Cells(nrow, "A") = aPz(1)
                Sheets("分" & yf).Cells(nrow, "B") = aPz(2)
                Sheets("分" & yf).Cells(nrow, "C") = aPz(3)
                Sheets("分" & yf).Cells(nrow, "D") = aPz(4)
                Sheets("分" & yf).Cells(nrow, "E") = aPz(5)
                Sheets("分" & yf).Cells(nrow, "F") = "'" & aPz(6)
                Sheets("分" & yf).Cells(nrow, "G") = aPz(7)
                Sheets("分" & yf).Cells(nrow, "H") = aPz(8)
                Sheets("分" & yf).Cells(nrow, "I") = aPz(9)
                Sheets("分" & yf).Cells(nrow, "J") = aPz(10)
                Sheets("分" & yf).Cells(nrow, "K") = aPz(11)
                Sheets("分" & yf).Cells(nrow, "L") = aPz(12)
                Sheets("分" & yf).Cells(nrow, "M") = aPz(13)
            End If
        Next
        MsgBox ("保存成功")
    1:
    Application.ScreenUpdating = True
    End Sub
```

(4)"查询凭证"过程。

```
    Sub Pz查询凭证()  '单击【查询凭证】按钮
        Pz凭证查询.Show
    End Sub
```

(5)"切换凭证"过程。

```
    Sub P切换凭证()  '切换上下凭证
        Sheets("记账凭证").Range("I2") = Sheets("记账凭证"). SpinButton1.Value
        Call P查询凭证
```

End Sub

(6)"查询凭证"过程。

```vba
Sub P查询凭证()  '【凭证查询】对话框调用
    Dim i1, erow, i As Long
    Dim cpxx
    Dim yf As Integer
    Dim sht As Worksheet
    
    Application.ScreenUpdating = False
    '先清空记账凭证数据
    Sheets("记账凭证").Range("B4:I15") = ""  '清空填入数据
    Range("G17") = ""  '审核
    Range("J17") = ""  '制单
    Range("K8") = ""  '附件
    yf = Month(Sheets("记账凭证").Range("E2"))
    Set sht = Sheets("分" & yf)
    erow = sht.Range("A" & sht.Rows.Count).End(xlUp).Row  '数据最后一行
    cpxx = sht.Range("A1:N" & erow)  '有数据区域
    i1 = 4  '要填写第1行
    chaDanHao = Sheets("记账凭证").Range("I2")  '要查询的凭证号
    '查找数据填入记账凭证表
    For i = 1 To erow
        If cpxx(i, 3) = chaDanHao Then
            Sheets("记账凭证").Cells(i1, 2) = cpxx(i, 4)  '摘要
            Sheets("记账凭证").Cells(i1, 3) = cpxx(i, 5)  '科目编号
            Sheets("记账凭证").Cells(i1, 4) = cpxx(i, 6)  '科目名称
            Sheets("记账凭证").Cells(i1, 5) = cpxx(i, 7)  '借方金额
            Sheets("记账凭证").Cells(i1, 6) = cpxx(i, 8)  '贷方金额
            Sheets("记账凭证").Cells(i1, 7) = cpxx(i, 9)  '现金流代码
            Sheets("记账凭证").Cells(i1, 9) = cpxx(i, 10)  '现金流项目
            If i1 = 4 Then  '只需首次填写
                Sheets("记账凭证").Range("E2") = cpxx(i, 2)  '日期
                Sheets("记账凭证").Range("j17") = cpxx(i, 11)  '制单
                Sheets("记账凭证").Range("G17") = cpxx(i, 12)  '审核
                Sheets("记账凭证").Range("K8") = cpxx(i, 13)  '附件
            End If
            If cpxx(i, 4) = 1 Then  '是否过账
                Range("Z1") = "A"  '已过账标志
            End If
            i1 = i1 + 1
```

```
            End If
        Next
        Application.ScreenUpdating = True
End Sub
```

6. 【查询凭证汇总表】窗体相关的 VBA 代码

(1)【查询凭证汇总表】窗体中全部 CommandButton 的 Click 事件。

```
Private Sub CommandButton8_Click()   '单击【确定】按钮
    Dim yf As Integer

    If Not IsNumeric(Me.TextBox1.Text) Then
        MsgBox ("请录入要查询的月份！")
        Exit Sub
    End If
    yf = Me.TextBox1.Text   '输入的月份
    Sheets("分" & yf).Activate   '打开对应月份汇总表
    Unload Me
End Sub

Private Sub CommandButton9_Click()   '单击【取消】按钮
    Unload Me
End Sub
```

(2)【查询凭证汇总表】窗体中的 Activate 事件。

```
Private Sub UserForm_Activate()
    TextBox1.SetFocus
End Sub
```

14.2.3 应用效果

通过搜集数据，我们选择 2020 年 9 月成立的小微企业——安嘉纬安全科技发展有限公司作为案例，利用其 2021 年 1 月的经营活动对【凭证处理】功能模块的应用效果进行展示。

1. 凭证录入

以该公司 2021 年 1 月 1 日发生的补上月房租为例，按照记账凭证的格式将凭证录入完成后，单击【保存凭证】按钮，对凭证进行保存，补上月房租费凭证如图 14-7 所示。

图 14-7 补上月房租凭证

如果该凭证被完整地保存成功，则详细信息会被存储在对应月份的工作表中，比如，此凭证被存储在【分1】工作表中，如图14-8所示。

图 14-8 凭证存储工作表

接下来，对保存的凭证进行查询，检查该凭证是否被完整保存。单击【查询凭证】按钮，输入该凭证对应的月份【1月】，对应的凭证号【1号】，单击【确定】按钮，如果结果和凭证保存前一样，则表明该系统的凭证查询功能正常。

2. 凭证汇总

单击【凭证汇总】按钮可以查询不同月份的凭证记录。如果在查询凭证月份输入框中输入1，则显示该公司1月份的全部凭证记录，查询的凭证记录如图14-9所示。

图 14-9 查询的凭证记录

14.3 账簿查询

本系统的账簿查询功能模块包括日记账、明细账和总账 3 个主要的功能模块。账簿按格式的不同,一般分为三栏式账簿、多栏式账簿和数量金额式账簿。三栏式账簿适合登记总账、日记账和部分明细账。本系统使用三栏式账簿形式,设置借方、贷方和余额 3 个主要栏目,如图 14-10 所示。

图 14-10 三栏式账簿

账簿查询功能模块的具体实现过程如下。

14.3.1 窗体设计

1. 日记账

单击首页的【日记账】命令按钮,打开【日记账查询条件】窗体,如图 14-11 所示,对应的界面如图 14-12 所示,涉及货币资金的会计科目的所有经济业务会按照时间顺序被反映出来。

图 14-11 【日记账查询条件】窗体 　　　图 14-12 【日记账查询条件】界面

2. 明细账

单击【明细账】命令按钮,打开【明细账查询条件】窗体,如图 14-13 所示,对应的界面如图 14-14 所示,通过三栏式账簿反映了除货币资金外的其他各个会计科目对应的明细账。

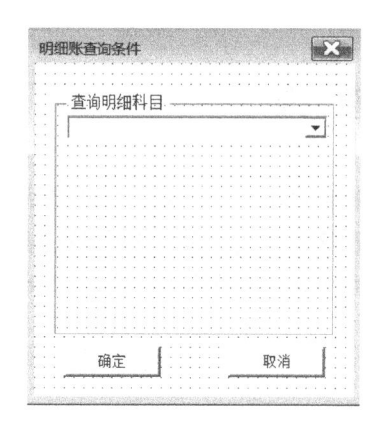

图 14-13 【明细账查询条件】窗体 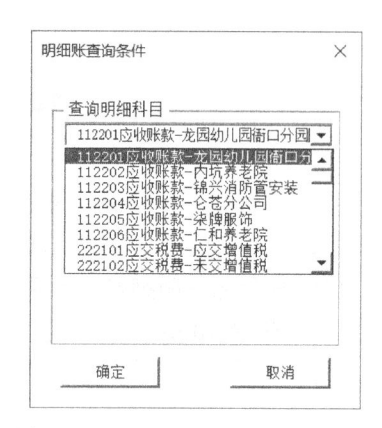　　　　图 14-14 【明细账查询条件】界面

3. 总账

单击【总账】命令按钮，打开【总账查询条件】窗体，如图 14-15 所示，对应的界面如图 14-16 所示，反映了一级科目在会计期间的期初/期末余额和本期发生额。

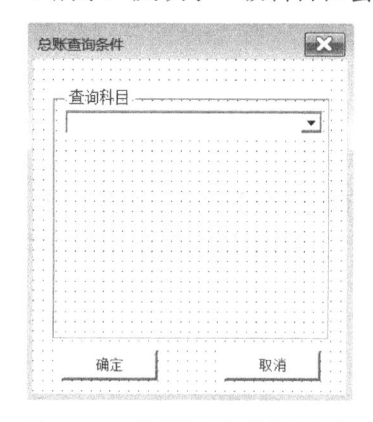

图 14-15 【总账查询条件】窗体 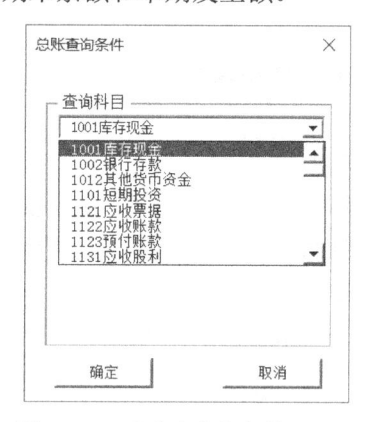　　　　图 14-16 【总账查询条件】界面

14.3.2　VBA 代码

1. 日记账

【日记账查询条件】窗体与【日记账】模块共同实现日记账查询功能，主要涉及的 VBA 代码如下。

1）【日记账查询条件】窗体相关的 VBA 代码

（1）【日记账查询条件】窗体中 queding 与 quxiao 的 Click 事件。

```
Private Sub queding_Click()  '单击【确定】按钮
    Dim kmdm As String
```

```vba
        On Error Resume Next
        Sheets("日记账").Activate
        If Me.ComboBox1.Text = "" Then
            MsgBox ("请录入要查询的科目!")
              Exit Sub
        End If
        kmdm = Me.ComboBox1.Text    '选择的科目代码
        Call rjz(kmdm)    '调用日记账计算日记账科目
        Unload Me
    End Sub

    Private Sub quxiao_Click()    '单击【取消】按钮
        On Error Resume Next
        Unload Me
    End Sub
```

(2)【日记账查询条件】窗体中的 Initialize 事件。

```vba
        Private Sub UserForm_Initialize()    '【查询科目】列表
            Dim krow As Long
            Dim r As Long    '科目表查找行
            
            On Error Resume Next
            ComboBox1.Clear
            With Sheets("科目设置")
                For r = 3 To 4
                    ComboBox1.AddItem Left(.Cells(r, 1) & "  ", 6) & VBA.Trim(.Cells(r, 4))
                Next r
                Me.ComboBox1.Text = Me.ComboBox1.List(0)
                queding.SetFocus
            End With
        End Sub
```

2)【日记账】模块相关的 VBA 代码

rjz 过程。

```vba
        Sub rjz(kmdm As String)    '日记账(科目)
            Dim r As Long    '总账记录行
            Dim i As Long    '科目余额表行
            Dim yf As Integer    '月份
            Dim km As String    '总科目
            
            On Error Resume Next
```

```
                Application.ScreenUpdating = False
                km = VBA.Left(kmdm, 4)
                '删除之前的总账
                Sheets("日记账").Range("A5:H" & Sheets("日记账").Range("A65536").
End(xlUp).Row + 1).ClearContents
                '填写表头
                If km = "1001" Then
                    Sheets("日记账").Cells(1, 1) = "现金日记账"   '库存现金
                Else
                    Sheets("日记账").Cells(1, 1) = "银行存款日记账"   '银行存款
                End If
                Sheets("日记账").Cells(2, 1) = "年份:" & Sheets("系统设置").Cells(3, 2)
                Sheets("日记账").Cells(3, 1) = "科目:" & kmdm
                '年初余额
                r = 5
                If ncs(km) <> 0 Then
                    Sheets("日记账").Cells(r, 5) = "结转上年"   '摘要
                    '填入年初余额
                    Sheets("日记账").Cells(r, 8) = VBA.Round(ncs(km), 2)
                    r = r + 1
                End If
                '填入凭证记录
                For yf = 1 To 12
                    '遍历凭证汇总表
                    For i = 2 To Sheets("分" & yf).Range("A65536").End(xlUp).Row
                        If Sheets("分" & yf).Cells(i, 5) = km Then
                            '日期
                            Sheets("日记账").Cells(r, 1) = CDate(Sheets("分" & yf).
Cells(i, 2))
                            Sheets("日记账").Cells(r, 3) = Sheets("分" & yf).
Cells(i, 3)   '凭证号
                            '对方科目
                            Sheets("日记账").Cells(r, 4) = Sheets("分" & yf).
Cells(i + 1, 6)
                            Sheets("日记账").Cells(r, 5) = Sheets("分" & yf).
Cells(i, 4)   '摘要
                            Sheets("日记账").Cells(r, 6) = Sheets("分" & yf).
Cells(i, 7)   '借方金额
                            Sheets("日记账").Cells(r, 7) = Sheets("分" & yf).
Cells(i, 8)   '贷方金额
                            If r = 5 Then
                                Sheets("日记账").Cells(r, 8) = Sheets("日记账").
Cells(r, 6)
```

```
                Else
                    Sheets("日记账").Cells(r, 8) = ncs(km) + Sheets("日
记账"). Cells(r, 6) - Sheets("日记账").Cells(r, 7)
                End If
                r = r + 1  '总账新增记录
            End If
        Next i
    Next yf
    Application.ScreenUpdating = True
End Sub
```

2. 明细账

【明细账查询条件】窗体、【明细账】模块及【精确查找】模块共同实现明细账查询功能，主要涉及的 VBA 代码如下。

1)【明细账查询条件】窗体相关的 VBA 代码

（1）【明细账查询条件】窗体中 queding 与 quxiao 的 Click 事件。

```
Private Sub queding_Click()  '单击【确定】按钮
    Dim kmdm As String

    On Error Resume Next
    Sheets("明细账").Activate
    If Me.ComboBox1.Text = "" Then
        MsgBox ("请选择要查询的科目！")
        Exit Sub
    End If
    kmdm = Me.ComboBox1.Text  '选择的科目代码
    Call mxz(kmdm)   '调用明细分类账计算明细科目
    Unload Me
End Sub

Private Sub quxiao_Click()  '单击【取消】按钮
    On Error Resume Next
    Unload Me
End Sub
```

（2）【明细账查询条件】窗体中的 Initialize 事件。

```
Private Sub UserForm_Initialize()  '【查询明细科目】列表
    Dim krow As Long
    Dim r As Long  '科目表查找行
```

```
            On Error Resume Next
            ComboBox1.Clear
            With Sheets("科目设置")
                krow = .UsedRange.Rows.Count
                For r = 2 To krow
                    If .Cells(r, 3) = 2 Then   '如果是二级科目
                        ComboBox1.AddItem Left(.Cells(r, 1) & "          ", 6) & VBA.Trim(.Cells(r, 4))
                    End If
                Next r
                Me.ComboBox1.Text = Me.ComboBox1.List(0)
                queding.SetFocus
            End With
        End Sub
```

2)【明细账】模块相关的 VBA 代码

mxz 过程。

```
            Sub mxz(kmdm As String)   '明细账（科目）
                Dim r As Long      '明细账记录行
                Dim X As Long      '目标科目所在行
                Dim i As Long      '科目余额表行
                Dim yf As Integer  '月份
                Dim km As String   '明细科目

                On Error Resume Next
                Application.ScreenUpdating = False
                km = VBA.Left(kmdm, 6)
                '删除之前的明细账
                Sheets("明细账").Range("A5:H" & Sheets("明细账").Range("A65536").End(xlUp).Row + 1).ClearContents
                '填写表头
                '在【科目设置】工作表的第1列查找科目代码前4位，返回第2列的值
                Sheets("明细账").Cells(1, 1) = Sheets("科目设置").Cells(jqcz("科目设置", VBA.Left(kmdm, 4), 1), 2) & "明细账"
                Sheets("明细账").Cells(2, 1) = "年份：" & Sheets("系统设置").Cells(3, 2)
                Sheets("明细账").Cells(3, 1) = "明细科目：" & kmdm
                Sheets("明细账").Cells(3, 5) = "总账科目：" & VBA.Left(kmdm, 4) & Sheets("科目设置").Cells(jqcz("科目设置", VBA.Left(kmdm, 4), 1), 2)
                '年初余额
                r = 5
                If ncs(km) <> 0 Then
                    Sheets("明细账").Cells(r, 4) = "结转上年"    '摘要
```

```vba
                X = jqcz("科目设置", km, 1)
                If VBA.Trim(Sheets("科目设置").Cells(r, 5)) = "借" Then
                    Sheets("明细账").Cells(r, 7) = "借"
                Else
                    Sheets("明细账").Cells(r, 7) = "贷"
                End If
                '填入年初余额
                Sheets("明细账").Cells(r, 8) = VBA.Round(ncs(km), 2)
                r = r + 1
            End If
            '填入明细
            For yf = 1 To 12
                '遍历凭证汇总表
                For i = 2 To Sheets("分" & yf).Range("A65536").End(xlUp).Row
                    If Sheets("分" & yf).Cells(i, 5) = km Then
                        '日期
                        Sheets("明细账").Cells(r, 1) = CDate(Sheets("分" & yf).Cells(i, 2))
                        Sheets("明细账").Cells(r, 3) = Sheets("分" & yf).Cells(i, 3) '凭证号
                        Sheets("明细账").Cells(r, 4) = Sheets("分" & yf).Cells(i, 4) '摘要
                        Sheets("明细账").Cells(r, 5) = Sheets("分" & yf).Cells(i, 7) '借方金额
                        Sheets("明细账").Cells(r, 6) = Sheets("分" & yf).Cells(i, 8) '贷方金额
                        If Sheets("明细账").Cells(r, 5) = 0 Then
                            Sheets("明细账").Cells(r, 7) = "贷" '贷方向
                            If r = 5 Then
                                Sheets("明细账").Cells(r, 8) = Sheets("明细账").Cells(r, 6)
                            Else
                                Sheets("明细账").Cells(r, 8) = ncs(km) + Sheets("明细账").Cells(r, 6)
                            End If
                        Else
                            Sheets("明细账").Cells(r, 7) = "借" '借方向
                            If r = 5 Then
                                Sheets("明细账").Cells(r, 8) = Sheets("明细账").Cells(r, 5)
                            Else
                                Sheets("明细账").Cells(r, 8) = ncs(km) + Sheets("明细账").Cells(r, 5)
```

```
                    End If
                End If
                r = r + 1   '明细账新增记录
            End If
        Next i
    Next yf
    Application.ScreenUpdating = True
End Sub
```

3)【精确查找】模块相关的 VBA 代码

(1) jqcz 函数。

```
Public kmr() As Integer   '定义科目行数组
Public Function jqcz(sname As String, czz As String, l As Integer)
    '找到目标所在行（查找表格名称，查找值，查找列）
    Dim maxrow As Long
    Dim r As Long

    On Error Resume Next
    With Sheets(sname)
        If sname = "科目设置" And l = 1 Then   '如果找科目编码
            Call cshkmr
            If VBA.Len(czz) = 4 Then
                jqcz = kmr(czz * 100)
                Exit Function
            End If
            If VBA.Len(czz) = 6 Then
                jqcz = kmr(czz)
                Exit Function
            End If
        Else   '如果找其他目标
            maxrow = .UsedRange.Rows.Count
            For r = 1 To maxrow
                If .Cells(r, l) = czz Then
                    jqcz = r
                    Exit Function
                End If
            Next r
        End If
    End With
    jqcz = 0   '还原函数
End Function
```

（2）cshkmr 过程。

```
Sub cshkmr()    '调用/初始化 kmr 数组
    Dim r As Long
    Dim maxrow As Long
    Dim i As Double
    
    On Error Resume Next
    ReDim Preserve kmr(1)    '重新定义 kmr 数组
    With Sheets("科目设置")
        maxrow = .UsedRange.Rows.Count
        For r = 2 To maxrow
            If .Cells(r, 1) = "" Then GoTo nextr
            If VBA.Len(.Cells(r, 1)) = 4 Then
                ReDim Preserve kmr(.Cells(r, 1) * 100)
                kmr(.Cells(r, 1) * 100) = r
            End If
            If VBA.Len(.Cells(r, 1)) = 6 Then
                ReDim Preserve kmr(.Cells(r, 1))
                kmr(.Cells(r, 1)) = r
            End If
nextr:
        Next r
    End With
End Sub
```

3. 总账

【总账查询条件】窗体、【总账】模块及【精确查找】模块共同实现总账查询功能。其中，【精确查找】模块的 VBA 代码已在"明细账"部分展示，其余部分涉及的 VBA 代码如下。

1)【总账查询条件】窗体相关的 VBA 代码

（1）【总账查询条件】窗体中 queding 与 quxiao 的 Click 事件。

```
Private Sub queding_Click()    '单击【确定】按钮
    Dim kmdm As String
    
    On Error Resume Next
    Sheets("总账").Activate
    If Me.ComboBox1.Text = "" Then
        MsgBox ("请选择要查询的科目！")
        Exit Sub
    End If
```

```
            kmdm = Me.ComboBox1.Text    '选择的科目代码
            Call zz(kmdm)    '调用总账计算(一级科目)
            Unload Me
        End Sub

        Private Sub quxiao_Click()    '单击【取消】按钮
            On Error Resume Next
            Unload Me
        End Sub
```

(2)【总账查询条件】窗体中的 Initialize 事件。

```
        Private Sub UserForm_Initialize()    '【查询科目】列表
            Dim krow As Long
            Dim r As Long    '科目表查找行

            On Error Resume Next
            ComboBox1.Clear
            With Sheets("科目设置")
                krow = .UsedRange.Rows.Count
                For r = 2 To krow
                    If .Cells(r, 3) = 1 Then    '如果是二级科目
                        ComboBox1.AddItem Left(.Cells(r, 1) & " ", 4) & VBA.Trim (.Cells(r, 4))
                    End If
                Next r
                Me.ComboBox1.Text = Me.ComboBox1.List(0)
                queding.SetFocus
            End With
        End Sub
```

2)【总账】模块相关的 VBA 代码

zz 过程。

```
        Sub zz(kmdm As String)    '总账(科目)
            Dim r As Long    '总账记录行
            Dim X As Long    '目标科目所在行
            Dim i As Long    '科目余额表行
            Dim yf As Integer    '月份
            Dim km As String    '总科目

            On Error Resume Next
            Application.ScreenUpdating = False
            km = VBA.Left(kmdm, 4)
```

```vb
            '删除之前的总账
            Sheets("总账").Range("A5:H" & Sheets("总账").Range("A65536").End(xlUp).Row + 1).ClearContents
            '填写表头
            '在【科目设置】工作表的第 1 列查找科目代码前 4 位,返回第 2 列的值
            Sheets("总账").Cells(1, 1) = Sheets("科目设置").Cells(jqcz("科目设置", km, 1), 2) & "总账"
            Sheets("总账").Cells(2, 1) = "年份:" & Sheets("系统设置").Cells(3, 2)
            Sheets("总账").Cells(3, 1) = "总科目:" & kmdm
            '年初余额
            r = 5
            If ncs(km) <> 0 Then
                Sheets("总账").Cells(r, 4) = "结转上年"    '摘要
                X = jqcz("科目设置", km, 1)
                If VBA.Trim(Sheets("科目设置").Cells(r, 5)) = "借" Then
                    Sheets("总账").Cells(r, 7) = "借"
                Else
                    Sheets("总账").Cells(r, 7) = "贷"
                End If
                Sheets("总账").Cells(r, 8) = VBA.Round(ncs(km), 2)    '填入年初余额
                r = r + 1
            End If
            '填入总账
            For yf = 1 To 12
                '遍历凭证汇总表
                For i = 2 To Sheets("分" & yf).Range("A65536").End(xlUp).Row
                    If Sheets("分" & yf).Cells(i, 5) = km Then
                        Sheets("总账").Cells(r, 1) = CDate(Sheets("分" & yf).Cells(i, 2))    '日期
                        Sheets("总账").Cells(r, 3) = Sheets("分" & yf).Cells(i, 3)    '凭证号
                        Sheets("总账").Cells(r, 4) = Sheets("分" & yf).Cells(i, 4)    '摘要
                        Sheets("总账").Cells(r, 5) = Sheets("分" & yf).Cells(i, 7)    '借方金额
                        Sheets("总账").Cells(r, 6) = Sheets("分" & yf).Cells(i, 8)    '贷方金额
                        If Sheets("总账").Cells(r, 5) = 0 Then
                            Sheets("总账").Cells(r, 7) = "贷"    '贷方向
                            If r = 5 Then
                                Sheets("总账").Cells(r, 8) = Sheets("总账").Cells(r, 6)
                            Else
```

```
                            Sheets("总账").Cells(r, 8) = ncs(km) + Sheets("总账").Cells(r, 6)
                        End If
                    Else
                        Sheets("总账").Cells(r, 7) = "借"    '借方向
                        If r = 5 Then
                            Sheets("总账").Cells(r, 8) = Sheets("总账").Cells(r, 5)
                        Else
                            Sheets("总账").Cells(r, 8) = ncs(km) + Sheets("总账").Cells(r, 5)
                        End If
                    End If
                    r = r + 1    '总账新增记录
                End If
            Next i
        Next yf
        Application.ScreenUpdating = True
    End Sub
```

14.3.3 应用效果

仍然以安嘉纬安全科技发展有限公司 2021 年 1 月的经营活动作为案例，利用其对【账簿查询】功能模块的应用效果进行展示。

（1）单击【日记账】按钮，选择【1002 银行存款】科目，部分查询结果如图 14-17 所示。

	A	B	C	D	E	F	G	H
1					银行存款日记账			返回首页
2					年份：2021			
3	科目：1002 银行存款							单位：元
4	日期	凭证号		对方科目	摘要	借方	贷方	余额
5					结转上年			80930.90
6	1/1/2021	2		其他应付款	支付上月报销款	0.00	1549	79381.90
7	1/1/2021	3		工程施工-龙园幼儿园街口分园	龙湖幼儿园开路钩机费用	0.00	4200	76730.90
8	1/2/2021	5		应收账款-内坑养老院	合同收入-内坑养老院	90000.00	0	170930.90
9	1/2/2021	7		银行存款	公账取现	0.00	5000	75930.90
10	1/2/2021	8		工程施工-柒牌服饰	付挖土机车费	0.00	10000	70930.90
11	1/5/2021	9		原材料	龙园幼儿园水泵没到付款	0.00	15000	65930.90
12	1/10/2021	13		原材料	买水泥管井盖	0.00	11000	69930.90
13	1/15/2021	14		工程施工-辉煌工业区12栋	挖土机车费	0.00	8000	72930.90
14	1/15/2021	15		应收账款-仓苍分公司	挖土机车费-仓苍分公司	51550.00	0	132480.90
15	1/15/2021	16		工程施工-龙园幼儿园街口分园	付吊车费	0.00	2200	78730.90
16	1/16/2021	17		应收账款-龙园幼儿园街口分园	合同收入-龙园幼儿园街口分园	50000.00	0	130930.90
17	1/16/2021	18		工程施工-辉煌工业区12栋	水池费用	0.00	12000	68930.90
18	1/16/2021	19		工程施工-柒牌服饰	挖土机车费	0.00	60000	20930.90
19	1/17/2021	20		应付职工薪酬	支付员工工资	0.00	17200	63730.90
20	1/20/2021	21		材料采购	支付材料费	0.00	20000	60930.90
21	1/20/2021	25		原材料	送货单乐鸟	0.00	15000	65930.90
22	1/28/2021	28		应收账款-锦兴消防管安装	合同收入-锦兴消防管安装	40006.00	0	120936.90
23	1/30/2021	29		工程施工-仁和养老院	付吊车费、挖土机车费	0.00	23500	57430.90
24	1/30/2021	30		应收账款-龙园幼儿园街口分园	合同收入-龙园幼儿园街口分园	50000.00	0	130930.90
25	1/30/2021	31		主营业务收入	工程完工-仁和养老院	50000.00	0	130930.90
26	1/30/2021	32		实收资本	合伙人投入资本	100000.00	0	180930.90
27	1/30/2021	33		固定资产	购置办公电脑	0.00	50000	30930.90

图 14-17　日记账的部分查询结果

（2）单击【明细账】按钮，选择【560204 管理费用-办公费】科目，部分查询结果如图 14-18 所示。

管理费用明细账

返回首页

年份：2021

明细科目：560204管理费用-办公费　　总帐科目：5602管理费用　　单位：元

日期	凭证号	摘要	借方	贷方	方向	余额
2021/1/2	6	买打印纸	85.00	0.00	借	85.00
1/5/2021	10	请车托管费	132.00	0.00	借	132.00
1/6/2021	11	票据10本+A3图纸+A4复印纸+印油	1099.00	0.00	借	1099.00

图 14-18　明细账的部分查询结果

（3）单击【总账】按钮，选择【1001 库存现金】科目，部分查询结果如图 14-19 所示。

库存现金总账

返回首页

年份：2021

总科目：1001库存现金　　单位：元

日期	凭证号	摘要	借方	贷方	方向	余额
		结转上年			借	7076.00
1/1/2021	1	补上月房租费	0.00	1500.00	贷	8576.00
1/2/2021	4	员工借款	0.00	3500.00	贷	10576.00
1/2/2021	6	买打印纸	0.00	85.00	贷	7161.00
1/2/2021	7	公账取现	5000.00	0.00	借	12076.00
1/5/2021	10	请车托管费	0.00	2582.00	贷	9658.00
1/6/2021	11	票据10本+A3图纸+A4复印纸+印油	0.00	1099.00	贷	8175.00
1/6/2021	12	老乡村吃饭	0.00	266.00	贷	7342.00
2/1/2021	37		20.00	0.00	借	7096.00

图 14-19　总账的部分查询结果

思考与练习题

1. 在设计凭证处理与账簿查询时预计要实现哪些功能？

2. 凭证处理设计需要注意的事项有哪些？

3. 账簿查询设计需要注意的事项有哪些?

第 15 章　VBA 与财务机器人

追溯财务的发展历程，技术进步引发了财务的数次变革。会计电算化使用小型数据库和简单的计算机软件取代了部分人工核算工作，实现了计算能力和存储能力的飞速提升。ERP 的诞生和计算机网络的普及，把封闭、分散的财务集中起来，通过流程再造和专业分工实现了财务共享。借助信息化手段，企业实现了对财务信息的快速处理和实时共享。财务管理逐步从核算型向管理型转变。"大智移云物"进一步革新了财务的技术工具，悄然改变着财务的工作模式，传统财务逐步向自动化、数字化和智能化转型，而财务机器人则是其中具有代表性的一项技术。

15.1　财务机器人与 RPA 技术

财务机器人是一种处理重复性工作、模拟人工操作的程序，能在多种基础财务业务流程上替代人工劳动，尤其是一些重复和烦琐的日常流程，应用领域如图 15-1 所示。财务机器人能较好替代人工劳动的流程，主要有以下特征：（1）进行简单的重复性操作，如系统数据的录入、核对等；（2）处理大量易错业务，如每日大量的交易核对，大量的费用单据审核；（3）拥有多个异构系统，内嵌于系统，但不会更改系统，不会融合系统规则；（4）7×24 小时工作模式，弥补人工操作容忍度低、峰值处理能力差的缺点，适用于企业 7×24 小时业务。

费用报销	采购到付款	订单到收款	固定资产管理
报销单据接收	请款单处理	销售订单录入和变更	资产卡片管理
智能审核	采购付款	开具发票	资产变动管理
自动付款	供应商对账	返利管理	资产账龄分析
账务处理及报告出具	供应商主数据维护	客户对账与收款核销	
	供应商资质审核	客户信用审核和主数据维护	
存货到成本	**总账到报表**	**资金管理**	**税务管理**
成本统计指标录入	关账	银企对账	纳税申报准备
成本与费用分摊	标准记账分录处理	现金管理	纳税申报
账务处理及报告出具	关联交易处理	收付款处理	增值税发票开具
	对账	支付指令查询	发票验真
	报表出具		涉税会计入账及提醒
档案管理	**预算管理**	**绩效管理**	**管控与合规**
票据接收和快递管理	预算的编制和生成	产品效益分析	管控合规报告出具
扫描	预算执行情况监测	客户收益分析	财务主数据管理
电子归档	预算报告创建	资本收益分析	
电子档案查询		经营分析标准化报表	

图 15-1　财务机器人的应用领域

目前的财务机器人主要是基于 RPA 技术开发的，即机器人流程自动化技术（Robotic Process Automation，RPA）。RPA 通过用户界面使用和理解用户已有的应用，将基于规则的常规操作自动化，其使用特点主要是通过模拟人工手动操作键盘和鼠标，自动处理规则清晰、批量化的高频业务。

RPA 具有以下主要特点。

（1）无须复杂的编程知识：可以不编写代码，只要按步骤拖曳控件，就能创建自动化的业务流程，极大地降低了非技术人员的学习门槛。

（2）减少人力成本和人为失误：RPA 可以根据预先设定的程序，模拟人与计算机的交互过程，实现工作流程的自动化，提高业务效率。

（3）灵活的扩展性和无侵入性：企业无须改造现有系统，RPA 便可以在原有系统上集成，跨系统、跨平台地自动处理业务数据，有效避免人为操作造成的遗漏和错误。

目前，国内外均有较多种类的 RPA 软件产品，国外的有 UiPath、Blue Prism、WorkFusion 等，国内的有来也科技 UiBot、云扩 RPA、达观 RPA 等。

15.2　RPA 与 Excel VBA 技术的协同

Excel VBA 具有极强的自动化能力，凡是在 Excel 中可以通过人工操作完成的任务，都可以通过 VBA 来模拟自动完成。通过 VBA，我们还可以访问、处理 Office 办公套件中大部分常用程序的数据，如 Word、PowerPoint、Access、Outlook 等。因此，Office 套件中的业务处理大部分都能通过 VBA 来实现自动化。

RPA 的功能特点主要在于自动化，只要是计算机上的重复性、标准化操作，RPA 就能将其自动化，从而节约时间成本，提高工作效率。而 RPA 灵活的扩展能力使得其几乎可以与任何系统集成，无侵入性且跨系统、跨平台地自动执行更多任务，与多种系统协同工作，处理大量数据。

两相比较，RPA 似乎比 VBA 强大得多。既然都是完成自动化工作，那么 RPA 是否可以替代 VBA 技术呢？事实上，在自动化工作处理上，二者更多的是协同与合作的关系，而非排斥与竞争的关系。

从技术原理上看，RPA 主要通过对象句柄元素、网页标签、OCR 识别、界面坐标位置等技术来实现界面元素、文本等信息的查找、读/写、控制等功能，进而实现桌面应用自动化。这一技术特点决定了 RPA 在自动化处理上比 VBA 应用范围更广。例如，RPA 可以连接几乎所有的桌面应用程序，而 VBA 只能连接 Office 套件；RPA 可以利用 OCR 识别技术读取 PDF 文件，而 VBA 无法做到。但 RPA 的这一技术特点，也决定了其难以真正进入应用程序的后台，实现应用程序自动化的底层控制。在对 Office 套件的特定支持和控制能力方面，RPA 远不能达到 VBA 的广度和深度。例如，在 Excel 应用中，RPA 基本都提供了简单的 Excel 数据读/写、文件操作等基本功能。但对基于 Excel 功能本身的复杂应用而言，如生成图表、设定函数等，RPA 就难以甚至无法完成。正因如此，目前的 RPA 软件产品都集成了运行 Excel VBA 宏的功能，通过在 RPA 流程中集成 VBA 宏，达到协同合作的目的，从而在流程自动化上发挥更大的作用。

15.3 RPA 协同 VBA 案例：批量调整 Excel 文件格式并制图

本节将通过一个实际案例来展示 RPA 与 VBA 的协同。由于 RPA 软件产品众多，本例采用国内来也科技的 UiBot 作为 RPA 工具。其中涉及的 UiBot 具体开发方法，感兴趣的读者可以通过相关书籍资料来学习，本书不进行具体介绍。

15-1 批量调整 Excel 文件格式并制图

某企业由于审计要求，需要从财务软件系统中导出数年的各级次余额表，然而从系统中导出的 Excel 文件格式未经调整，不方便审阅，因此需要调整成统一规范的格式。此外，对于其中一些需要重点关注的科目，可以根据原始数据制作成饼图，以便分析。因为需要处理的数据表跨越数年，余额科目按层级又划分为多种级次，所以需要导出处理的数据文件多达数百个。集中导出并处理这样规模的数据文件，显然是较为繁重的重复性劳动，引入自动化工具能大大提高工作效率，减少人工劳动的成本。

从业务流程分析，主要分为两个环节：一个是从财务软件系统中按要求的范围导出数据文件；另一个是将导出的数据文件统一调整格式并生成饼图。其中，前一个环节的流程自动化用 RPA 工具能够较好地实现，后一个环节的流程自动化则很难用 RPA 工具来实现，需要使用 VBA。将 VBA 代码集成到 RPA 工具开发的流程内，即可实现整个业务流程的自动化。

第 1 个环节的开发流程与企业具体使用的财务软件系统有关，不具有通用性。因此，本例不进行代码演示，只把第 1 个环节的开发流程完成后的待处理文件情况罗列出来，如图 15-2 所示。

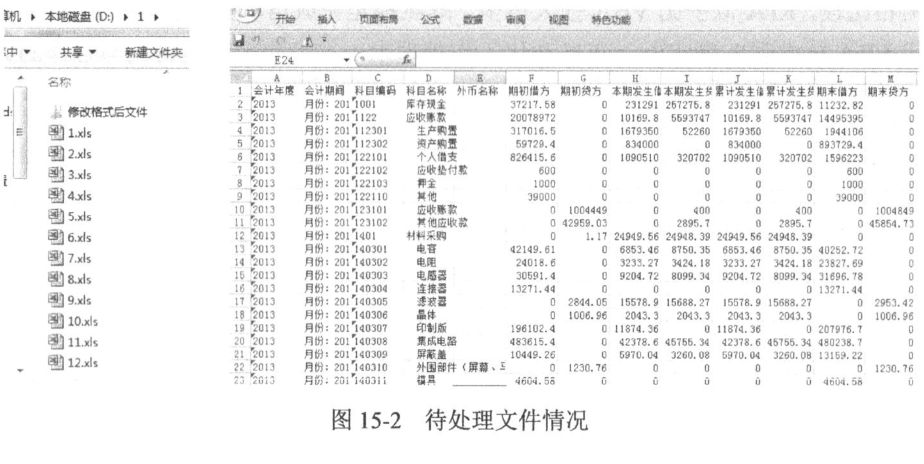

	A	B	C	D	E	F	G	H	I	J	K	L	M
1	会计年度	会计期间	科目编码	科目名称	外币名称	期初借方	期初贷方	本期发生借	本期发生贷	累计发生借	累计发生贷	期末借方	期末贷方
2	2013	月份：201	1001	库存现金		37217.58	0	231291	257275.8	231291	257275.8	11232.82	0
3	2013	月份：201	1122	应收账款		20078972	0	10169.8	5593747	10169.8	5593747	14495395	0
4	2013	月份：201	112301	生产购置		317016.5	0	1679350	52260	1679350	52260	1944106	0
5	2013	月份：201	112302	资产购置		59729.4	0	834000	0	834000	0	893729.4	0
6	2013	月份：201	122101	个人借支		826415.6	0	1090510	320702	1090510	320702	1596223	0
7	2013	月份：201	122102	应收垫付款		600	0	0	0	0	0	600	0
8	2013	月份：201	122103	押金		1000	0	0	0	0	0	1000	0
9	2013	月份：201	122110	其他		39000	0	0	0	0	0	39000	0
10	2013	月份：201	123101	应收账款		0	1004449	0	400	0	400	0	1004849
11	2013	月份：201	123102	其他应收款		0	42959.03	0	2895.7	0	2895.7	0	45854.73
12	2013	月份：201	1401	材料采购		0	1.17	24949.56	24948.39	24949.56	24948.39	0	0
13	2013	月份：201	140301	电容		42149.61	0	6853.46	8750.35	6853.46	8750.35	40252.72	0
14	2013	月份：201	140302	电阻		24018.6	0	3233.27	3424.18	3233.27	3424.18	23827.69	0
15	2013	月份：201	140303	电感器		30591.4	0	9204.72	8099.34	9204.72	8099.34	31696.78	0
16	2013	月份：201	140304	连接器		13271.44	0	0	0	0	0	13271.44	0
17	2013	月份：201	140305	滤波器		0	2844.05	15578.9	15688.27	15578.9	15688.27	0	2953.42
18	2013	月份：201	140306	晶体		0	1006.96	2043.3	2043.3	2043.3	2043.3	0	1006.96
19	2013	月份：201	140307	印制版		196102.4	0	11874.36	0	11874.36	0	207976.7	0
20	2013	月份：201	140308	集成电路		483615.4	0	42378.6	45755.34	42378.6	45755.34	480238.7	0
21	2013	月份：201	140309	屏蔽盖		10449.26	0	5970.04	3260.08	5970.04	3260.08	13159.22	0
22	2013	月份：201	140310	外围部件（屏幕、		0	1230.76	0	0	0	0	0	1230.76
23	2013	月份：201	140311	模具		4604.58	0	0	0	0	0	4604.58	0

图 15-2 待处理文件情况

为简化起见，图中只列出了 12 个待处理文件，存放在 D:\1 路径下。其中，每个文件的原始内部格式如图 15-2 所示。目前的任务目标是，将各文件调整为如图 15-3 所示的目标格式，并基于其中的管理费用数据制作出饼图。调整好格式的文件存放在"D:\1\修改格式后的文件"路径下。

图 15-3　文件的原始内部格式

完成第 2 个环节自动化流程的总体思路是，将待处理文件逐一打开、另存为等文件操作用 RPA 完成，和第 1 个环节的 RPA 流程无缝衔接；打开文件后的格式调整、图表制作由 VBA 完成，以突破 RPA 的限制并提高效率。因此，需要先准备该环节所需的 VBA 代码。这样的代码并不难获得，只要使用录制宏的功能，就能将整个文件的数据处理过程录制下来，再进行一些循环变量的针对性修改即可。录制得到的宏代码如下：

```vba
Sub Macro1()
    Cells.Select
    With Selection.Font
        .Name = "Arial"
        .Size = 10
        .Strikethrough = False
        .Superscript = False
        .Subscript = False
        .OutlineFont = False
        .Shadow = False
        .Underline = xlUnderlineStyleNone
        .ColorIndex = xlAutomatic
        .TintAndShade = 0
        .ThemeFont = xlThemeFontNone
    End With
    Columns("F:M").Select
    Selection.Style = "Comma"
```

```
Range("A1:M1").Select
Selection.Font.Bold = True
With Selection
    .HorizontalAlignment = xlCenter
    .VerticalAlignment = xlBottom
    .WrapText = False
    .Orientation = 0
    .AddIndent = False
    .IndentLevel = 0
    .ShrinkToFit = False
    .ReadingOrder = xlContext
    .MergeCells = False
End With
With Selection.Interior
    .Pattern = xlSolid
    .PatternColorIndex = xlAutomatic
    .ThemeColor = xlThemeColorDark1
    .TintAndShade = -0.249977111117893
    .PatternTintAndShade = 0
End With
Range("A1").Select
ActiveWindow.ScrollRow = 4
ActiveWindow.ScrollRow = 10
ActiveWindow.ScrollRow = 18
ActiveWindow.ScrollRow = 34
ActiveWindow.ScrollRow = 33
ActiveWindow.ScrollRow = 45
ActiveWindow.ScrollRow = 157
ActiveWindow.ScrollRow = 158
ActiveWindow.ScrollRow = 159
ActiveWindow.ScrollRow = 160
ActiveWindow.ScrollRow = 159
ActiveWindow.ScrollRow = 160
ActiveWindow.SmallScroll Down:=6
Range("A1:M198").Select
Selection.Borders(xlDiagonalDown).LineStyle = xlNone
Selection.Borders(xlDiagonalUp).LineStyle = xlNone
With Selection.Borders(xlEdgeLeft)
    .LineStyle = xlContinuous
    .ColorIndex = 0
    .TintAndShade = 0
    .Weight = xlThin
End With
```

```
        With Selection.Borders(xlEdgeTop)
            .LineStyle = xlContinuous
            .ColorIndex = 0
            .TintAndShade = 0
            .Weight = xlThin
        End With
        With Selection.Borders(xlEdgeBottom)
            .LineStyle = xlContinuous
            .ColorIndex = 0
            .TintAndShade = 0
            .Weight = xlThin
        End With
        With Selection.Borders(xlEdgeRight)
            .LineStyle = xlContinuous
            .ColorIndex = 0
            .TintAndShade = 0
            .Weight = xlThin
        End With
        With Selection.Borders(xlInsideVertical)
            .LineStyle = xlContinuous
            .ColorIndex = 0
            .TintAndShade = 0
            .Weight = xlThin
        End With
        With Selection.Borders(xlInsideHorizontal)
            .LineStyle = xlContinuous
            .ColorIndex = 0
            .TintAndShade = 0
            .Weight = xlThin
        End With
        Cells.Select
        Cells.EntireColumn.AutoFit
        Columns("E:G").EntireColumn.Hidden = True
        Columns("J:M").EntireColumn.Hidden = True
        Range("P1").Select
        ActiveSheet.Shapes.AddChart.Select
        ActiveChart.ChartType = xlPie
        ActiveChart.SetSourceData Source:=Range("D172:D192")
        ActiveChart.SetSourceData Source:=Range("D172:D192,H172:H192")
    End Sub
```

录制得到的代码很长，但前面部分基本都是用于调整格式的代码，无须进行任何修改，而需要修改的地方并不多，也不复杂，主要在于以下两个地方。

一是在对文件中的表格画边框线时,需要选定有数据的区域,因为录制的文件有198行,所以选择区域的操作被宏录制为代码,如下所示:

```
Range("A1:M198").Select
```

显然,每个文件的数据行数并不一样,需要选定划线的区域行数也不一样。获取文件行数并选定最大区域是 VBA 中的常用操作,只需将上述语句改为下述两行代码即可:

```
irow = Range("A65536").End(xlUp).Row
Range("A1:M" & irow).Select
```

二是根据表中的管理费用数据制作饼图,录制得到的这部分代码与选取数据有关的主要包括下述两行:

```
ActiveChart.SetSourceData Source:=Range("D172:D192")
ActiveChart.SetSourceData Source:=Range("D172:D192,H172:H192")
```

其中,D172:D192 区域是与管理费用有关的科目名称,H172:H192 区域是与管理费用有关的科目对应的数据金额。将这两行代码涉及的数据提取行数,行数在不同的文件中并不一样,因此,需要进行改造,改造后的代码如下:

```
Dim arr, brr()
arr = Range("C2:H300")
For i = 2 To UBound(arr)
    If Left(arr(i, 1), 4) = "6602" Then
        j = j + 1
        ReDim Preserve brr(1 To 2, 1 To j)
        brr(1, j) = arr(i, 1)
        brr(2, j) = arr(i, 6)
    End If
Next
Range("U1").Resize(UBound(brr, 2), UBound(brr, 1)) = Application.Transpose(brr)
ActiveChart.SetSourceData Source:=Range("U1:U" & UBound(brr, 2))
ActiveChart.SetSourceData Source:=Range("U1:U" & UBound(brr, 2) & ",v1::v" & UBound(brr, 2))
```

在这部分代码中,首先需要判断应提取管理费用数据的行数,因为工作表中数据的行数很多,所以可以使用数组的方式提高运行效率,即将在 C2:H300 区域中需要使用的数据读入数组 arr 中。管理费用的编码均以 6602 开头,因此,For 循环及其内部 If 条件语句的作用是通过科目编列列来判断某行数据是否属于管理费用,并将属于管理费用的数据写入数组 brr 中。在完成管理费用数据数组的构造后,将其写入从 U1 单元格开始的区域,即可将该部分数据代入录制得到的宏语句中,生成目标饼图。需要注意的是,每个文件的管理费用数据的行数并不一样,因此,这部分数据的上界行数仍是变量,这里用

UBound(brr, 2)表示。

在完成上述 VBA 代码的编写后，即可将其应用于 UiBot 的 RPA 流程中，第 2 个环节的 UiBot 可视化流程如图 15-4 所示。

图 15-4　第 2 个环节的 UiBot 可视化流程

该流程的 VBA 代码涉及与 RPA 有关的程序设计知识，这里不再列出，也不再单独讲解，有兴趣的读者可以从电子工业出版社的官方网站下载获得。图中深色条框标识的语句是调用本例宏代码的语句。

在运行此程序后，原本需要会计工作人员至少花费一个工作日的文件及数据处理工作，全部由财务机器人自动完成，整理后的文件数据整齐、规范，且完成时间大大缩短。

第 16 章　程序调试

16.1　VBA 错误类型

16.1.1　编译错误

编译错误是指在书写 VBA 代码时产生的错误,如写错关键字、语句结构不对等都会引起编译错误。在代码编辑区编写程序代码时,只要按【Enter】键跳到下一行,VBA 就会自动进行语法的检查,一旦发现程序代码有错误的语法,就会自动用红色字标示,并显示语法错误的消息对话框。设计者按照提示,将书写错误的部分更正即可。

16.1.2　运行时错误

运行时错误分为两种:一种是 VBA 执行到中途时出现错误提示信息,导致程序无法继续执行;另一种是程序仍然可以执行,但出现了不可预料的结果。如何找出运行时错误,是程序设计的重点,常见的运行时错误有以下几种。

16-1　运行时错误

1. 运算错误

不同的数据类型执行不适合的运算,导致运算错误产生,如图 16-1 所示。例如,误将字符串型数据用于运算。

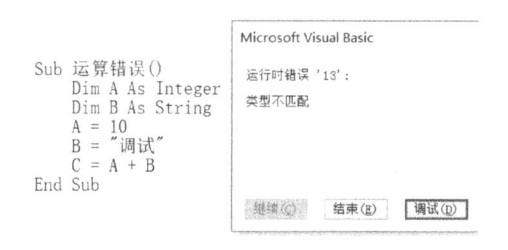

```
Sub 运算错误()
    Dim A As Integer
    Dim B As String
    A = 10
    B = "调试"
    C = A + B
End Sub
```

图 16-1　运算错误

2. 溢出错误

在处理数据时超出各种数据类型的限制,特别是超出数值数据的范围而产生溢出错误。如图 16-2 所示的例子中,可以看到声明为整数类型的变量,由于指定给它的数值超出了整数范围,在执行时产生了溢出错误的信息。

第 16 章　程序调试

```
Sub 溢出错误()
    Dim A As Integer
    Dim B As String
    A = 123456789
End Sub
```

图 16-2　溢出错误

3. 属性值错误

在程序中设置对象的属性值时，使用了错误属性，程序在执行时就会出现属性值错误的提示信息。例如，将 Range 对象的 Value 属性误写为 Vare。在编写 VBA 时没有检测出此错误，当进入运行模式时，VBA 就会显示属性值错误的信息，即用了没有定义的属性，如图 16-3 所示。

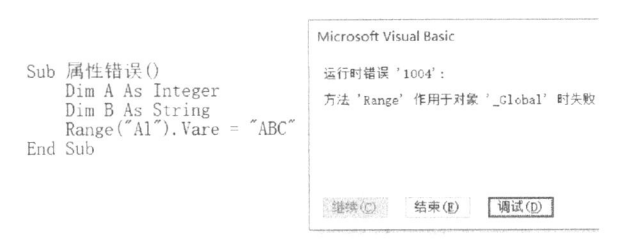

```
Sub 属性错误()
    Dim A As Integer
    Dim B As String
    Range("A1").Vare = "ABC"
End Sub
```

图 16-3　属性值错误

4. I/O 错误

在程序中访问外部的文件或数据时，如果该文件或数据已经不存在，则会产生成 I/O 错误，如图 16-4 所示。

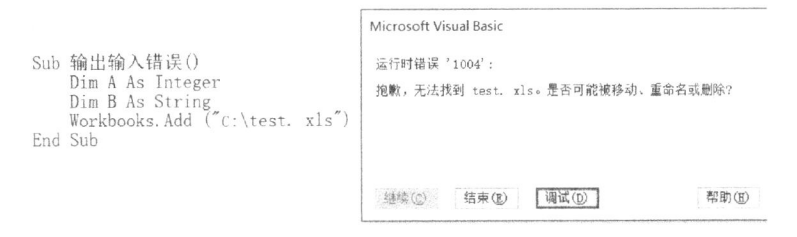

```
Sub 输出输入错误()
    Dim A As Integer
    Dim B As String
    Workbooks.Add ("C:\test.xls")
End Sub
```

图 16-4　I/O 错误

5. 逻辑错误

如果程序中的代码没有任何语法问题，在执行程序时，也没有不能完成的操作，但在执行程序后，却没有得到预期的结果，则这样的错误被称为逻辑错误。

例如，把 1 到 10 的自然数依次写入 A1:A10 区域内，却将程序编写为：

```
Sub 逻辑错误()
    Dim i As Integer
```

```
        For i = 1 To 10 Step 1         '循环执行循环体的代码 10 次
            Cells(1, 1).Value = i      '将变量 i 中保存的数据写入单元格中
        Next
    End Sub
```

Cells(1, 1)引用的是 A1 单元格，虽然这行代码被执行了 10 次，但是每次都是在 A1 单元格中输入数据的。

16.2　VBA 调试

16.2.1　中断模式

中断模式是过程被临时中断、暂停执行时所处的模式。在中断模式下，可以检查过程中变量的值，查看或修改存在错误的代码，尤其是在中断模式下可以一边执行代码，一边查看代码执行的效果，很容易发现并更正存在错误的代码。因此，要查找过程中存在的错误，很多时候都会选择在中断模式下进行。进入中断模式有以下几种途径。

（1）如果过程存在编译错误，则在执行过程后，Excel 会弹出一个错误提示对话框。该对话框中有两个按钮，单击【确定】按钮可以让过程进入中断模式。

（2）如果过程存在运行时错误，则在执行过程后，VBA 会停止在错误代码所在行，同时弹出对话框并显示出错的原因。这时单击对话框中的【调试】按钮，可以让过程进入中断模式。

（3）如果过程中不存在编译错误和运行时错误，则过程会一直执行，直到结束。但如果出现死循环，则过程也会一直执行下去，此时可以按【Esc】键或按【Ctrl+Break】组合键中止正在执行的过程。在按【Esc】键或按【Ctrl+Break】组合键后，VBA 将中断正在执行的过程，并弹出中断对话框，单击对话框中的【调试】按钮即可进入过程的中断模式。

（4）在过程中设置断点。

16.2.2　设置断点

如果怀疑过程中的某行（或某段）代码存在问题，则可以在该处设置一个断点。在过程中设置了断点，当过程执行到断点所在行的代码时，就会暂停执行，进入过程的中断模式，如图 16-5 所示。值得强调的是，虽然程序被暂停，但是程序中的所有变量值，仍维持在最新的状态。

16-2　设置断点

```
Sub 设置断点()
    Dim i As Integer
    For i = 1 To 10 Step 1    '循环执行循环体的代码10次
        Cells(i, 1).Value = i    '将变量 i中保存的数据写入单元格中
    Next
End Sub
```

图 16-5　中断模式

这个"棕色点"就是为过程设置的断点。当执行此过程后，只要遇到断点，此过程就会停止在 Cells(i, 1).Value = i 代码行，并且不执行此行代码。

设置或清除断点的常用方式如下。

（1）将光标定位到要设置断点的代码所在行，按【F9】键即可在光标所在行的代码处设置一个断点，再次按【F9】键可以清除已设置的断点。

（2）单击代码所在行的边界条设置断点。也可以在该行代码位置添加或清除一个断点。

16.2.3　监视过程执行

在调试工作中有一件非常重要的事，就是了解过程中的相关数据，包括设置值、循环次数、变量、属性与一切尽可能获得的数据。前文提到过，在进入中断模式之后，这些数据仍旧会保留，可是如何得到它们呢？最快的方法就是使用【快速监视】命令。

16-3　监视程序执行

1. 监视窗口

如果过程处于中断模式，则可以使用监视窗口观察过程中变量或表达式的值。在监视时，应先设置要监视的变量或表达式。

1）使用快速监视

本程序想要监视 Cells(i, 1).Value 表达式，首先在代码编辑区中选中需要监视的表达式，然后选择【调试】→【快速监视】命令（或按【Shift+F9】组合键），如图 16-6 所示。随后会弹出【快速监视】对话框，如图 16-7 所示。单击【添加】按钮，即可监视变量或表达式，接着会弹出【监视窗口】对话框，在此能看到变量或表达式的详细情况，如图 16-8 所示。

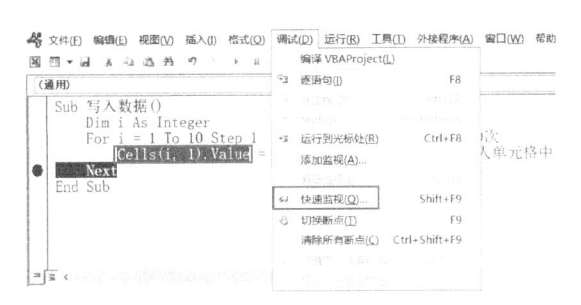

图 16-6　【快速监视】命令

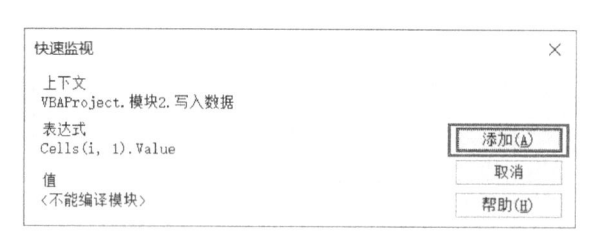

图 16-7 【快速监视】对话框

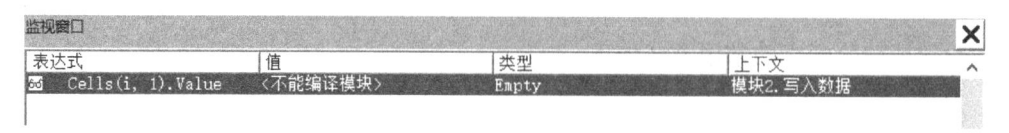

图 16-8 【监视窗口】对话框

在设置完成后，单击【运行】按钮，即可在【监视窗口】对话框中看到监视信息，如图 16-9 所示。本程序在进行第 1 次 For 循环时，遇到 Next 停止，此时【监视窗口】显示，监视的表达式 Cells(i, 1).Value 的值为 1。但需要注意的是，无论怎样添加监视的条件，只有当过程处于中断模式时，【监视窗口】对话框才能正常显示监视信息。

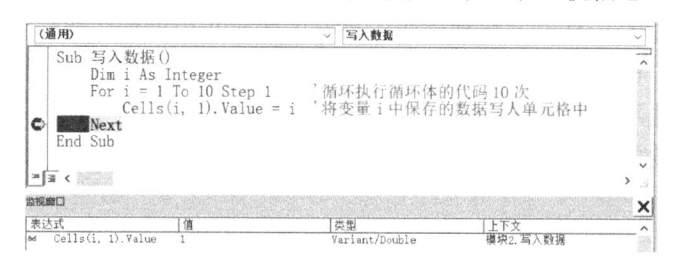

图 16-9 【监视窗口】对话框中显示的监视信息

2）编辑或删除监视对象

在【监视窗口】对话框中右击 Cells(i,1).Value 表达式，在弹出的快捷菜单中选择【编辑监视】或【删除监视】命令，可以编辑或删除一个已设置的监视对象，如图 16-10 所示。

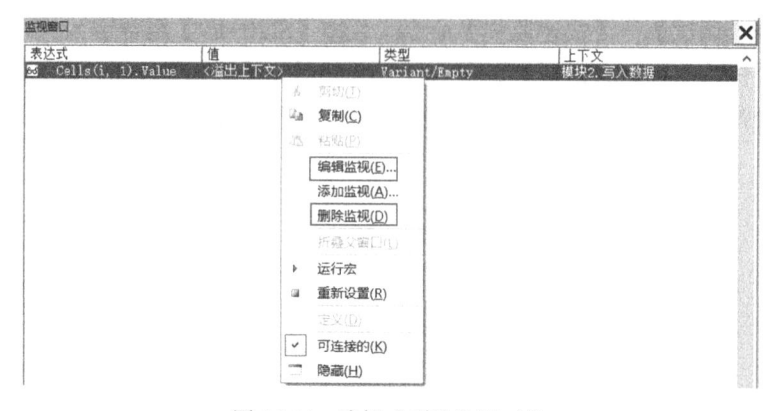

图 16-10 编辑或删除监视对象

2. 本地窗口

如果过程中的变量较多，又想了解过程中所有变量在执行过程时的变化情况，则更为合适的工具是 VBE 中的【本地窗口】对话框。让过程进入中断模式，依次选择 VBE 中的【视图】→【本地窗口】命令调出【本地窗口】对话框，即可看到处于中断模式的过程中所有变量的信息，如图 16-11 所示。

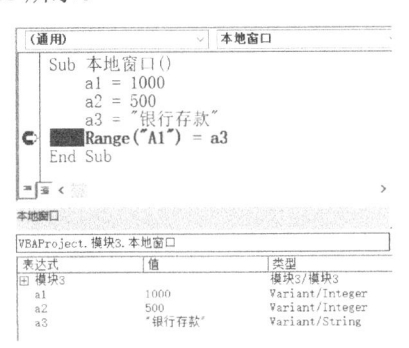

图 16-11　【本地窗口】对话框

3. 立即窗口

前面已经分别介绍了【监视窗口】与【本地窗口】对话框，从这些对话框中可以获取许多重要的信息，如果还想实时获取变量值，则需要考虑使用【立即窗口】对话框。

如果想要随时掌握程序中各变量的情况，则可以在程序中适当的地方加上 Debug.Print 语句。当执行到该语句时，变量或表达式的值会被输出到【立即窗口】对话框中。该语句的语法格式为：

```
Debug.Print 变量或表达式
```

例如：

```
Sub 写入数据()
    Dim i As Integer
    For i = 1 To 10 Step 1      '循环执行循环体的代码10次
        Cells(i, 1).Value = i   '将变量i中保存的数据写入单元格中
        Debug.Print "i的值为" & i
    Next
End Sub
```

Debug.Print 语句所在行的代码每运行一次，计算结果就会被输出到【立即窗口】对话框中。在这个过程中，因为 For 循环语句中的代码会被执行 10 次，所以能在【立即窗口】对话框中看到 10 个输出结果，如图 16-12 所示。这时就可以通过变量值的变化情况判断过程中的变量是否设置正确，从而找到过程出错的原因。

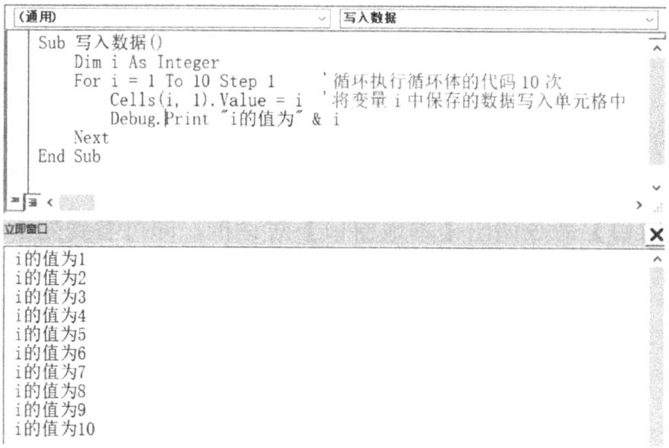
(通用)
写入数据
Sub 写入数据()
Dim i As Integer
For i = 1 To 10 Step 1 '循环执行循环体的代码 10 次
Cells(i, 1).Value = i '将变量 i 中保存的数据写入单元格中
Debug.Print "i的值为" & i
Next
End Sub
立即窗口
i的值为1
i的值为2
i的值为3
i的值为4
i的值为5
i的值为6
i的值为7
i的值为8
i的值为9
i的值为10

图 16-12 【立即窗口】对话框

附录 A　Excel 对象模型

```
Application
├── Workbooks (Workbook)
│   ├── Worksheets (Worksheet)
│   ├── Charts (Chart)
│   ├── DocumentProperties (DocumentProperty)
│   ├── VBProject
│   ├── CustomViews (CustomView)
│   ├── CommandBars (CommandBar)
│   ├── HTMLProject
│   ├── PivotCaches (PivotCache)
│   ├── Styles (Style)
│   │   ├── Borders (Border)
│   │   ├── Font
│   │   └── Interior
│   ├── Windows (Window)
│   │   └── Panes (Pane)
│   ├── Names (Name)
│   ├── RoutingSlip
│   ├── PublishObjects (PublishObject)
│   ├── SmartTagOptions
│   └── WebOptions
├── AddIns (AddIn)
├── Answer
├── AutoCorrect
├── Assistant
├── AutoRecover
├── CellFormat
├── COMAddIns (COMAddIn)
├── Debug
├── Dialogs (Dialog)
├── CommandBars (CommandBar)
├── ErrorCheckingOptions
├── LanguageSettings
├── Names (Name)
├── Windows (Window)
│   └── Panes (Pane)
├── WorksheetFunction
├── RecentFiles (RecentFile)
├── SmartTagRecognizers
│   └── SmartTagRecognizer
├── Speech
├── SpellingOptions
├── FileSearch
├── VBE
├── ODBCErrors (ODBCError)
├── OLEDBErrors (OLEDBError)
├── DefaultWebOptions
├── UsedObjects
└── Watches
    └── Watch
```

图例
- □ 对象和集合
- □ 只为对象

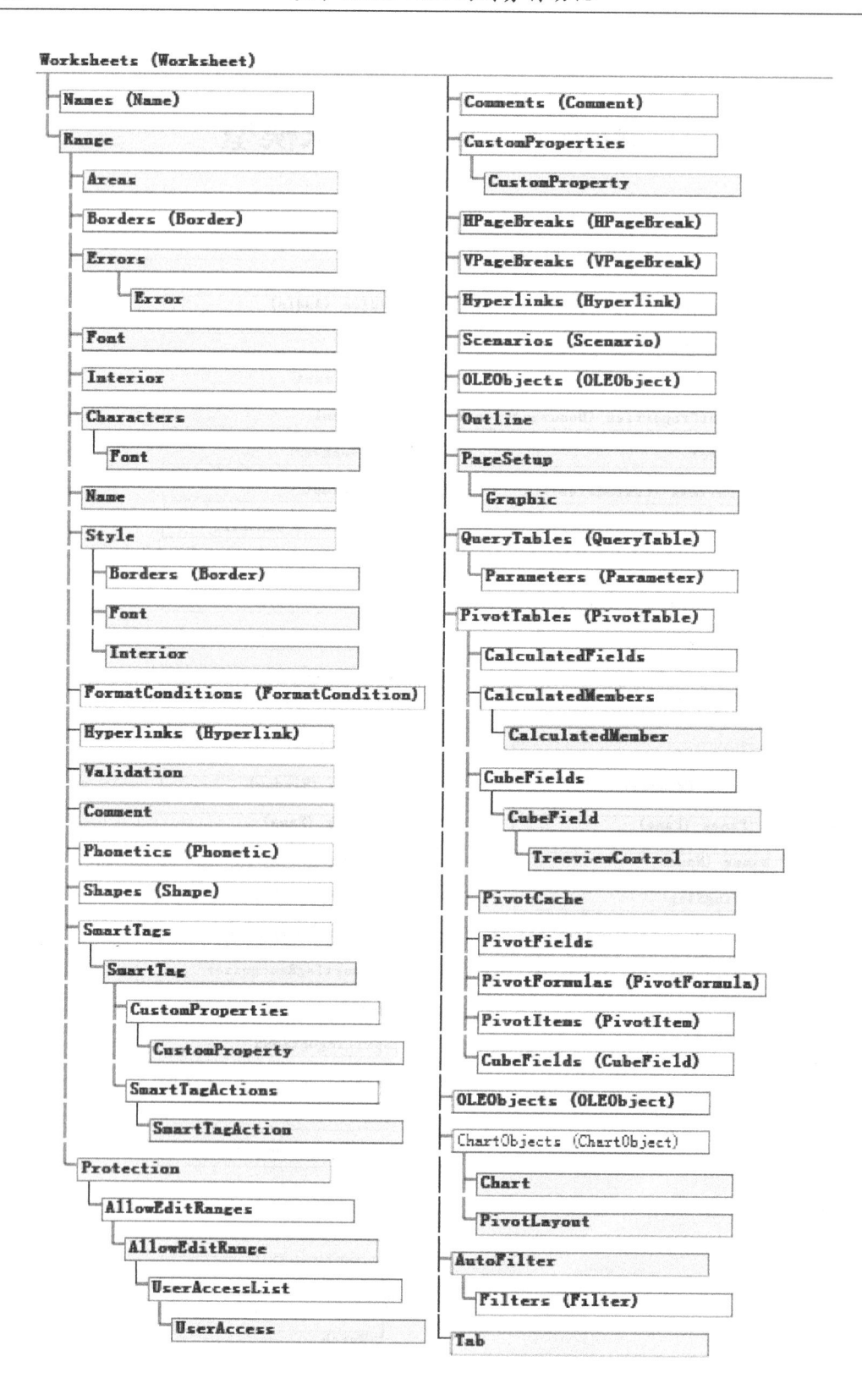

```
Worksheets (Worksheet)
├─ Names (Name)
├─ Range
│   ├─ Areas
│   ├─ Borders (Border)
│   ├─ Errors
│   │   └─ Error
│   ├─ Font
│   ├─ Interior
│   ├─ Characters
│   │   └─ Font
│   ├─ Name
│   ├─ Style
│   │   ├─ Borders (Border)
│   │   ├─ Font
│   │   └─ Interior
│   ├─ FormatConditions (FormatCondition)
│   ├─ Hyperlinks (Hyperlink)
│   ├─ Validation
│   ├─ Comment
│   └─ Phonetics (Phonetic)
├─ Shapes (Shape)
├─ SmartTags
│   └─ SmartTag
│       ├─ CustomProperties
│       │   └─ CustomProperty
│       └─ SmartTagActions
│           └─ SmartTagAction
├─ Protection
│   └─ AllowEditRanges
│       └─ AllowEditRange
│           └─ UserAccessList
│               └─ UserAccess
├─ Comments (Comment)
├─ CustomProperties
│   └─ CustomProperty
├─ HPageBreaks (HPageBreak)
├─ VPageBreaks (VPageBreak)
├─ Hyperlinks (Hyperlink)
├─ Scenarios (Scenario)
├─ OLEObjects (OLEObject)
├─ Outline
├─ PageSetup
│   └─ Graphic
├─ QueryTables (QueryTable)
│   └─ Parameters (Parameter)
├─ PivotTables (PivotTable)
│   ├─ CalculatedFields
│   ├─ CalculatedMembers
│   │   └─ CalculatedMember
│   ├─ CubeFields
│   │   └─ CubeField
│   │       └─ TreeviewControl
│   ├─ PivotCache
│   ├─ PivotFields
│   ├─ PivotFormulas (PivotFormula)
│   ├─ PivotItems (PivotItem)
│   └─ CubeFields (CubeField)
├─ OLEObjects (OLEObject)
├─ ChartObjects (ChartObject)
│   ├─ Chart
│   └─ PivotLayout
├─ AutoFilter
│   └─ Filters (Filter)
└─ Tab
```